数字经济下的创新管理实务研究

刘明伟　著

吉林科学技术出版社

图书在版编目（CIP）数据

数字经济下的创新管理实务研究 / 刘明伟著． -- 长春：吉林科学技术出版社，2023.6
ISBN 978-7-5744-0671-1

Ⅰ．①数… Ⅱ．①刘… Ⅲ．①信息经济－作用－企业创新－创新管理－研究－中国 Ⅳ．① F279.23

中国国家版本馆 CIP 数据核字（2023）第 136562 号

数字经济下的创新管理实务研究

著	刘明伟
出 版 人	宛　霞
责任编辑	孔彩虹
封面设计	树人教育
制 版	树人教育
幅面尺寸	185mm×260mm
开 本	16
字 数	280 千字
印 张	12.5
印 数	1–1500 册
版 次	2023年6月第1版
印 次	2024年2月第1次印刷

出 版 吉林科学技术出版社
发 行 吉林科学技术出版社
地 址 长春市福祉大路5788号
邮 编 130118
发行部电话/传真 0431-81629529 81629530 81629531
　　　　　　　　 81629532 81629533 81629534
储运部电话 0431-86059116
编辑部电话 0431-81629518
印 刷 三河市嵩川印刷有限公司

书 号 ISBN 978-7-5744-0671-1
定 价 75.00元

前　言

数字经济属于信息经济发展的高级阶段，是在信息与数字技术的发展过程中产生的一种新的经济形态。近年来，数字经济增长非常迅速，特别是随着大数据、云计算、物联网、人工智能等数字技术的兴起并逐渐向传统领域渗透，数字经济已经超越单纯的信息通信技术等数字技术产业范畴，进一步升级到以数据为生产要素、以现代互联网与数字平台为重要载体，不断驱动传统产业数字化、平台化、普惠化发展的数字经济时代。

伴随着数字产品的日新月异，数字经济正在迅速蔓延。数字经济是新经济的核心，将各个国家和地区更紧密地联系了起来。数字经济活动并不否定经济集聚效应，相反，由于空间性的存在，这种经济集聚效应似乎更加明显，经济活动的空间相关性更加显著，只是解读的视角不仅要考虑地理空间性，也需要关注文化、经济、人口等非地理维度的空间性，由此需要研究数字经济特有的空间增长机制。

本书就是在数字经济发展背景下应运而生的，旨在帮助企业创新管理适应新变化。首先阐述数字经济产生的背景和意义，然后解读数字经济的内涵、基本特征与发展趋势，再分析数字经济的技术及应用发展趋势。接着分析典型产业的数字化转型，比如农业、工业、交通与物流以及金融业等数字化转型。再面向数字经济的企业创新管理的概述，先介绍创新管理内涵、特征与新趋势，然后分析数字经济给企业创新管理带来的影响和机遇，再分析企业创新管理的数字化转型。介绍了数字化企业的创新型战略，主要包括商业模式创新、技术自主创新、跨界与开放式创新，以及数字化创新能力的培养。最后介绍了数字化企业的创新型组织、数字化企业的创新型资源、数字化企业的创新型文化、数字化企业创新的协同管理，协同管理包括技术联盟、合作创新、创新网络和创新生态系统等演化形态等。

本书有助于全面认识和进一步把握数字经济给企业创新管理带来的新变化，能更好地进行企业创新、管理各项工作，促进我国企业不断创新，适应数字经济飞速发展的需要。

目　　录

第一章　数字经济基础理论

第一节　数字经济学的产生及其研究对象

目前经典的传统经济理论在一定程度上已经不能合理地阐释数字经济发展过程中出现的新现象与回答数字经济发展进程中遇到的新问题，要揭示数字经济发展过程中不同现象的内在联系及背后隐藏的相关规律，就必须透过大量数字经济的相关现象与问题概括出数字经济的发展规律，揭示数字经济的范畴与本质，并最终构建起数字经济理论体系框架。

一、数字经济学产生的土壤

近年来，在网络经济学研究的基础上，许多学者及研究机构提出要尽快出版"数字经济学"或"数字经济概论"教材，数字经济学的产生，既有其可能性，也有其必然性。

（一）社会环境为数字经济学提供了生长的土壤

1. 全球网民数

网络市场前景广阔，数字经济已成为全球经济发展的潮流。据新浪科技讯报道，截至 2021 年 1 月，全球手机用户数量为 52.2 亿，互联网用户数量为 46.6 亿，而社交媒体用户数量为 42 亿。报告显示，截至 2021 年 1 月，世界人口数量为 78.3 亿，全球有 52.2 亿人使用手机，相当于世界总人口的 66.6%。自 2020 年 1 月以来，手机用户数量增长了 1.8%（9300 万），而移动连接总数（一人拥有多部设备）增长了 0.9%（7200 万），达到 80.2 亿。

2021 年 1 月，全球使用互联网的人数达到了 46.6 亿，比去年同期增加了 3.16 亿人，增长了 7.3%。目前，全球互联网普及率为 59.5%。但疫情对互联网用户数量的报告产生了重大影响，因此实际数字可能会更高。

2. 移动支付

移动支付是指移动客户端利用手机等电子产品来进行电子货币支付，移动支付将互联网、终端设备、金融机构有效地联合起来，形成了一个新型的支付体系，并且移动支付不仅仅能够进行货币支付，还可以缴纳话费、燃气、水电等生活费用。移动支付开创了新的支付方式，使电子货币开始普及。

随着移动支付的不断普及，支付宝、微信支付等支付平台的不断发展，越来越多的用户开始使用手机进行移动支付。现如今，人们已经很少会带现金出门，毕竟随处都可以使用移动支付手段进行付款。例如，人们乘车可以扫码付款、吃饭可以扫码付款、玩乐可以扫码付款、购物也可以扫码付款。移动支付已全面渗入人们的生活当中，有时人们外出游玩仅靠一部手机就足够了。由此看来，我国将会进入无现金时代。

3. 工业互联网平台

工业互联网平台是面向制造业数字化、自动化、网络化、柔性化、智能化需求，构建基于海量数据采集、汇聚、整理、分析的服务体系，从而支撑制造资源泛在连接、弹性供给、高效配置的工业云平台。据工业互联网产业联盟发布的《工业互联网平台白皮书》，全球各地有实力的大企业都在开发内部网络系统，甚至有些公司还拥有自己的卫星通信系统。

（二）前期的相关研究为数字经济学的建立提供了理论基础

随着数字技术日新月异的进步，数字经济也在突飞猛进的发展，学界、业界纷纷把研究的视野从信息经济学、互联网经济学、网络经济学拓展到数字经济领域，把数字经济发展中出现的一系列新现象、新问题、新理论作为主要研究内容。自从网络经济学的定义及研究对象被明确地阐述了之后，国内有关网络经济、数字经济的科研论文及相关研究报告如雨后春笋般地涌出，其中最有影响的当数我国著名经济学家乌家培对网络经济的相关论述与中国信息通信研究院、阿里研究院、腾讯研究院等机构对数字经济领域的相关研究。目前国内外学者对数字经济的相关研究已经逐渐从数字经济活动、数字经济现象、数字经济发展过程中出现的问题逐渐深入研究数字技术、数字经济运行的规律、数字经济的本质以及数字经济发展的理论机理，这对于构建数字经济学的主要内容及框架体系都是不无裨益的。

二、数字经济学的研究对象

作为传统经济学的一门新兴分支学科，数字经济学与其他学科区分开来的标志，应该就在于其也像其他的独立学科一样，拥有自身独特的研究领域与研究对象。如果说数字经济学也要具体细分为微观数字经济学与宏观数字经济学，那其具体要研究的对象与领域主要就是数字经济条件下资源的优化配置和充分利用问题。

数字经济从狭义上来说可能指的就是 ICT 相关产业，但在这里研究范畴主要是广义上的数字经济。因为，从根本上讲，数字经济不仅仅是 ICT 产业，ICT 产业只是数字经济的基础部分，更多的是数字经济下传统产业可以被数字化改造，从而不单使其实现低成本、高效率的增值，而且促进经济结构整体优化升级与社会运行效率的稳步提升，也即传统产业与数字化融合的部分，才是数字经济的主要内容。从长远来看，在数字经济时代，所有的市场主体都应具备较高的数字素养与意识，都会积极地使用数字化技术，否则将不能适应数字经济发展而终被淘汰。

这里主要分析数字经济基本知识与相关理论，并为数字经济领域的相关问题提供分析方法，并运用经济学的理论和工具，较为系统地解释数字经济问题的能力，其内容包括数字经济的基本理论、数字技术、数字产品、数字技术对传统产业的改造、国外数字经济发展战略及我国如何应对数字经济冲击等。

第二节　数字经济学的概念及基本框架

一、数字经济学的相关概念

（一）数字经济相关概念辨析

1. 网络经济

数字经济学是在网络经济学的基础上发展起来的，首先对网络经济的概念做一解析。不同学者对网络经济的概念认识也没有完全统一，都是从不同的角度对之加以解释，具体有如下几种。

（1）服务网络经济

20 世纪 80 年代，国外认为服务业中的商业、运输业、金融业等均因有相应的网络而发展起来，所以就把服务经济称为网络经济。

（2）基础设施网络经济

由于电信、电力、铁路、公路、航空等基础设施行业有着相应的运营网络，共同具有"网络式"的结构特征与外部性的经济特征，所以基础设施行业也具有网络经济的特征。

（3）计算机网络经济

计算机网络经济包括与计算机网络相关的成本核算、收费标准等问题的研究；后来又扩展到以计算机网络为核心的信息产业群，包括相关的软硬件开发、网络体系建设以及广播电视及相关制造业。

（4）互联网经济

网络经济是指与信息经济密切相关的互联网经济，是指经济社会环节需借助互联网技术及与之相关的软硬件才能完成社会再生产循环的经济。

（5）从企业运行层面看

网络经济是建立在信息化基础上，企业利用与依托信息网络整合资源，进行动态商务与管理活动产生的经济；有的学者认为网络经济主要研究的是网络形式的社会生产与交换方式组织起来后，人与人经济关系的变化。

（6）从宏观经济形态看

网络经济属于信息经济、知识经济、新经济与数字经济；从产业发展看，网络经济是与电子商务活动息息相关的网络产业经济；从消费与投资的微观层面看，网络经济就是网络虚拟市场。

（7）信息经济、数字化经济

随着互联网的广泛运用，信息逐渐替代资本在经济发展过程中的主导地位，并发展成为核心经济资源的全球化经济形态。

总之，网络经济的具体内容包括网络基础设施、基础运用、中介服务及网上商务等经济活动，其本质属性是电子网络的联结性。网络经济的概念有狭义和广义之分。从狭义上来讲，网络经济就是与计算机网络或互联网有关的经济，是以信息技术产业和信息服务业为主导产业的经济。从广义上来讲，网络经济是区别于传统农业经济与工业经济的一种新的经济形态。从宏观层面经济形态来看，网络经济就是依托互联网的互联网经济、信息经济、知识经济与数字经济；从中观层面产业内涵来看，网络经济就是从服务业扩展到制造业，从物流、金融、电力、公路等基础设施行业，过渡到计算机行业再到以计算机网络为核心的信息产业群，包括相关产品的制造及与之有关的服务；从微观经济活动来看，网络经济就是在网络虚拟市场上，依托与利用网络资源进行的动态商务和管理活动及人与人的经济关系。

2. 信息经济与知识经济

20世纪末，OECD（经济合作与发展组织）提出，知识经济是依赖于知识的传播、应用与创新，以知识为主要生产要素和驱动增长的基础，涉及知识和信息的生产、分配、交换和消费的经济。而信息经济是指以现代信息技术为物质基础，以信息产业为主导产业，同时促进传统农业、工业信息化改造的，基于信息与知识的一种新型经济。知识经济和信息经济都强调信息与知识作为主要生产要素在经济发展中的重要地位。

但也有观点认为信息经济是指信息收集、传输、存储、加工的信息产业的综合，而知识经济是现代教育、研发等知识产业的综合，二者有重合的部分，但又不完全相同，如计算机制造业同属于信息经济与知识经济的范畴，但现代教育属于知识经济而不属于信息经济范畴。

3.网络经济与数字经济

（1）网络经济与数字经济的联系

网络经济是以现代信息网络为载体，以信息技术为根本动力，以知识和信息为核心生产要素的经济形态。数字经济也是以现代信息网络为载体，以工业互联网平台为依托，以数字技术为根本动力，以富含知识和信息的数据为核心生产要素，促进经济效率提升与经济结构优化升级的一系列经济活动。

在网络上交易的产品要么是信息产品，要么是经过数字编码后才能网上交易的实物产品，所以网络经济的核心是通过网络生产、交易和传输的数字化编码产品，故也把网络经济称作数字经济。

（2）网络经济与数字经济的区别

网络经济更强调信息技术与经济的网络化特征及效应。但从国民经济构成与主导产业来看，网络经济以信息产业为主导，就是信息经济，侧重信息技术和信息资源在经济中的重要性；从经济活动的知识与技术含量来看，网络经济以信息和知识为主要生产要素，又属于知识经济，侧重于知识与高技术在经济发展中的作用；从区别于传统经济的特征与规律的角度来看，网络经济又属于新经济；从驱动经济活动的根本动力来看，网络经济依托具有数字化特征的现代信息技术，属于数字经济，突出的是新经济的数字化特征。

网络经济、信息经济是以互联网络和信息技术的使用为中心，减少不可再生资源的利用，增加利用可再生的信息资源，小批量、定制化地生产多样性的信息商品；借助信息技术，信息收集、传递、存储、加工的速度越来越快，不仅可以更准确地反映市场需求的动态变化与发展方向，甚至人们的生活方式、社会连接方式也发生了根本变化。数字经济是以大数据、云计算等数字技术的使用为中心，主要依靠可再生资源，以富含知识和信息的数据为主要生产要素，大批量、定制化、柔性化地生产多样化的数字商品。移动互联、大数据、云计算、人工智能等数字技术为生产者、消费者提供了一个便捷、低成本的生产与交易场所，经济主体可以借助数字技术平台充分把握市场信息，精准生产多样化的产品与服务、购买更加适合自己需求的个性化产品以及物美价廉的新服务。另外，数字技术使社会变得更加透明，信息传播更加快捷、畅通，使传统经济下的信息不对称现象大为改观，从而使消费者主权得以充分体现，可以认为数字经济是信息经济、网络经济的高级阶段。

另外，使用知识经济和信息经济的叫法无法体现新经济的特征，因为传统经济中知识和信息也在发挥作用；而使用网络经济这一叫法也无法准确体现新经济的特征，因为传统经济也存在网络的成分，但如果使用数字经济，通过数字化方式订购、生产、传递、交易的经济更容易与传统经济区分开来。

（二）数字经济与传统经济的联系和区别

传统工业经济是一个以资本和劳动力为主要生产要素，以不可再生资源为能源基础，进行大规模生产和销售的物质能量型经济。而数字经济是建立在传统的工业文明基础上的市场经济发展的自然结果，是信息、知识型、网络化经济的高级阶段，不仅劳动生产率高，而且创造财富快。

1. 数字经济与传统经济的联系

一方面，传统经济的高度发展为数字经济的产生提供了物质基础。数字经济同时也是传统农业经济与工业经济下大批量、标准化的供给不能满足消费者多样化、个性化需求的必然结果。但是，数字经济不可能完全替代传统经济，数字经济的发展需要传统经济的物质、人才和市场支持，没有传统经济，数字经济就会成为空中楼阁。

另一方面，传统经济的革新需要以信息与数字技术为核心的数字经济和电子商务的促进与带动。随着数字技术的不断进步与大规模应用，数字经济也不断向传统工业经济渗透，从而大大降低了传统经济的成本，提升了传统经济的效率与活力。例如，大数据、云计算、移动互联、人工智能、3D打印技术的大规模运用，平台经济体的出现，使信息传播更加及时、企业组织边界逐渐消失、管理结构更加扁平、交易更加便捷、生产和交易效率更高、市场经济环境更加良好。可见，数字经济不断向传统经济领域渗透，有助于提升传统经济的效率，促进传统经济不断创新。而传统经济的创新也需要数字经济的促进和带动，传统经济也离不开数字经济。

由此可见，传统农业和工业经济所积累的巨大物质基础与生产力，正被人类用于建设一个崭新的数字经济社会，而未来经济社会的主流将是数字技术、数字产品、数字市场、数字生活和数字世界。

2. 数字经济与传统经济的区别

（1）生产方式与生产资料的差异

不同经济时代的区别不在于生产什么产品，而主要在于怎样生产以及用什么劳动资料生产，也即生产方式与生产资料的不同是不同经济形态的主要区别。

数字经济与农业经济、工业经济、信息经济相比，主要区别在于生产过程中信息传播与处理方式、生产方式和生产资料不同。农业经济时代，农业劳动者主要依靠农业生产工具，以土地为主要生产要素生产农产品；工业经济时代是以大量工业机器为中心，利用各种不可再生资源进行大批量、标准化的工业生产产品；数字经济时代是以数字技术的使用为中心，借助数字化、智能化数字平台，主要依靠可再生资源，以富含知识和信息的数据为主要生产要素，大批量、定制化、柔性化地生产多样化的数字商品，不仅能更准确地反映当下的市场需求，而且能精准地预测未来需求，还能依据需求，柔性地调节供给，使供求关系更加均衡。

农业经济时代，农产品直接进入市场交易，没有中间环节；工业经济时代，分工的不断细化促进了大规模专业化的生产，生产者生产的产品经历重重交易才能到达消费者手中，传统商业把时空阻隔的生产者和消费者连接起来，但交易成本比较大；而信息技术与互联网络的兴起为中间层层经销商、代理商的沟通提供了便利，也降低了从生产到消费的交易成本；数字经济时代，消费者与生产者不存在任何阻隔，甚至消费者可参与生产的全过程，生产出来的产品可直达消费者，甚至生产者可以通过精准营销刺激需求直接获得消费者。

（2）生产过程的差异

在传统农业经济与工业经济中，人们只是为了提高其物质生产水平，才需要获取与生产相关的信息；而数字经济则完全不同，数字经济不仅以数字产业化为主要内容，还要逐渐实现传统产业的数字化，增加更多重要的内容，因而出现了专门为了数据与信息获取而进行相关经营活动的企业，如大数据企业、云计算平台等，这些企业的经济活动模式、类型和行业规则与传统农业经济和工业经济完全不同，整个企业都是围绕信息与数据运转，相关活动与规则也是围绕数据采集、过滤、加工、分析制定，离传统农业经济和工业经济下物质生产活动与规则越来越远。

（3）收入分配机制的差异

数字经济的发展使人们逐步认识到富含知识与信息的数据在社会经济生活中的地位，人们的注意力被逐步引导到信息、技术、创新、科技等这些直接关系社会进步的数据与知识上来。传统经济下的劳动与资本生产要素之间的关系也将发生改变，整个社会的分配体制将受到冲击。数字经济下的劳动不同于传统农业经济与工业经济下的劳动，知识也将成为一种重要的资本要素，劳动与资本等相关要素都需要重新定义，到底是按知分配还是按劳分配更合理，对传统的按劳分配理论也从根本上提出了挑战。

二、数字经济学的基本框架

（一）数字经济学相关概念的界定

从 20 世纪 80 年代开始，就有大量学者把精力集中于物流运输业、信息通信与金融保险等具有网络特征的生产服务业研究上来，并把网络特征相关的研究归为网络经济学的范畴；而到了 90 年代，随着互联网的广泛应用以及数字经济活动的深入发展，越来越多的学者开始对互联网经济与数字经济的不同领域进行深入研究，他们的研究涉足范围虽然各有侧重，但也有所重复，再加上数字经济本身在发展过程中其内涵与外延得以不断扩张、补充和完善，所以至今学界和业界对数字经济学还没有权威的统一界定与规范，这无疑会进一步影响与数字经济相关的理论研究和实践应用。因此，为推动数字经济学相关理论的完善，促进数字经济的快速发展，有必要对与数字经济学相关的概念予以界定。

1. 网络经济学

20世纪80年代出现的所谓网络经济学，属于通信经济学范畴，主要研究的是网络经济条件下稀缺资源的优化配置及接入或互联政策的制定问题。其中对接入的定价问题研究，即对接入的某种资产的使用确定成本的合理分配和费用的准确计算，从而在建立起有效定价机制的同时最大限度地减少交易成本，以实现资源的优化配置，成为最核心的问题之一。例如，电厂生产的电必须要通过电网进行传输才能作为商品卖给消费者，在电信业中互联问题表现得更普遍。另一个重要的问题就是由于网络行业本身的技术特征和网络外部性的经济特征的存在，网络行业存在规模经济和自然垄断的倾向，因此如何引入激励机制和竞争机制反垄断也成为经济学家研究的重要问题。

对网络经济学的相关研究是以网络经济学为出发点，但是，很显然研究内容超越了网络产业本身而将研究的重点集中在从网络本身所具有的物理性质出发，讨论具有网络物理形态和外部性经济特征的一切经济问题。因此后来关于网络经济学的研究在很大程度上转化为数字经济学的范畴，国外也将网络经济学称为数字经济学。

2. 互联网经济学

20世纪90年代以来，随着计算机网络逐渐向互联网发展，许多经济学家逐渐认为在互联网以惊人的速度不断扩展到全球各个角落的时候，将关于互联网资源的优化配置、提高互联网投资获利能力、促进互联网发展的相关政策等方面的讨论继续放在铁路、公路、航空、电力等传统网络产业生产部门的框架内进行研究已经不合时宜了，为了适应互联网和网络经济迅速发展的步伐，互联网经济学作为一门新的学科便发展起来。

然而，互联网经济学与网络经济学的研究内容是存在差异的。经济学界认为，虽然从互联网经济学的主要研究内容看，互联网与其他的铁路、公路、电力等基础设施网络与电信通信等通信网络类似，作为现代社会物质与信息传输的媒介都具有网络属性及外部性等经济特征，甚至认为互联网经济学实际上属于网络经济学或通信经济学的一个分支，但是互联网的迅猛发展对整个经济社会体系、经济社会的运行结构及运行方式的影响要远大于其他公路、铁路、电力、通信等基础设施网络。例如，在互联网经济下现代信息网络对资源的优化配置作用将逐渐加强，制造业和信息服务业在经济社会中的作用将发生位移，政府的宏观调控政策手段将变得更加透明、科学与有效等。

（二）数字经济学的产生

在不远的将来，随着移动互联、大数据、云计算、人工智能、3D 打印等数字技术的大规模扩散应用，数字技术对资源优化配置的作用将进一步加强，数字经济也将飞速发展，政府的宏观经济调控政策与手段将会变得更加透明、科学和有效，服务业也将突破时空限制，其效率将进一步提高，在经济社会生活中的作用将更加突出，整个经济社会的运行结构与发展方式也将发生更加深刻的变化。数字经济的崛起会给经济学理论体系带来什么样的影响？是否需要重建经济学理论体系？目前理论界存在两种截然不同的观点：一种观点认为数字经济的迅猛发展，将对传统经济学进行彻底改造，需要重建一套全新的经济学理论体系；另一种观点认为数字经济学不可能彻底改造传统经济学，因为数字经济只是用数字技术武装起来的传统经济，因此传统经济学的一般原理和分析方法仍然适用于分析数字经济中的问题。

笔者比较赞同后一种观点。因为经济学是研究理性人的理性选择行为的科学，与传统农业经济与工业经济相比，数字经济环境下的理性人面对的选择对象更多是数字产品，包括借助数字技术订购、生产、传输、交易的所有有形商品与无形服务，但是仍然是人在选择，因此传统的经济学理论也应该是适用于数字经济的，就像适应于之前的网络经济学一样。反过来说，如果仅仅大数据、物联网、云计算、人工智能等数字技术的发展就能够对经典的经济学理论体系提出如此严重的挑战，甚至于推翻、重构整个经济学体系框架。

第三节 数字经济的定义及历史演进

从 20 世纪 90 年代开始，互联网拉开了数字经济发展的大幕。近年来，随着移动互联网、大数据、云计算、物联网、人工智能、无人驾驶、3D 打印等数字技术的创新驱动，并逐渐向经济社会的各个领域的融合、渗透发展，人们对数字经济的认识也在持续深化，这不仅使其生产活动、生活方式甚至整个思维方式都发生了巨大的改变，也使数字经济的内涵和外延得以不断拓展。

一、数字经济的定义

数字经济，也称新经济、互联网经济、网络经济、信息经济，但数字经济的内涵要远远大于仅仅指由互联网驱动的经济活动的互联网经济。网络经济、信息经济也仅仅指数字经济发展的早期或前一阶段，即依赖信息处理技术和网络建设来驱动的信息经济发展的初级阶段，而数字经济则指的是信息经济的高级阶段。时至今日，驱动数字经济发展的已经不是固有技术本身，而是数字技术的大规模运用与不断创新。

数字经济是继农业经济与工业经济之后一种全新的经济形态，随着人们对数字经济认识的不断深化，不同时期、不同学者与机构对数字经济的定义也会存在差异。但目前各界使用最多的是 G20（二十国集团）杭州峰会上达成的《二十国集团数字经济发展与合作倡议》对数字经济的定义：数字经济是指以使用数字化的知识和信息作为关键生产要素、以现代信息网络作为重要载体、以 ICT 的有效使用作为效率提升和经济结构优化的重要推动力的一系列经济活动。

首先，从数字经济关键生产要素的角度来看，其不同于以往的把土地、能源、劳动力、资本等作为农业经济与工业经济下的关键生产要素，而是把富含知识和信息的数据或数字化的知识与信息作为数字经济下的关键生产要素，从而作为一种新的技术经济范式，数字经济在基础设施、产业结构、就业结构、治理体系上与农业经济和工业经济表现出显著不同的新特点；其次，从数字经济发展的基础与载体来看，数字经济把现代信息网络与数字平台作为载体，而不简单只是信息初级阶段依托宽带与互联网等载体；最后，从数字经济发展的根本动力来看，云计算、大数据、物联网、人工智能、增材制造、区块链等信息通信与数字技术成为数字经济发展的根本动力。总之，数字经济以数字化的知识和信息作为关键生产要素、以现代信息网络与数字平台为重要载体，通过相关数字技术的有效应用，推动传统领域的数字化转型与升级，进而实现价值增值和效率提升。

二、数字经济的具体内容

从 20 世纪 90 年代数字经济的兴起到现在，历经多年的发展，随着数字技术不断向农业、制造业、服务业等传统领域渗透，数字经济所包含的内容也远远超过信息通信、电子技术、软件业等 ICT 产业发展的范畴，而是融入经济社会的各个领域与层面，数字经济的内涵与外延得以持续扩展。下面对数字经济的内涵与外延做详细梳理。

数字经济是以数字技术创新为核心驱动力，并通过与传统产业融合、渗透，促进传统产业数字化、自动化与智能化水平不断提高，从而加速经济升级与社会转型的经济形态。由于数字经济更多的是融合型经济，所以根据现行的国民经济行业分类和统计标准，要较为准确地界定与衡量数字经济的规模存在较大的困难，但对数字经济具体内容的界定日渐清晰。

（一）数字经济超越了信息产业，概念蕴意丰富

20世纪六七十年代以来，随着数字技术的飞速发展，ICT产业逐渐崛起为经济社会中创新最为活跃、成长最为迅速的战略性新兴产业部门。但随着数字技术广泛应用到经济社会的各行各业，不但全要素生产率得以提升，整个经济形态也得以重塑，经济社会面貌也得到全面改造，因此不应将数字经济简单地看作信息与数字产业。综合多方观点，数字经济包含以下两部分。

第一部分是指数字产业化的数字经济基础部分，主要包括电子信息制造业、通信业、软件和信息技术服务业等ICT产业。其具体又分为两个类型：一是资源型数字经济，大致对应大数据、云计算等数字技术的核心业态与应用领域，主要包括数据采集、存储、分析挖掘、可视化、交换交易等；二是技术型数字经济，大致对应数字技术本身及其关联业态部分，主要包括智能终端产品硬件、软件研发等数字技术软硬件产品开发、系统集成、数字安全以及虚拟现实、可穿戴设备、3D打印、人工智能等产业领域。

第二部分是指传统产业数字化的数字经济融合部分，即数字技术对传统产业改造所带来的效率提升和产出增加的产业数字化部分。此部分在数字经济中所占比重越来越大，成为数字经济的主体部分，但这部分却更难以准确衡量。其具体也分为两类：一是融合型数字经济，这部分在生产过程中的融合特征较明显，主要指通过数字技术与一产、二产等实体经济的融合创新应用，直接推动传统产业数字化转型升级，如智慧农业、智能制造等新型业态。二是服务型数字经济，主要是指服务业与数字技术的融合、应用与创新，涌现出的新模式与新业态：一部分是指通过数字技术提升服务质量、培育服务新业态，如旅游餐饮、游戏娱乐、健康医疗等领域的线上线下整合协同；另一部分则是指通过数字技术的使用导致服务模式与服务形态的创新，甚至直接提供一种新服务，如智慧物流、互联网金融、数字化会展服务等。

（二）数字经济是一种经济社会形态，也是一种技术经济范式

数字经济是继传统的农业经济与工业经济之后的一种经济社会形态，在基本特征、运行规律、相关理论等维度与传统的农业经济和工业经济相比出现了根本性变革。所以对数字经济的认识，也需要站在人类经济社会形态发展的历史长河中，不断拓宽视野、范围和边界，才能认清其对经济社会的系统性、革命性和全局性影响。

此外，作为一种技术经济范式，数字技术具有基础性、网络性和外溢性等特征，不但会推动经济效率的大幅提升，促进社会阶跃式变迁，社会成本大幅度降低，给人们的生活带来极大的便利，甚至会彻底对整个经济与社会进行重塑，使人们的行为方式也发生彻底的变革。

（三）数字经济是信息经济发展的高级阶段

数字经济的内涵较为丰富，既包括以非数字化的知识和信息驱动的信息经济低级阶段，也包括数字化的知识和信息驱动的信息经济高级阶段，二者共同构成信息经济。而数字经济属于信息经济发展的高级阶段，特别是随着未来非实物生产要素的数字化成为不可逆转的历史趋势，数字经济也必将成为未来信息经济的发展方向。而信息化、数字化仅仅是经济发展的一种重要手段，所以数字经济除了包括数字化等手段外，还包括建立在数字化基础上所产生的经济转型升级和社会形态的彻底变革等数字化发展的结果。

第四节　数字经济的特征及体系

一、数字经济的特征

作为一种新的经济形态，不论是从基本特征还是规律性特征方面，数字经济都呈现出有别于传统农业经济与工业经济的独特性，下面在综合多方主流研究的基础上，分别从这两方面予以阐述。

（一）数字经济的基本特征

1. 数据资源成为数字经济时代的核心生产要素

与传统的农业经济、工业经济一样，数字经济也需要生产要素和相应的基础设施与之配套，但每一次经济形态的重塑与社会形态的变革，都会产生与之相适应又赖以发展的生产要素。数字经济下由于很多要素都需要数字化，所以又不同于前两种经济形态，数据成为与数字经济相适应的新的生产要素。如同土地和劳动力为农业时代的关键生产要素，资本、技术、矿产、物资为工业时代的关键生产要素一样，数字经济的关键生产要素为富含知识与信息的数据资源。随着向科技研发、经济社会的各个领域扩展与渗透的速度不断加快，数据驱动创新渐渐成为国家创新发展的关键形式和重要方向。

随着数字经济不断向前推进，与人类的消费、投资等经济行为相关的信息都将以数字化的格式存储、传递、加工和使用，大量数据的增长及对其的处理和应用需求催生出了大数据概念，数据已日渐成为社会基础性战略资源。同时随着数据存储和计算处理能力的飞速提升，数据的价值创造潜能大幅提升。庞大的数据资源也将成为企业的核心竞争力，因为企业的核心是产品和服务的创新引领能力，企业创新的核心是将用户、环境等产生的各类数据资源分析转化为对企业决策有用的知识与信息的能力，基于数据的按需生产、基于数据的生产流程改造与服务水平提升日益成为可能，谁掌握了各类数据，谁就更有优势。

随着数字技术向人类社会生产、生活的方方面面不断渗透，人们的经济交易方式与日常行为手段变得更加便捷，甚至数字技术下社会的全面治理方式也变得更加有效。数据已成为数字经济时代的生产要素，而且是最核心、最关键的生产要素，数据驱动型创新也正在向经济、社会、文化、政治、生态等各个领域扩展渗透，甚至成为推动国家创新的重要动力。大量数据资源不仅为人类社会带来了更多新的价值增值，也为人类价值创造能力发生质的飞跃提供了不竭动力。但数据要素也有一些不同于其他要素的特征：第一，数据要素具有规模报酬递增的特性，数据越多包含的信息量越大，越能挖掘出更多的内涵与价值，与传统经济下要素的规模报酬递减刚好相反；第二，数据要素可重复使用，多人使用，但传统要素只能一次性使用，用完就不复存在；第三，数据虽然可无限增长，又可重复利用，又具有多人共享，不排他性，甚至突破了传统经济下制约经济发展的资源稀缺性，但数据依赖于经济主体的消费与投资行为，缺乏独立性，能不能作为独立的生产要素推动经济的持续增长与永续发展仍存有疑问。

2. 数字基础设施成为数字经济发展的关键基础设施

与传统的工业经济下的经济活动更多架构在以铁路、公路和机场为代表的物理基础设施之上一样，数字经济活动的推进与实施也需要相应的基础设施与之配套。不同的是数字经济下基础设施既包括宽带、大数据、云计算中心等专用型数字基础设施，也包括增加数字化组件的传统基础设施或数字技术对传统物理基础设施的数字化改造，即混合型数字基础设施。例如，数字化停车系统、数字化交通系统、数字化监测系统等对传统物理基础设施的数字化改造就属于混合型数字基础设施。这两类基础设施共同构成数字经济的核心基础设施，推动着数字经济迅猛发展。

综合来看，传统工业时代的经济基础设施以铁路、公路、机场、电网等为代表，数字经济时代的基础设施基于"云＋管＋端"的架构运行。"云＋管＋端"的数字基础设施通过对传统物理基础设施进行数字化改造，使得土地、水利等传统农业基础设施和交通、能源等工业基础设施趋向智能。

3. 数字技术进步成为数字经济发展的不竭动力

人类经济社会发展从来不是循序渐进的平稳进程，技术的进步和变革是推动人类经济社会跃迁式发展的核心动力，如蒸汽机引领工业革命，ICT引发了信息革命，数字技术的普及应用与日新月异的创新进步，必将引发数字革命，为数字经济不断发展壮大提供核心动力。

近年来，移动互联网、云计算、物联网、区块链等前沿技术正加速进步和不断突破创新，在推动已有产业生态不断完善的基础上，孕育出更多新模式与新业态；人工智能、无人驾驶、3D 打印等数字技术加速与智能制造、量子计算、新材料、再生能源等新技术以指数级速度融合创新、整体演进与群体突破，不断强化未来数字经济发展的动力，推动着数字经济持续创新发展，全面拓展人类认知和增长空间。

4. 数字素养成为数字经济时代对劳动者和消费者的新要求

就像农业经济和工业经济时代下某些职业与岗位对劳动者的文化素养有一定要求一样，数字经济下的职业和岗位也要求劳动者具有一定的数字素养。随着数字技术突飞猛进的发展及向各行各业的不断渗透，不同于传统经济下的文化素养要求只限于某些职业或岗位，对多数消费者的文化素养则基本没有要求，数字经济下的数字素养甚至有可能会成为所有劳动者和消费者都应具备的重要能力。特别是在未来的劳动力市场上，谁具有较高的数字素养，谁就拥有突出的数字技能和专业技能，从而脱颖而出。此外，数字素养被联合国认为是与听、说、读、写同等重要的基本能力，数字素养被确定为数字时代的基本人权。劳动者不具备数字素养将很难胜任未来的工作，更不可能在工作岗位上脱颖而出；消费者如果不具备基本的数字素养，将很难在市场上识别、购买到满意的产品，更别谈正确、方便地享用数字化产品与服务，成为数字经济时代的文盲。可见，数字素养将与文化素质、专业技能一样，成为未来的劳动者生产与消费者消费行为必备的基本素养，成为数字经济发展的关键和重要基础之一。

5. 数字经济平台生态成为数字经济下的主流商业模式

（1）平台生态化成为数字经济下产业组织的显著特征

作为数字经济 2.0 的基础，数字平台依托"云网端"等数字经济基础设施，汇聚了数字经济下的数据等关键生产要素，创造出了全新的商业环境，不仅改变了单个企业的运行模式与达到规模经济的条件，也消除了传统商业模式下产品从生产者到消费者过程中存在的层层分销体系，使交易成本大幅度降低，而且依托数字技术，各种类型、各种行业的中小企业借助市场范围极为广泛的数字经济 2.0 平台，不仅可以摆脱规模小的不利影响，也不再受时间与空间地域限制，使全球各地的消费者和商家能够实现超大规模的协作，商家获得了更多直接服务消费者的机会，获得了较大的利润，全世界消费者的福利水平也因借助数字平台服务获得了大幅提升。

（2）数字平台组织有助于资源的优化配置，促进价值创造与汇聚

一方面，传统的企业组织加快向数字平台转型的步伐，包括 ICT 企业与传统制造业。例如，三一重工开发的树根互联工业互联网平台通过实时采集接入平台的遍布全球各地设备的不同运行参数，就能为其客户提供精准的大数据分析与预测、运营支持及售后服务，甚至帮助客户实现商业模式的创新。另一方面，从 20 世纪 90 年代到现

在，制造业、商贸、物流、交通、旅游等各垂直细分领域数字平台如亚马逊、阿里巴巴、Facebook 等新主体快速涌现，加深了资源优化配置的程度，其市值增速也远高于传统企业。

（3）数字平台推动价值创造主体实现多方互利共赢

不同于工业经济时代传统企业作为价值创造主体采取的上游原材料采购、中游加工生产、下游销售及售后服务的最终品线性价值创造模式，竞争对手越少，利润越丰厚；也不同于传统经济下买卖双方集中在规模有限的大型超市等实体平台实现点对点交易，数字经济时代，不论是新兴平台企业还是传统转型企业，依托互联网的平台，通过整合相互依赖的产品和服务供给者，以去中心化为原则的自动匹配算法作为技术支撑，不但可达到较大规模，也容易形成低成本、高效率的点对点联结，并促成它们之间的适度竞争、交易协作与共同创造价值，从而形成强大的竞争力。本质上是数字经济下的价值创造主体通过广泛采取开放平台策略，有效整合上游供应商、中游竞争者与下游客户群体，由传统的你死我活的竞争转向共建互利共赢的生态系统，增强平台整体及各价值创造主体的吸引力和竞争力，从而可共同抵御外部环境的冲击。例如，百度、阿里巴巴、腾讯等国内数字企业也都采取开放平台战略，随着大量企业与消费者的入驻，平台的价值不断增加，整个平台的竞争力也得以不断提升。

6. 数字产业的基础性、先导性作用突出

历史上，每一次科技变革和产业革命进程中，总有一些率先兴起、发展迅速、创新活跃、外溢作用显著的基础性、先导性产业引领带动其他产业的创新发展。与交通运输产业、电力电气产业、信息产业分别成为蒸汽技术、电气技术与信息技术三次科技革命推动产业变革的基础先导产业部门类似，集中大数据、云计算、物联网、人工智能、3D 打印等数字技术研发的数字产业成为驱动数字经济革命的基础性、先导性产业。作为技术密集型产业，数字产业的基本特点就是持续动态创新，不仅引领带动作用强，其强大与活跃的创新能力更是其竞争力的根本保证。受此驱动，数字产业也成为研发投入的重要领域，目前全球数字产业在经历早期快速扩张后已经步入稳定发展的轨道，并成为支撑全球各国经济发展的战略性部门。

7. 多方融合成为推动数字经济发展的主引擎

（1）数字产业与传统产业融合

随着数字技术突飞猛进的发展，人类经济社会逐渐从传统农业经济、工业经济阶段过渡到数字经济阶段，人类经济活动空间不断从物理空间转移到虚拟网络上，而随着传统行业数字化进程的加快，人类经济活动又从线上、网络上不断向线下、实体空间扩展。这主要表现在两个方面：一方面，亚马逊、谷歌、阿里巴巴、百度等数字平台不断向线下拓展，甚至收购传统的制造、批发、零售等行业企业，创造出新娱乐、新零售、新制造、新金融等一系列新产业与新模式,如腾讯泛娱乐、阿里新零售战略的发展不仅大大扩展了人类经济社会活动的空间,也使人类的物质与精神社会生活更加丰富多彩;另一方面,传统实体领域的行业企业如制造、金融、物流、娱乐等企业,不断加大数字化融合、改造与创新的力度,把数字化融入企业战略管理、研发设计、生产制造、物流运输、售后服务等多个流程环节,出现了智能制造、智慧物流、数字金融、泛娱乐等新型业态,如青岛红领、三一重工等国内传统企业数字化、网络化、自动化、智能化转型步伐的加快,不仅使传统行业的生产效率得以不断提升,也深深改变着消费者的行为活动方式。

另外,随着数字产业与传统产业的日渐融合,整个经济发展空间也得以不断提升。一方面,数字经济加速从消费向生产、服务,从线上向线下传统产业渗透、拓展,O2O(在线离线/线上到线下)、分享经济、众包、众筹等新模式、新业态持续涌现,不断提升着资源利用效率和人类生活体验;另一方面,数字技术对传统产业的改造和融合带来的效率提升与产出增长,已日渐构成数字经济的主要部分,成为不断驱动数字经济发展的主引擎。

纵观历史,伴随着历次科技革命,先导性产业部门最先兴起,但其占经济总量的比重日趋减少,而新技术与传统产业的融合越来越成为经济发展的主引擎,成为历次技术变革的铁律。蒸汽技术革命时期,英国的纺织等先导性基础产业占GDP的比重一度超过40%;电气技术革命时期,美国的化工等先导性基础产业部门占GDP的比重已下降到20%左右;信息技术革命时期,主要国家ICT产业等先导性基础部门的比重稳定在6%左右。如今在数字技术革命与数字经济发展阶段,虽然美国与欧盟等主要经济体数字产业产出占其经济总量的比重还没有精确的数值与准确的计量,但毋庸置疑的是,数字技术对传统产业的渗透、融合、改造、创新,带来的效率提升和产出增长已经成为推动国民经济增长的重要组成部分与全球经济发展的主引擎。

(2)人类社会、网络世界和物理世界日益融合

随着数字技术日新月异的发展,之前的网络世界不再只是人类生存物理世界的虚拟映象,而是成为人类实实在在的新的生存空间与主战场。同时,数字技术与实体物理世界的融合,也使得现实物理世界的发展速度逐渐向网络世界靠近,甚至逐渐呈现出指数级增长趋势,这主要是因为在物联网技术与数字平台发展的基础上,随着多功能传感器、可穿戴智能装备、人工智能等的日益普及,人类经济社会进入人与人、人与物、物与物的万物互联时代;在此基础上,随着无人驾驶、虚拟现实、增强现实等数字技术的发展,又出现了更强调人机互动,强调机器和人类,甚至不同机器之间实现有机协作与良好沟通的"人机物"融合的信息物理生物系统。这一系统不仅彻底改变了人类经济活动空间,更实现了网络世界和人类物理世界的无缝衔接与交互方式,

使人类不断走进一个网络世界、物理世界与人类社会三者互联互通的新世界。

8.多元协同数据治理成为数字经济的核心治理方式

数字经济 2.0 是一个去中心化、平台、企业、消费者等参与主体更加多元的复杂生态系统，线上线下、物理世界与虚拟世界、跨行业跨地域出现的新老问题不断汇聚，这就要求过去仅依靠传统的集中单向、侧重控制的政府封闭式监管的社会治理模式逐渐向平台、企业、用户和消费者等数字经济生态的重要参与者多元参与、侧重协调的、开放协同的数据治理方式转变。首先，犹如大型跨国公司为传统工业经济下配置和协调资源的基本单元，数字平台是数字经济下的重要组织形式，平台有治理优势也有治理责任和义务，所以数字经济的治理也要发挥平台的枢纽作用，将平台纳入治理体系，借助平台规则，在合理界定政府、平台、第三方责任的基础上赋予其一定的治理职责边界，有助于平台上各类经济问题的治理；其次，数字经济时代，参与数字经济活动的各类主体均应积极参与对与平台相关问题的治理，特别是要激发大量依托平台的企业和与平台相关的消费者参与治理的积极性和能动性，只有让他们积极加入数字治理行列中来，才便于形成遍布全数字平台与全网的全民治理体系，进而便于对数字经济发展进程中出现的较为复杂的海量分散的治理问题进行有效治理，如淘宝大众评审机制就是典型的平台治理案例；最后，在数字经济背景下，面对各经济主体纷繁复杂的消费与投资等经济行为数据，传统的商业监管方式也显得力不从心，而利用大数据、云计算、人工智能等先进数字技术，实现治理手段的精准化、适时化、智能化，才能更好地解决数字经济下出现的问题。

（二）数字经济的规律性特征

虽然目前全球数字经济发展正从成长期逐渐过渡到成熟期，许多规律性的特征还没有充分体现出来，需要在未来数字经济发展过程中去不断探索与挖掘，但许多学者已总结出关于网络经济和传统经济的种种不同的特点与特征，可以在其基础上对数字经济的规律性特征加以简单描述。

1.数字经济是昼夜不停运作的全球性经济

由于信息与数字网络每天 24 小时都在运转中，基于互联网、大数据、云计算等数字技术的经济活动很少受时间因素的制约，可以全天候地连续进行。而且由于信息与数字网络、数据的全球流动把整个世界变成了"地球村"，全球各地的地理距离变得不再关键，基于数字技术的经济活动把空间因素的制约降到最小限度，使整个经济的全球化进程大大加快，世界各国经济的相互依存性空前加强。随着商品、服务与资本全球流动的放缓，数据全球流动速度不断加快，数字经济逐渐成为主导经济全球化的主要动力。

2. 数字经济是去中介化的虚拟经济

由于移动互联网等数字技术的发展，经济组织结构日渐扁平，消费者和生产者之间直接联系与沟通更加便捷，除了因某些交易的复杂性而需要专业经纪人与信息服务中介之外，根本不需要过去更多的分销、批发与零售等中间环节。另外，说数字经济是虚拟经济，是与网下的物理空间中的现实经济相对应、相并存、相促进，是指在数字技术下，数字网络构筑的虚拟空间中进行的经济活动，经济的虚拟性更多源于转移到线上网络空间经济活动的虚拟性，并不是指期货、期权等虚拟资本形成的真实的虚拟经济。

3. 数字经济是合作大于竞争的开放经济

工业经济时代，传统价值创造主体通过上游采购原材料，中游加工生产后再向下游出售最终品和提供售后服务，形成的是线性价值增值链，每个价值链环节上的竞争对手越少，利润就越丰厚，它们的目标是消灭竞争对手。数字经济时代，不论是新兴平台企业还是传统转型企业以及依托其生存的各类中小微企业，都是相互依赖的产品和服务供给者，平台更多的是采取开放策略，构建互利共赢的生态系统，以增强平台的吸引力和竞争力；依托平台的企业之间虽存在适度竞争，但也更多是交易协作与共同创造价值的关系，合作远大于竞争。企业可持续的竞争优势，主要不再依靠自然资源的占有或可供利用的资金多少，而更多地是依赖于通过相互合作共享到更多富含信息和知识的数据，只有在相互协作中，企业的活力与应变能力才能不断提高。

4. 数字经济是速度型经济

数字经济成为速度型经济，更多是由数字经济的规模报酬递增或外部性导致的，哪家企业能够以最快的速度获得规模经济，就会越来越强。随着数字经济节奏的加快，一步落后就会步步落后。再加上数字技术日新月异，在数字技术支撑下信息传输速度、产品升级换代的速度在加快，创新周期在缩短，竞争越来越成为一种时间的竞争。不论是生产制造型企业还是生产服务业企业，谁可以按最快的速度收集、处理和应用大量的数据，第一时间把纷繁复杂的数据变为可供企业决策、生产的知识与信息，就能不断满足消费者多样化的定制需求。例如，服装制造业和物流企业。所以数字经济将是在注重质量的基础上也注重速度的经济。

5. 数字经济是持续创新型经济

数字经济源于移动互联、大数据、云计算等数字技术，以此为基础的数字经济属于技术与研发密集型经济，需强调教育培训、研究开发，否则就不能称为新经济，但数字经济又超越数字技术，技术的创新更多来自有利于创造性发挥的组织环境、制度环境、管理观念与激励机制，所以在技术创新的同时还需要有组织创新、制度创新、管理创新与观念创新等的配合。

另外，数字经济是持续创新的经济，否则其新经济的"新"也就难以为继了。例如，移动端微信或支付宝支付在中国发展得如火如荼，印度可能移动支付发展得并不好，但如果印度能发明出集众多信息，如医疗、养老保险信息于一张卡（如身份证）上，只要一扫所有的信息都可显示，不但为身份识别提供方便，为移动支付也带来了极大便利，等等。也有可能通过更先进的人脸识别技术，就能识别消费者每月收入、名下贷款等个人信息，然后直接就可以从账户上扣除，完成支付。所以，数字经济不但是创新型经济，更需要持续创新，一次风口如果没抓住，以后仍可能有更多的创新机会，一次抓住创新机会走在前面，也可能会迅速被后来创新淹没，只有持续创新，才能永葆活力。

6. 数字经济是注意力经济

数字经济下每个人都置身于巨量信息的包围之中，只有独树一帜才能获得注意力，博得更多的关注，迅速聚集到大批用户或粉丝，并在激烈的竞争中胜出。故而涌现出许多免费的新商业模式，如先通过免费使用短期聚集大量用户，然后再开通移动支付、电商理财以及生活服务等众多商业功能的微信；如通过贴上形形色色的成功标签，分享自己或多彩多姿或平凡简单的生活方式，或通过特色展示、个性表演，或展示法律、交通、医学、体育、娱乐、游戏等专业知识等，聚集大量粉丝获得打赏，使个人也成为品牌，再通过接广告展示和营销商品，或者直接将社交流量出售给广告商来变现的短视频直播平台模式；如按付费多少决定搜索到的商品、服务、企业及其他内容的排名，排名越靠前，受到消费者的关注度就越高，潜在的商业价值就越大的竞价排名模式，都是通过博得眼球，争夺注意力，最后再变现。

此外，在数字经济下各智能互联及数字平台，如今日头条、58同城、大众点评等都通过数据挖掘技术，可抓取、记录用户在互联网上的行为数据，进而分析出用户的行为特点与需求，只要用户曾经在网上搜索或关注过某方面的内容，相关平台就会记录并据此向消费者智能"推送"类似的本地化的可方便获得的个性化的服务，更精确地实现内容传输与受众注意力的匹配，以在碎片化信息过载的数字经济环境中，对大量信息进行过滤和选择，满足追求个性化的信息消费者的普遍需求，进而赢得市场和创造更多的价值。

7. 数字经济是传统边界日益模糊的经济

在传统农业经济与工业经济时代，生产者和消费者是泾渭分明的，企业组织通过层层组织沟通结构构建起明显的企业边界与社会区隔才能比竞争者获取到更完全的消费者需求信息进而有效降低企业的交易成本，不同行业之间也由于明显行业边界与技术和市场壁垒的存在而难以跨越。而与传统农业经济和工业经济下的供给与需求经济活动有明显的区分、生产者和消费者也有非常明显的界限不同，数字经济下，随着数字技术日新月异的发展，个人、企业、社会，甚至是国家层面的传统边界都日渐模糊，出现了更多的产销一体化与无边界组织。

在供给方面，借助数字技术，伴随着生产者与消费者距离的拉近，一方面，企业内部组织结构中纵向的供应链环节不断减少，以往科层式的组织结构不断向消费者倾斜，并越来越呈现出扁平化的特征；另一方面，同一行业甚至不同行业之间的边际也日渐模糊，不同领域的企业之间在数字技术的作用下，依托数字平台可以打破企业与行业边界，通过更多的跨部门和跨行业协作，实现不同商业模式的交融整合，从而实现更大的创新。目前许多行业企业通过数字化改造，已实现通过大数据技术挖掘用户的多样化、个性化需求与建议，进而有针对性地设计、开发新产品，在航空航天与汽车制造领域甚至可借助 3D 打印技术完全按消费者的个性化需求设计、打印新产品，这样厂商在提供产品和服务的过程中充分考虑与结合了用户的需求。

在需求方面，消费者需求的大数据分析成为新产品开发的源头，消费者的创意可以融入企业产品的设计过程中。其实在数字技术下，随着消费者行为数据透明度的增加，不但研发设计环节可融入更多消费者的创意，而且消费者在厂商产品与服务精准广告投放与大数据营销的指引下，完全可以参与到产品生产的全过程中，如果消费者在生产、消费过程中发现问题，可将意见或建议通过网络或数字平台及时反馈到生产方产业链的各个环节。这种消费者参与生产和消费新模式的出现，使原来的供给方生产大批量、大规模、模块化、标准化同质性产品向小批量、分散化、多品种、个性化、多样化、异质性产品转变，甚至单品单件，按订单精准生产，用户可全程参与其中，这样消费者的需求、企业的生产和企业上下游供应链等多种相关数据可以在数字网络中自由流动、高效传输与应用，不仅改变了传统的价值创造体系与创造过程，使需求导向生产、产销一体的生产模式成为现实，进而创造出非凡的价值，而且消费者可通过 3D 打印设备自行生产一些商品，完成产销一体的全过程。

可见，数字经济下在网络化、数字化、自动化生产组织过程中，数字产业链的不断扩张，不仅将商品研发设计与加工生产过程、服务提供过程与消费者联结起来，甚至将广告精准投放、顾客建议、原料采购、智能制造、大数据营销、智慧物流配送、售后问题预测与服务、消费体验反馈全部容纳进来，形成全纳产业链，使商品和服务的全过程得以重塑，资源配置的效率也得到极大的提高。

此外，在社会治理与公共服务供给层面，各地各级政府也可借助数字技术通过电子政务、数字政府、一站式政府建设等多种渠道广泛听取民意，及时了解与分析相关经济社会数据，进而实现科学决策、精准施策，从而有助于提高问题的解决效率与提供更好的公共服务。而公众则能够更容易地利用社交网络和政府公共数字平台参与社会治理事务，在不同的政府决策与大量的民意数据通过数字平台汇聚、交融、碰撞下，政府管理与提供公共服务的理念和方式也会随之发生改变，只有通过数字平台更加开放地调查了解与征求意见、更加透明地进行决策和更加全面地为所有民众提供高质量的服务才能不断引导网络民众、凝聚民心，提高政府公信力。在全球层面，在数字技术作用下，世界不同地区间的经济往来、民间交流将更加活跃，不同文化之间的交融、汇聚将更加频繁，数字技术、数字产品将会在经济、政治、教育、文化、生态等越来越多的领域产生跨地域、跨国界的深远影响。

8.数字经济是普惠化的经济

在数字经济 2.0 环境中，人人都是平等的，不论是在科技、金融还是贸易领域，每个人不论地位高低、贫富、贵贱及身体状况，都可以平等地传播信息、交流沟通、发表评论、经商创业，每个人都可以平等地共享数字经济带来的好处，这就是数字经济"人人参与、共建共享"的普惠化特点。

在普惠科技方面，以宽带、大数据、云计算为代表的按需服务业务使得个人及各类企业都可以通过付出极低的成本就轻松获得所需要的搜索、计算、存储功能；在普惠金融方面，以互联网信用为基础的新型信用评分机制，通过大数据统计可以使不同规模的个体得到精准的风险评估，从而让更多的个体更快享受到适合其风险的金融信贷服务；在普惠贸易方面，数字经济下国际贸易信息更加充分，贸易流程更加方便透明，不论规模大小，各类企业甚至个体都能参与到跨境电商中，全球消费者都能方便、快捷地购买来自全球任意地点的商品，真正享受到卖全球与全球买的红利，而贸易秩序也将更加公平公正；在共享经济领域，数字经济时代下数据自由流动与信息传送速度不断提升，使经济社会各个层面实现自由高度联通，进而引起大量资源的重组、聚合与合理流动，使交易成本和资源配置优化的成本降到最低，广大社会民众只需要通过付出接近零成本的代价就可聚合社会上大量的闲散碎片资源，并创造出更大的价值，使资源利用效率达到最大化，甚至在数字技术作用下，借助数字平台还可实现资源在全球范围内的组合与重新优化配置，这既为全球节约了闲散资源，提升了全球资源配置的效率，全球消费者也可享受到更低价的服务，而服务提供者却可以收获更大的额外收益，供给端、需求端以及整个社会都可获益，全球福利水平都会提高。

二、数字经济的体系架构

（一）数字经济因素构成

要发展数字经济，首先要在发挥好数据等要素作用的基础上，促进数字技术与数字产业的快速发展，进一步促进数字技术与传统产业的融合、渗透、改造与创新，并建立起有效保障数字经济新模式、新业态、新产品发展的更有效市场和更有为政府保障框架，进而不仅促进生产率的进一步提升，也使整个经济社会进一步转型升级。所以，数字经济的主要因素应该包括数据要素组合、数字技术与数字经济发展的相关制度环境。

一是生产要素组合的关键作用，不论是农业经济、工业经济还是数字经济，都有推动其发展的某种或某几种重要的生产要素组合。例如，土地与劳动力为农业经济下的主要生产要素组合，资本、劳动力为工业经济下的主要要素组合，数字经济下的主要要素组合为富含知识和信息的数据、数字技术与数字基础设施等。随着数据重要性的不断提升、数字技术的不断迭代创新、数字基础设施的升级换代，数字经济也不断向更高的发展水平迈进。

二是数字产业及数字技术对传统产业的带动。科学技术是第一生产力，正如前几次产业革命中机械化、自动化、电气化、信息化等技术变革推动社会的不断进步与繁荣，大数据、云计算、物联网、人工智能等数字技术及相关产业的发展正推动着数字经济的不断升级。在数字经济下，由于存在更多的外部性、正反馈作用，只有那些能够解决消费者痛点、满足市场需求的更新的数字技术与数字技术产业，才能成为受众多企业和广大消费者青睐的对象。而且，随着民众收入水平的不断提高与消费需求的不断变化，数字技术及其相关产业也需要不断演进、升级与创新，以更好地适应与满足市场需求，否则就会被淘汰。数字技术与数字产业的发展构成数字经济的基本内容，但更重要的是数字技术对传统的工业、农业、服务业的改造与提升，以及数字产业对传统产业的带动作用，随着数字技术对传统产业的融合、渗透、改造与创新作用的进一步提升，数字经济也在不断向更高级形态演进。

三是制度环境的保障作用。数字经济属于知识与技术密集型经济，更有效的市场和更有为的政府能为数字经济的发展提供良好的制度保障。因为更加公平、有序、高效的市场机制在数字技术升级、换代与创新中的作用巨大，不仅可激励充分竞争、打破垄断，也可降低交易成本、促进共同协作，使数字经济的普惠与包容特征得以充分展现。此外，数字经济发展过程中也离不开更有为的政府调节，政府既不能越位也不能缺位，综观全球数字经济发展进程，那些在数字经济发展进程中制定前瞻性的政策与战略指导框架、为数字经济发展提供更多的财税优惠、资金扶持、产业发展指导等政策支持的国家就可以充分激发投资数字技术研发的热情，数字产业以及数字技术对传统产业的带动都能取得较快的发展。

在数字经济发展进程中，只有充分发挥富含知识与信息的数据、数字技术与数字基础设施要素组合的关键作用，并通过更高效的市场制度环境激励和更有为的政府调节与引导，营造促进数字技术快速迭代与创新的良好环境，才能不断推动数字经济向更高层次迈进。

（二）数字经济层级体系

综合前面的分析，结合当前我国数字经济发展的具体实践，数字经济体系的具体层级大致可以分为：数字技术与数字基础设施的支撑层，促进数字经济发展发挥重要作用的数据层，建立在支撑层和数据层基础之上的商业层，为整个体系制定治理规则和制度安排的治理层。

1. 支撑层：数字基础设施与数字技术

数字经济的支撑层是以数据中心、云计算中心、移动智能终端等为代表的数字基础设施与以大数据、云计算、物联网、人工智能、区块链、3D打印等为代表的数字技术通过融合应用，为上层数据获取、商业活动开展与数字经济治理提供支撑的基础层级。

2. 数据层：作为关键生产要素的数据

作为数字经济核心生产资料和生产要素的数据，其需要在支撑层数字基础设施的基础上，借助数字技术，从各种各样的智能终端收集，并经过网络传输到云端的大数据平台，再进行存储、整理、筛选、加工、分析和共享，通过人工智能、数据挖掘、深度学习等相关算法才能上升为知识与智慧，指导行业生产实践，进而实现其在不同业务场景中的应用价值。如同石油和煤等自然物质资源为工业经济时代的能源一样，物理世界在虚拟空间的客观映射的数据则是数字经济时代人类自己创造的可再生、可反复多次被多人同时使用的新能源，未来随着物联网等数字技术的不断发展，人与人、人与物、物与物之间万物互联的海量数据都会被记录、存储、整理、加工、分析并产生更大的价值。

3. 商业层：商业活动

商业层是建立在支撑层和数据层基础上的不同产业的商业活动，既包括数字产业的发展，也包括数字技术对传统产业的渗透、融合、改造与创新，以及数字经济下催生出的新模式、新业态、新产品以及这些活动对相关的产业、组织结构与就业方式的影响等。

4. 治理层：数字经济治理

在数字经济发展进程中，与之相关的新问题也不断出现，传统的工业经济下的治理体系在数字经济下的新问题面前显得力不从心。数字经济下以巨型平台为依托，依靠其生存的海量中小微企业之间更多是协同合作、互利共赢的关系，就算是巨型平台之间也需要一定的合作，这与传统工业经济下企业之间你输我赢的零和博弈存在着本质的不同。所以，原来传统经济治理结构中的利益格局也将面临深刻调整，原来传统经济下的集中统一监管方式也将被更新的协同监管代替，原来传统工业经济下的治理领域也将向更新更重要的治理领域转变，所以数字经济的治理，不论是在治理原则、治理领域还是在治理方式上与传统工业经济都会有所不同，由此必然产生适应数字经济普惠、共享、协同等特征的普惠治理规则和促进共享的治理原则以及基于数据的协同与大众治理方式。

　　总之，数字经济的体系架构中的不同层级与数字经济的因素构成存在对应关系，支撑层与数据层，与数字经济因素构成中的要素组合对应；商业层与数字产业及数字技术对传统产业的带动对应；治理层与制度环境的保障作用对应。

第二章　数字经济创新发展

第一节　算法驱动的数字经济的新特征

区块链、人工智能等新兴技术由一系列算法构成。例如，区块链技术涉及共识算法、非对称加密算法、同态加密算法、零知识证明算法等；人工智能涉及神经网络算法、深度学习算法等。可以说，基于区块链和人工智能等技术驱动的数字经济，实质上是算法驱动的数字经济。正是这种以数据为载体、以算法为驱动的数字经济活动，相对于传统经济活动表现出了以下新特征。

一、自组织

区块链技术的重要意义不仅来自技术创新层面，而且来自对现有商业组织架构和社会协作模式的冲击，甚至是颠覆层面。区块链技术构建了可信的网络环境，在没有中心化机构或组织介入的情况下，有助于实现人与人之间大规模的社会协作。在这种思维的主导下，"自组织"的概念被提及并不断被区块链行业认识。我们可以认为，自组织是市场经济活动中除了政府这只有形之手和市场这只无形之手以外的第三方力量。自组织能够在没有中心化控制机构，甚至是没有公司主导的情况下自发开展活动，实现市场资源的有效配置。

实际上，"自组织"不是新词语，也不是新理论。自组织是一种极为普通的自然和社会现象，发生在物理、化学、生物、机器人学和认知系统中。例如，在物理领域中，液体的热对流、晶体生长；在化学领域中，分子自集、振荡反应；在生物领域中，昆虫（蜜蜂、蚂蚁等）和哺乳动物社会性的形成，以及鱼和鸟的集群现象。以蜂群效应为例。每只蜜蜂对蜂群前进的方向没有主导和控制，蜂群中也没有发号施令者。然而，蜂群个体之间通过沟通和小范围的协作能够实现统一行动，展现出超越个体的智慧和协调性。动物的集群现象也是如此，没有一个中心指挥者和外部指令，每个动物个体基于基本的感知、行动能力，利用简单的行为规则和局部交互协作，完成诸如迁徙、觅食、筑巢、御敌等团队活动，在群体层面形成有序、协作、分布式的自组织行为。

成群游动的鱼、集体飞行的鸟等都是自组织行为的表现。

自组织现象在社会和自然中无处不在，引发了学者对自组织理论的探索。自组织理论研究来源于20世纪50年代热力学学者对分子活动的观测。比利时物理化学家伊利亚·普里高津认为，系统应对外界环境的变化，并通过与外界物质的能量交换，在系统内在机制的作用下，使系统从无序走向有序，并远离平衡态，最终达到开放系统的状态，这一演化过程被称为系统的自组织过程。在经济领域，经济学家研究了经济活动中的自组织。21世纪初的金融危机让人们认识到，经济活动中除了政府这只有形的手和市场这只无形的手以外，还存在第三种经济治理力量，即自组织。美国著名政治学家、政治经济学家、行政学家和政策分析学家，美国公共选择学派的创始人之一的埃莉诺·奥斯特罗姆因为研究自组织在公共领域的应用而获得了诺贝尔经济学奖。她针对类似"公地悲剧"（每一个个体都企求扩大自身可使用的资源，最终就会因公共资源有限而引发冲突，损害所有人的利益）问题总结出了政府与市场之外的第三条道路，即公共资源的共享者们可通过自组织的形式有效地自主治理。

自组织在自然界和社会形态中是一种有效的个体组织方式。凯文·凯利在《失控》一书中描述了自然界分布式系统的主要特点包括以下方面：（1）没有强制性的中心控制；（2）次级单位具有自治的特质；（3）次级单位之间彼此高度连接；（4）点对点之间的影响通过网络形成了非线性因果关系；（5）自然界自组织的共同目标是生存。

社会经济中，基于协作和信任关系的社会自组织具有以下特点：（1）存在共同的目标；（2）存在一定的规则和管理约束；（3）自组织内部个体具有相互信任和联结的关系。

根据自然界和社会经济活动中自组织的特点，我们可以总结出自组织的一般特征，包括共同的目标和准则、相互信任其能够合作的个体、自治、交流媒介。

基于区块链网络的组织是一种新型的自组织形态。

第一，区块链网络能够打破物理空间和地域人口的限制，将具有共同目标和兴趣的群体或社群聚集起来。

第二，区块链作为信任机器能够构建可信网络，建立跨主体的信任关系，使组织内部的大规模协作成为可能。

第三，区块链的共识机制和激励机制能够形成一套透明、便捷的正反馈机制，使组织内部个体广泛参与制定规则和执行规则，在更广阔的时空范围内完成民主的共同治理形式。

第四，区块链的分布式点对点网络构建了这种自组织的交流媒介，相对于传统交流媒介有着更高的透明度和信任度。其中，通证是对价值实现、分配、流动的具体量化，并成为自组织价值观的最终载体。

在区块链出现之前，自组织在跨主权、跨经济主体的全球性公共经济事务中，如全球气候变暖、水污染治理、反恐等方面发挥了积极作用。在未来的数字经济中，基于区块链的自组织有可能实现从最初的几百人团体协作到成千上万人的社团组织协作，再到全球范围内上亿人的大规模协作。例如，开源项目的代码检测，通过全球分布式协作的方式，任何有能力的计算机程序员可以针对区块链项目检测代码漏洞，并将收益按贡献分配。未来，基于区块链的自组织在治理权力和激励机制的基础上，有助于保证组织内的个体有效参与和公平性，激发个体创造的积极性，建立自下而上的权力逻辑，实现人类社会协作方式的进化。

二、边际成本趋于零

边际成本是一个经济学的概念，它是厂商每增加一单位产量所需要付出的成本。与边际成本易混淆的概念是平均成本，即单位产品所分摊的成本。通常而言，成本分为固定成本和可变成本。固定成本一般是指在一定时期和一定业务量范围内不随业务量变化而变化的成本，如购买机器的成本。可变成本一般是指随业务量变化而变化的成本，如人工或原材料等。

边际成本与平均成本的区别在于，边际成本通常包括可变成本，而不考虑固定成本。传统厂商进行产品生产的过程中，随着产品生产规模的扩大，边际成本通常会呈现先减后增的变化趋势。换言之，当实际产量未达到一定限度时，边际成本随产量的扩大而递减（规模经济效益）；当产量超过一定限度时，边际成本随产量的扩大而递增。传统经济理论认为，边际成本不可能趋于零，这是因为生产要素的投入需要有一个最佳比例。

美国著名经济学家杰里夫·里夫金在其著作《零边际成本社会》中指出，随着移动互联网、能源互联网和交通互联网真正做到三网合一，太阳能、风能等可再生能源广泛且低成本使用后，边际成本会趋于零。然而，里夫金理解的零边际成本社会并不意味着所有产品的边际成本都为零，他提出零边际成本社会其实隐含了诸多难以达到的假设。首先，商品的供给需要先进的技术，可以实现大规模批量化的生产或极低成本的复制，否则难以实现零边际成本。例如，对于定制化、个性化的手工艺品来说，大规模的生产、复制是较难达到的。其次，以原子为基础的物质产品都是稀缺的，其边际成本也难以为零。然而，对于数字世界的数字产品、交易服务而言，上述问题都迎刃而解了。基于算法驱动数字产品、交易和服务，可以实现大规模生产供给或无限复制，而且边际成本几乎为零。以区块链的智能合约服务为例，除了智能合约的固定开发成本和运营成本投入以外，为一个人提供服务和为一万个人提供服务的交易成本几乎不变，单位增加的成本趋于零，即边际成本趋于零。可见，因为算法本身的可复制性和可重用性，算法一旦运行起来，交易成本几乎为零。因此，在算法驱动下的数字化经济世界中，边际成本趋于零是可以实现的。

三、共治和共享

共治和共享是指数字经济活动中具有共同兴趣或目标的社群，以自组织为表现形式，基于大规模协作的方式聚集在一起共同参与社群活动治理，并根据贡献程度共同享有和分配劳动成果。共治和共享反映了人们在区块链驱动的数字世界的商业活动中的协作方式，以及劳动成果的分配方式。

从动物到人类活动，协作无所不在。例如，蚂蚁协作搬运食物，黑猩猩在丛林中协作捕猎，平原上的某人类种族共同协作抵御外族的入侵，等等。从表面上看，这几者之间并无不同，只不过是参与协作活动的数量的多寡。但是，全球瞩目的新锐历史学家赫拉利在其著作《人类简史》中认为，人类正是通过各种方式组织几千人甚至几万人的力量，发展了大规模的协作能力，才最终成为这个星球的主宰。互联网革命到来后，人类协作活动进一步打破了空间的界限和羁绊，使跨空间的大规模协作变得易于实现。例如，Linux 操作系统通过公开源代码，让全世界的计算机天才、黑客和工程师通过网络都能够参与 Linux 系统源代码的开发和完善，Linux 操作系统也成了当前极为成功的开源系统。Linux 系统的开源促进了开源软件浪潮的到来，人类通过大规模协作共同参与到开源软件的开发中来。此外，维基百科基于开放、平等、共享和全球化运作的原则，吸引了全球几千万人参与，整个网站的总编辑次数已超过 10 亿次，形成了 200 多种独立运作的语言版本，最终成为全球规模最大、最流行的百科全书。

互联网革命使信息在全球范围内自由流动，让人类基于数字产品和服务相关的大规模协作成为可能。而区块链通过共识机制、激励机制和密码学技术，解决了经济活动的可信任和组织激励问题，有可能使人类大规模协作更加普遍和深入，甚至颠覆传统的组织结构，实现陌生人之间、自由人之间的共同治理和协作。

以企业这一传统组织为例。企业的诞生是近几百年以来的事情，它是社会生产力发展到一定水平的结果，是商品生产与交换的产物。最早的企业形态是个人企业、家族作坊式企业或合伙企业。在工业革命以前，社会经济环境变幻莫测，人们为了谋生，在参与商业活动或谋生过程中通常抱团取暖，由此形成了作坊或合伙企业。这些企业的成员构成通常有些特点。例如，成员之间都有血缘关系，是家族兄弟姐妹、父子等。实际上，他们能够抱团取暖并自由组合的关键在于，他们能够知己知彼，具有"自然信任"，即在企业成立之前，他们存在较强的信任关系。基于这种"自然信任"，他们才敢于共同创办企业，共同协作，共担风险，荣辱与共。但是，随着企业规模越来越大，分工越来越细，人员越来越多，"自然信任"也无法解决企业经营和生产中出现的问题。公司制由此诞生，以通过"制度信任"解决"自然信任"不足的问题。

股份有限公司源于17世纪英国、荷兰等国家设立的公司。例如，著名的英国东印度公司等。公司制以制度的形式弥补了"自然信任"导致的信任不足，解决了陌生人合作的问题。首先，公司制发明了"法人财产权"，使公司财产和个人财产的界定得到明晰，任何人不能将公司的财产带回家。其次，公司制发明了"有限责任"，即公司负债经营出了问题，股东承担有限责任。也就是说，股东仅以其入股的数额为限，对公司破产后所负的一切债务承担责任。最后，公司制发明了"公司治理结构和机制"。无论谁治理公司，必须有公司章程，必须有股东会、董事会、经理层等。公司决策不能由所有人决定，也不能由某一个人决定。而区块链技术实现了可信的网络环境，有助于陌生人之间的大规模协作。区块链带来的协作方式的变革，极有可能对企业这一传统的组织结构带来冲击和颠覆。

20世纪30年代，新制度经济学的鼻祖，美国芝加哥大学教授、芝加哥经济学派代表人物之一，法律经济学的创始人之一的罗纳德·哈里·科斯在《企业的性质》中指出，企业存在的原因是降低市场交易费用，即用费用较低的企业内交易代替费用较高的市场交易。在以数据和算法为基础的数字经济活动场景下，算法本身的可复制性和可重用性可以实现规模经济和范围经济，进一步使边际成本趋于零。同时，区块链构建了可信的商业环境，极大地降低了市场上商业活动的沟通、交流和讨价还价的成本，使陌生人协作或"自由人之间的自由联合"比企业的交易成本费用更低，甚至趋于零。因此，自由人联合构成的社群可能取代企业组织，社群共治取代企业层级治理。

区块链技术衍生出来的通证，是一种集合了物权属性、货币属性和股权属性的加密数字凭证。在区块链生态系统内，通证既能被用于支付和流通，又能成为社群成员拥有某种数字资产的权益性证明。此外，密码学中的公私钥加密机制使通证具有较高的安全性。因此，通证是未来数字资产可能的载体之一。基于通证的激励机制能够鼓励社群组织的每一个参与者参与协作，同时通过共识机制保证公平性和透明性，最终根据参与者贡献的不同来共同分享权利和成果。"区块链＋通证"机制有助于实现社群的共治和共享。

四、网络效应

网络的本质是由节点和连接构成的一种模型。无论是物理网络，还是人际关系网络，都是对真实世界中诸如电信网、广播电视网及互联网等物理网络和电子邮件、电子商务等虚拟网络的抽象。网络效应来源于网络中发生的一种现象或效应，即"网络中的消费者通过购买某产品或服务，他所获得的效用取决于使用相同产品或服务的其他用户的数量。梅特卡夫法则表明，网络的价值以用户数量的平方速度增长。

网络可以分为以下三类。

1. 直接网络

直接网络即市场中的用户通过使用水平兼容的产品，以某种方式直接连接在一起。例如，微信形成的社交网络。

2. 间接网络

间接网络即用户都需要在垂直兼容的产品市场中购买互补产品，从而形成的网络。例如，硬件和配套软件市场形成的网络。

3. 双边网络

双边网络即市场中某种产品或服务的供给方和需求方形成的网络。例如，淘宝的买家和买家。

这三种网络主要形成了两种网络效应，分别是同边网络效应（直接网络）和跨边网络效应（间接网络和双边网络）。同边网络效应是指在同一网络中，用户规模的增长会影响到其他用户使用该产品或服务的效应。例如，在微信构建的社交网络中，如果使用微信的人数非常少，则每个人可以交流沟通的对象很少；如果用户规模非常大，则每个人可以交流沟通的对象就很多，获取的价值也越多。双边网络效应是指供给端（需求端）的规模增长影响需求端（供给端）所获得的效应。例如，在淘宝网络中，买家越多，吸引到的卖家自然就会越多，反之亦然。滴滴所在的租车市场也是如此。租车市场的本质是双边市场，乘客的用户价值取决于司机的多少（司机越多，乘客等待的时间可能越短），司机的价值取决于乘客的多少（乘客越多，司机的空驶就越少）。

网络效应的作用机理表现为，技术或产品的创新吸引一部分勇于尝试的首批企业或消费者进入网络市场，在社交网络的辐射作用下形成潮流效应，进而吸引市场上那些追求流行或对新技术、新商业机会较敏感的人群进入该网络市场。随着进入该网络市场的人越来越多，当用户数量达到网络效应的临界点时，更多的潜在用户加速进入该网络市场，形成了规模效应、羊群效应，进而导致用户数量的爆炸式增长。随着用户数量的上升，形成规模经济效益，网络平台边际成本进一步降低，由此提供更多的产品和服务，并使用户的转移成本（转移到其他网络的成本）增高，最终导致"赢者通吃"或"寡头垄断"。

区块链驱动数字经济下的网络效应会非常普遍。以钱包为例，未来世界的物理资产理论上都可被映射为数字资产，区块链驱动的价值互联网要求数字资产所代表的价值流动起来。价值流动需要有两个要素：一是钱包，二是区块链网络。钱包可以存储数字资产。通过区块链网络，钱包之间可以实现数字资产的交换。很显然，如果钱包数量少，数字资产只能实现少数钱包用户的交换和流通。只有当钱包数量大规模增长时，以数字资产为代表的价值才能实现更广泛的流动。区块链网络中的双边网络效应也非常明显，DApp的供给和消费形成双边市场，双方的价值都互相依赖于对方的规模。

五、数据产权明晰

产权是经济所有制关系的法律表现形式，包括财产的所有权、占有权、支配权、使用权、收益权和处置权。著名诺贝尔经济学家科斯认为，经济活动中产权不清晰导致市场交易费用过高，从而使资源配置不是最优化的。

产权制度是实现产权关系有效组合、调节和保护的制度安排，通过规则使人们承认和尊重并合理行使产权，如果违背或侵犯它，就要受到相应的制约或制裁。产权制度的最主要功能在于降低交易费用，提高资源配置效率。当前，社会主义市场经济的发展和完善依赖于现代产权制度。建立归属清晰、权责明确、保护严格、流转顺畅的现代产权制度，有助于现代市场经济的有序发展。

在人类从物理世界向数字世界迁移的过程中，数据也成了一种独立的客观存在，成为数字世界的基本要素，以及数字经济活动的重要生产资料。数据资产成为互联网企业实现价值的起点，特别是对个人属性数据和行为数据的收集、整理、挖掘、分析，以及基于数据进行的大数据营销、大数据风控、智能投顾等，成为互联网公司扩大服务规模、提高公司估值和营收的重要方式及手段。可以说，数据成了互联网公司最大的财富。但是，这些数据的产权并未得到明晰。阿里巴巴、腾讯等获得了海量的用户数据，公司市值节节攀升，享受到了巨大的资本市场红利，而贡献了自己数据的所有者并未分享到这一红利。此外，数据交易市场混乱也是数据产权不明晰导致的后果。例如，企业收集用户数据，并对隐私数据进行脱敏处理。实际上，通过有些手段对多维数据进行建模，也能够还原或推测出用户的隐私信息。这种情况是禁止，还是不禁止？再如，企业收集用户数据，对数据进行加工并在大数据市场交易，收益归企业所有。这也引起了一些争议：一方面，交易并未得到用户允许，用户的个人数据为何能够被拿到市场买卖？另一方面，数据是用户的，为何用户不能得到收益？法律上如何判定收益的划分？经济规则应该如何确定？目前的窘境都是数据产权不明晰导致的。

21世纪初，我国颁布了《物权法》，在法律上明确了物权的概念。在数字经济时代，数据的所有权、知情权、采集权、保存权、使用权、受益权及隐私权等构成了每个公民的新权益，也会逐步实现"数权"的确定和保护。除了个人数据，机器所产生数据的产权也将会被予以明确。

明确数据的权属关系是数字经济发展的基础支撑和保障。由于数据的可复制性、价值不确定、价值衍生性等不同于传统物品的特性，在数据收集、存储、使用、流转、消灭等各个阶段会产生多种权属关系。数字经济的特点是多向、动态的，而不是单边、固定的。如果不能明确数据的权属关系，就无法畅通数据有序流动的渠道，不能为新业态、新模式提供可靠的权利保障，进而影响数字经济的发展。

只有在数据产权明晰和区块链技术的保驾护航下，数据隐私才能真正得到有效的保护，非法数据交易才能得到遏制，数字资产等价值的流动才会变得更加有效和透明，数字经济活动的资源配置才会更加高效。数权、人权、物权将会构成人类未来生活的三种基本权利，而数据产权明晰是推动数字经济规则建立的重要力量。未来数字经济时代，一方面，法律手段对数据产权予以明晰；另一方面，区块链技术保证了数据的安全可靠和授权访问。

第二节　数字经济下的区块链与人工智能

一、数据成为数字经济的生产资料

生产资料是劳动者进行生产时所需要使用的资源或工具，一般包括土地、厂房、机器设备、工具及原料等。它是生产过程中劳动资料和劳动对象的总和，也是任何社会进行物质生产所必备的物质条件。蒸汽技术革命时期，煤炭是主要生产资料；电气技术革命时期，石油和电是主要生产资料；随着互联网和大数据时代的到来，数据变成了重要的生产资料。

在互联网、大数据、区块链、人工智能等技术的发展过程中，技术新概念是从未间断的，但万变不离其宗，这些技术本质上都是信息技术。信息技术构建了人类数字化的生活方式，从衣食住行到工作环境和商业活动，包括社交网络、电子商务、虚拟现实游戏等。所有人类在物理世界的行为活动被映射到数字世界的过程，都是被数字化的过程。经过这个过程，行为活动最终被刻画成数据并存储在数据库中。

"数据，作为一种重要的生产要素，已经全面渗透到现代社会每种行业和业务职能领域。人们对于海量数据的分析、挖掘和应用，预示着生产率增长和消费者盈余新浪潮的到来。"数据从经济分析的假设条件脱离出来，作为数字经济时代最重要的生产资料之一参与到价值创造的过程中，这是一个缓慢的由量变到质变的过程。数据不同于其他生产要素，自身呈现出非实体化、分散化、多样化、规模化、时效化等特征。离散的静态数据本身并没有太多价值，只有通过有效的手段提炼、分析，才能让大数据点石成金。数字经济活动中，真正有价值的是数据提炼、挖掘和分析，而不是数据本身。

数字经济活动中，可以进一步将生产资料划分为数据、信息和知识。数据是对客观事物的数量、属性、位置及其相互关系进行抽象表示，以适合在这个领域中用人工或自然的方式进行保存、传递和处理。数据通常包括个人属性数据、个人行为数据、聊天记录、网页内容、打电话记录、论坛评论、网络消费数据、社会关系、行程记录以及机器产生的各类指标等；信息是具有时效性的、有一定含义和逻辑的、经过加工处理的、对决策有价值的数据流。例如，北京、天气、暴雨、闷热、时间等是数据，"今天北京下暴雨，非常闷热"是信息。知识是用归纳、演绎、比较、解读等手段对信息进行挖掘，使其有价值的部分沉淀下来，并与已存在的人类知识体系相结合，这部分有价值的信息就转变成知识。例如，有人将"某日北京下暴雨导致交通拥堵，下水道堵塞"等信息结合自己的思考，写出了一篇名为《对北京暴雨灾害的管理反思》的文章。那么，这篇文章可以被认为是知识，而且具有版权。

简单地说，数字社会中，数据包括简单的数字、文字、图像等；信息是经过加工后的数据，是一种有背景的数据，有价值的数据；知识是经过提炼、推理和解读后形成的有规律和经验的信息，如电子书籍、原创音乐、电影等。在人类向数字世界迁徙的过程中，数据、信息和知识共同组成了生产资料，成为数字经济活动的"物质"基础。

二、人工智能提升生产力

人工智能是描述计算机模拟智能行为的科学。它需要使智能机器和计算机程序表现出人的行为特征，包括知识、推理、常识、学习和决策，并根据人类智能的方式进行学习和解决问题。技术创新与变革通常能够带来生产力的发展，正如互联网让人类打破空间限制，实现了千里眼、顺风耳。而人工智能也将掀起新的生产力变革，提升生产效率。

人工智能会为人们提供帮助，让人们更高效地完成各类工作任务。例如，在人工智能客服情景下，人工智能技术能够完成最初期的问题归类。它不会彻底取代呼叫中心的人类员工，但是能减少呼叫者的等待时间和解决大部分常见的问题。微软"机器人"小冰通过微博等平台担任实习面试官，自行对微软（亚洲）互联网工程院的人工智能组招募的实习生进行面试。在十几个小时里，小冰完成面试初筛 12 000 多人，其中超过 3 500 名粉丝通过面试，进入下一步人事流程。除了小冰变身面试官之外，许多"机器"开始服务人类。甚至在一些生活或工作场景下，一些"机器"已经能够取代人类。这表明目前的人工智能相关技术已经发展到可以使机器代替人类完成某些工作及做出某些决策的阶段了。美联社执行总编辑卢费雷拉在公司博客中表示，每个季度记者花费时间和资源生产约 300 份盈利报告，采用自动化的技术可以在相同的时间周期内产生 4 400 份简短的盈利报告（150 ～ 300 字）。

实际上，未来所有简单重复的脑力劳动都将被人工智能取代。不仅是电话客服人员等对脑力要求不高的普通岗位，就连诸如放贷员、证券交易员等看似高端的岗位在未来都有可能被人工智能取代。在翻译和速记领域，谷歌、阿里巴巴、百度也正在将人工智能技术应用于实时翻译。低级从业者将面临人工智能的极大竞争。微软推出了演讲实时翻译字幕功能，可以对演讲者播放的幻灯片中的字幕进行实时翻译。虽然高深的文学翻译暂时难以被取代，但是普通翻译人员和速记员的职业面临威胁。

当人工智能发展到一定阶段、机器具有一定智能之后，在面对同样任务时，机器势必会比人类完成得更加出色。这一方面是因为机器天然具有优于人类的计算能力，另一方面是机器在处理任务和做决策时不会受情感所影响。人工智能为人类提供了智能化的工具，这些工具能够提高生产效率，并促使人类开发出更多更好的工具以满足自身的数字经济活动。根据普华永道的研究——2016—2030 年人工智能将带来的各经济增长数据会发现，多于 50% 的增长将归功于劳动生产力的提升，其他则主要来自人工智能激发的消费需求的增长。由于人工智能将提高生产力和产品价值并推动消费增长，因而零售业、金融服务和医疗保健将是最大的受益行业。到 2030 年，随着人工智能驱动消费的大幅上升，产品性能得到进一步的完善，消费需求与行为随之转变，人工智能的发展将带动全球 GDP 增长 14%，其中逾一半来自生产力的提升。人工智能的出现和发展不是要颠覆人类，而是帮助人类提高生产力和生产效率，促进数字社会经济的发展和进步。

人工智能应用包含三个关键点，一是数据，二是算法，三是计算能力。人工智能与区块链融合，可以在这三点上相互赋能，如表 2-1 所示。在数据层面，区块链技术在一定程度上能够保证数据可信，以及在保护数据隐私的情况下实现数据共享，为人工智能建模和应用提供高质量的数据，从而提高模型的精度。在算法层面，一方面，区块链的智能合约本质上是一段实现了某种算法的代码，人工智能技术植入其中可以使其更加智能；另一方面，区块链可以保证人工智能引擎的模型和结果不被篡改，降低模型遭到人为攻击的风险。在计算能力层面，基于区块链的人工智能可以实现去中心化的智能联合建模，为用户提供弹性的计算能力，满足其计算需求。

表2-1 区块链与人工智能融合的层次

	区块链	人工智能	融合
数据	（1）一定程度上保证数据可信 （2）保护数据隐私	（1）需要高质量的数据进行建模 （2）需要不同数据主体的多维数据，以便实现完整的数据拼图	区块链为人工智能提供可信数据，保证数据共享安全
算法	（1）智能合约并不智能 （2）智能合约缺乏一定的灵活性	人工智能有助于建立复杂的智能合约代码	人工智能技术有助于区块链实现更加智能的智能合约
计算能力	（1）去中心化分布式结构 （2）防篡改	（1）中心化算力成本高 （2）代码漏洞容易遭到入侵	在保证一定安全性的前提下，区块链分布式结构为人工智能提供分布式的算力

第三节　基于区块链的人工智能

一、数据质量与数据共享

可靠的、高质量的数据是人工智能技术应用的重要基础。然而，当前用于人工智能技术建模的数据收集和运用存在以下四个问题。

1. 数据不可信

人工智能和大数据技术的发展促进了大数据交易市场的火爆，很多从事人工智能行业的互联网公司由于自身缺乏数据收集渠道而转向从数据交易市场的数据公司购买。实际上，市场上有很多所谓大数据公司的数据来自数据黑市，数据的真实性和可信度都大打折扣。例如，有些数据过期失效，数据贩子对同一份过期数据稍加修改后反复售卖。数据贩子甚至通过制造虚假数据获取利润，这些"脏数据"往往只有30%是真实的，而70%是充量的假数据。

2. 数据涉嫌非法

一部分数据贩子通过所谓内部渠道，即企业内部人员与外部人员勾结，以及其他关系掌握数据资源，其本身没有数据加工能力，而是通过直接售卖裸数据赚取差价。在贩卖的数据中，有些数据可能是涉嫌违法的个人隐私数据。

3. 数据质量不高

例如，数据的实时性较低，数据标注质量不高，等等。在人工智能应用中，包括图像识别、语音识别、动作识别、自动驾驶等领域都需要对数据进行精准标注。高质量的标注数据，决定了人工智能建模的效率。

4. 数据难以共享

当前，数据产业仍处于垂直分割状态，数据的持有者、开发者、使用者相对分离，数据难以流动和共享，无法最大限度地利用数据为人工智能企业发展提供动能。即使不同企业或组织之间有意愿进行数据共享，也因为涉及用户数据隐私安全问题和数据共享中的利益分配问题而退却。

区块链以其可信任性、安全性和难以篡改性，能够在保证数据可信、数据质量、数据隐私安全的前提下充分实现数据共享和数据计算，为人工智能应用在数据质量和共享层面提供有力的支持。

首先，区块链的难以篡改和可追溯性使数据从采集、交易、流通到计算分析的每一步记录都可以留存在区块链上，任何人都不能在区块链网络中随意篡改数据、修改数据和制造虚假数据。因此，数据的可信性和质量得到一定程度的信用背书，人工智能可以进行高质量的建模，用户也能获得更好的体验。

其次，基于同态加密、零知识证明、差分隐私等技术实现多方数据共享中的数据隐私安全保护，使多方数据所有者在不透露数据细节的前提下进行数据协同计算。

最后，基于区块链的激励机制和共识机制，极大地拓展了数据获取的来源渠道。在区块链密码学技术保证隐私安全的前提下，基于预先约定的规则向全球范围内所有参与区块链网络的参与者收集需要的数据。对于不符合预先规则的无效数据，通过共识机制予以排除。参与者授权使用的有效数据以哈希码的形式记录在区块链上，个人通过公私钥技术拥有数据的控制权；对于授权提供数据的参与者，提供通证等形式的激励。

总之，区块链能够进一步规范数据的使用，精细化授权范围，有助于突破"信息孤岛"，在保护数据隐私的前提下实现安全可靠的数据共享。人工智能基于可信和高质量的数据开展计算和建模，极大地提升了区块链数据的价值和使用空间。

二、区块链智能合约与人工智能

智能合约的概念最初被定义为一套以数字形式定义的承诺，包括合约参与方可以在上面执行这些承诺的协议。其设计初衷是希望通过将智能合约内置到物理实体来创造各种灵活可控的智能资产。区块链技术的出现重新定义了智能合约，并将智能合约的内涵进一步延伸并具体化。当前的智能合约一般是具有状态、事件驱动和遵守一定协议标准，并运行在区块链上的程序。它能够实现在一定触发条件下，以事件或事务的方式，按代码规则处理和操作区块链数据，并由此控制和管理区块链网络的数字资产。作为一种嵌入式的程序化合约，它可以内置在任何区块链数据、交易、有形或无形资产中，形成可编程控制的软件定义的系统、市场和资产。

我们可以看到，区块链智能合约的本质是代码，和其他编程语言并没有什么不同。智能合约的代码可以自动处理区块链网络中不同节点之间的交易。例如，为传统金融资产的发行、交易和管理提供了自动化的工具。在数字票据的生命周期中，票据的开立、流转、贴现、转贴现、再贴现、回购等一系列业务类型、交易规则和监管合规，都可以通过智能合约编程的方式实现。此外，智能合约也能够应用于社会系统的合同管理、监管执法等事务中。

当然，智能合约只是一个事务处理模块和状态机构成的系统，它的存在只是为了让一组复杂的、带有触发条件的数字化承诺能够按照参与者的意志正确地执行。此外，智能合约在法律上并不具备约束力，在功能上也并不智能。在商业活动真正需要实际签署合约的场景下，智能合约在实践和理论上无法实现它名字所赋予的功能。智能合约代码本身也缺乏真实合同的基本要素，如条款、条件、争议解决等。智能合约在具有真正法律约束力方面还有很长的路要走。不仅如此，智能合约的代码也是僵化的、一成不变，在实际应用中缺乏必要的灵活性。实际上，它只包含了基于不同输入而反馈的一系列复杂结果。当前的智能合约并不智能，它的处理是确定性的。如果说它智能的话，仅仅体现在提供有效的自动化履约以及降低人为错误和潜在的争议风险方面。

人工智能为区块链中相对粗糙的智能合约技术带来了福音，并有助于实现合约智能化。人工智能结合区块链智能合约，将从以下三个层面重塑全新的区块链技术应用能力。

第一，人工智能结合智能合约，可量化处理特定领域的问题，使智能合约具有一定的预测分析能力。例如，在保险反欺诈应用中，基于人工智能建模技术构建风控模型，通过运营商的电话号码不同排列的数据组合进行反欺诈预测，并依据智能合约的规则进行相应的处理。基于人工智能的智能合约能够处理人脑无法预见的金融风险，在信用评级和风险定价方面比人脑更具有优势。

第二，人工智能的介入让其拥有仿生思维性进化的能力。就智能合约本身而言，通过人工智能引擎，在图形界面的模板和向导程序的指引下，能够将用户输入转化为复杂的智能合约代码，即生成符合用户和商业场景的"智能协议"。

第三，人工智能不断地通过学习和应用实践形成公共化的算力。

当然，人工智能与智能合约的深度结合还需跨过法律和技术两重难关。尽管一些相对简单的合约通常可以将履约自动化，但对于更加复杂的合约，可能还需要人的介入来解决争议。

三、去中心化的智能计算

人工智能技术通过引擎构建模型并在区块链上运行，使区块链的智能合约更加智能。在算力层面，人工智能通常基于个人自建或传统云计算平台进行模型计算训练。随着数据量的增大和计算复杂度的提升，对传统中心化的云计算平台和服务器的计算能力的要求越来越高，对企业的成本投入也在不断攀升。这主要是因为高性能计算机或服务带来了更高的硬件采购和维护成本。尽管互联网企业已经使用廉价的 PC 作为云平台的服务器，但电力消耗依然巨大。共享经济的到来，为降低能源消耗和提高资源利用效率提供了极佳的解决思路。全球范围内的大多数普通计算机的算力都处于闲置状态，如果能够把这部分算力利用起来，就可以极大地降低人工智能建模的成本，提高资源利用效率。

区块链是分布式网络，能够实现算力的去中心化。因此，区块链有助于构建去中心化的人工智能算力设施基础平台，转变传统的不断提高设备性能以提高算力的思路。在算力层面，基于区块链技术，可以在成千上万个分布于世界各地的节点上运行人工智能神经网络模型，利用全球节点的闲置计算资源进行计算，实现去中心化的智能计算。此外，通过区块链智能合约可以根据用户所需的计算量对网络计算节点进行动态调整，从而提供弹性的计算能力以满足用户的计算需求。

第四节　智能化数字经济趋势

一、分布式商业

分布式商业以多方参与、共享资源、智能协同、价值整合、模式透明等为主要特征，提倡专业分工和价值连接，通过预先设定透明的价值交换或合作规则，使分工及集群后的新商业模式产生强大的力量。随着分布式技术的成熟，分布式商业逐渐兴起。

一方面，以分布式架构为基础的云计算技术已经得到了广泛的应用，为海量用户提供了具备云端化、移动化、场景化等特点的产品与服务，区块链技术、分布式账本技术及其相关的分布式一致性算法等也走上了历史舞台，成为前沿科技的核心代表。为了实现分布式商业的共享与透明规则，以开源为主要特征的分布式技术得以发挥最大优势，多参与者对等合作与共同发展的商业模式需要多中心、去中介的思维模式和技术架构。

另一方面，具备多方参与、专业分工、对等合作、规则透明、价值共享、智能协同等特征的新一代分布式商业模式的兴起与涌现，是社会结构、商业模式、技术架构演进的综合体现。区块链的信任机制建立了多个参与方对透明和可信规则及客观信息技术的信任。

目前，分布式商业应用已逐渐落地。例如，微众银行携手上海华瑞银行基于 BCOS 原型共同上线试运行了国内首个基于区块链的"微粒贷"联合贷款备付金管理及对账平台，长沙银行、洛阳银行等亦相继接入使用。目前，该平台记录的真实交易数已达数百万量级。

二、可编程经济

目前，互联网迅速发展，云计算、大数据、移动交流、社交网络、物联网、区块链等技术相互作用，创造出业务交易、人机交易、机机交易的互动方式，正从根本上改变商业的业务模式。数字化流程和协议使任何资产交换的商品化成为可能，互联网也正在用这种新方式创造出"数字货币"。这是人们一般理解的"可编程经济"。全球最具权威的 IT 研究与顾问咨询公司高德纳也提出了"可编程经济"的概念，将其定义为嵌入智能基因的新经济系统，能自主支持和管理商品服务的生成、生产及消费，并支持多种价值在不同场景下的匿名、加密交换。

例如，耐克公司将一些传感器安装到运动鞋上，将消费者每天跑步的里程、消耗的热量通过移动应用或健身追踪监视设备传到公司，消费者可用跑步的里程来换取购买耐克新鞋的折扣。洗衣机、冰箱装上传感器，也可以像耐克鞋一样采集数据并做出处理。再如，韩国三星公司生产的一款智能洗衣机针对其部件损坏情况，具有自动联系检修的功能；还有原理类似的智能冰箱针对冰箱牛奶的储藏情况，具有自行订购功能。

"可编程经济"是产品和商业模式的可编程和数字化，特别是区块链带来的智能合约技术将商业活动规则以代码形式写入区块链并自动化执行。"可编程经济"的客户体验的是通过工业、商业、金融业等产业深度融合而成的生态系统提供的服务。

三、产业价值互联网

互联网的出现使信息传播手段实现了飞跃。信息可以不经过第三方、点对点实现在全球范围的高效流动。信息与价值往往密不可分。在人类社会中，价值传递的重要性也与信息传播不相上下。区块链的诞生，助力人类构建产业价值传输的互联网。区块链就是解决信任问题，其作为新的记账方式，能够创造新的交易模式，在分布式共享账本上有多个节点，由去中心化的多方共同维护，建立统一的共识机制保障。任何互相不了解的人之间，可以借助这个公开透明的数据库背书的信任关系，完成端到端的记账、数据传输、认证以及合同执行。如果区块链运用到位，用户无须自己建立或维系任何第三方中介机构，就能实现自由支付。

在区块链技术的背景下，产业价值互联网将使人们在网上像传递信息一样方便、快捷、低成本地传递价值。这些价值可以表现为资金、资产或其他形式。产业价值互联网的商业模式能够通过传统企业与互联网的融合，寻求全新的管理与服务模式，为消费者提供更好的服务体验，创造出更高价值的产业形态。在数字时代，无论个体还是企业都要适应时代的变化，对资产进行数字化，并通过互联协作来扩大数字化资产的使用，增加营收，通过打通上下游，站在产业价值的角度重塑企业核心竞争力，从而形成一种生态。产业价值互联网是通过在研发、生产、交易、流通和融资等各个环节的网络渗透以提升效率、优化资源配置，同时也能够传递价值。

第三章　数字经济的战略抉择

第一节　加快企业和市场的数字化创新步伐

自 20 纪 90 代数字经济出现以来，其在经济发展中的引领和主导作用不断增强，带来比工业革命更快、更加深刻的社会变革，并且成为支撑未来经济发展的重要动力之一。因此，中国应积极顺应数字经济发展新趋势，通过深入推进国家信息化战略，加快推进国家大数据战略，以加快企业和市场的数字化基础建设；通过加强企业数字化建设、优化互联网市场环境，进一步优化数字经济发展的市场环境。数字经济时代，政府面对新时代课题，必须积极调整产业结构，以提高信息化程度。运用大数据驱动产业创新发展，推动"互联网+"产业跨界发展，加快信息技术产业和数字内容产业发展。数字经济时代，政府还面临弥合数字鸿沟的艰巨任务，具体举措为建设数字政府、实现网络全覆盖、加强信息化教育，同时还要大力倡导大众创业万众创新。

中国推动数字经济发展，首先要解决的问题是如何从国家和政府层面采取积极的战略行动保障数字经济加快发展。

一、加快企业和市场的数字化基础建设

因为信息化是数字经济发展的基础，大数据是数字经济发展的新平台、新手段和新途径，所以深入推进国家信息化战略和国家大数据战略。是加快数字经济时代企业和市场数字化基础建设的前提，是从国家和政府层面解决数字经济发展"最先一公里"的问题。

（一）深入推进国家信息化战略

当今世界，信息技术创新日新月异，以数字化、网络化、智能化为特征的信息化浪潮蓬勃兴起。全球信息化进入全面渗透、跨界融合、加速创新、引领发展的新阶段。谁在信息化上占据制高点，谁就能够掌握先机、赢得优势.赢得安全、赢得未来。

1. 信息化与数字经济的关系

早在 20 世纪 90 年代，数字经济的提法就已经出现。被称为"数字经济之父"的美国经济学家唐·塔普斯科特在 20 世纪 90 年代中期出版了一本名为《数字经济》的著作，数字经济的概念进入理论界和学术界的研究视野。继而，曼纽尔·卡斯特的《信息时代：经济、社会与文化》、尼葛洛庞帝的《数字化生存》等著作相继出版，数字经济提法在全世界流行开来。

随着云计算、物联网等信息技术的出现，又将数字经济推向了新一次高峰。2008 年国际金融危机波及全球经济，并重创传统金融行业。苹果、脸谱、谷歌、微软、亚马逊等数字公司基本上毫发无损。国内阿里巴巴、百度、腾讯等数字企业受影响也不大，为我国经济稳定增长做出了贡献。同时，大数据、人工智能、虚拟现实、区块链等技术的兴起为人们带来了希望，世界各国不约而同地将这些新的信息技术作为未来发展的战略重点。今天，数字经济引领创新发展，为经济增长注入新动力已经成为普遍共识。

通过数字经济的发展历程来看，数字经济可以泛指以网络信息技术为重要内容的经济活动。因此，从某种意义上来讲，数字经济也可以通俗理解为网络经济或信息经济。

现代信息技术日益广泛的应用，推动数字经济浪潮汹涌而至，成为带动传统经济转型升级的重要途径和驱动力量。根据数字经济的内涵和定义分析，信息化为数字经济发展提供必需的生产要素、平台载体和技术手段等重要条件。换言之，信息化是数字经济发展中的基础。信息化解决信息的到达（网络）和计算能力的廉价（云计算）及到达和计算能力的可靠性、安全性保障。具体表现为信息化对企业具有极大的战略意义和价值，能使企业在竞争中胜出，同时企业信息化的积极性最高，因此在信息化中企业占据主导地位。如近几年出现的云计算、人工智能、虚拟现实等信息化建设，均以企业为主体，这主要是由于在信息社会，信息本身就是重要商品，人们大量地消费信息。数字经济的特点之一就是信息成为普遍的商品，主要任务是跨过从信息资源到信息应用的鸿沟。信息化是个人成长和需求发布和沟通的重要通道，是社会公平和教育普惠的基础，信息化使个人拥有极大空间：这是因为按需生产是数字经济的一个重要特征，而要做到按照需求合理地供给，必须靠信息。信息化是提升政府工作效率的有效手段，是连接社会的纽带。政府是信息化的使用者，同时由于信息化的复杂性，政府需要对信息化加强引导和监管。

2. 加快推进国家信息化战略

衡量数字经济发展水平的主要标志是人均信息消费水平。我国尚处于信息社会的初级阶段，发展数字经济惠及大众还有很长的路要走，因此，未来一段时期内，我国要加快数字经济发展，培育经济新增长点，必须加快推进国家信息化战略。按照《国家信息化发展战略纲要》要求，围绕"五位一体"总体布局和"四个全面"战略布局，牢固树立创新、协调、绿色、开放、共享的发展理念，贯彻以人民为中心的发展思想，以信息化驱动现代化为主线，以建设网络强国为目标，着力增强国家信息化发展能力，着力提高信息化应用水平，着力优化信息化发展环境，让信息化造福社会、造福人民，为实现中华民族伟大复兴的中国梦奠定坚实基础。按照《国家信息化发展战略纲要》要求，制定好国家信息化战略的时间表和路线图。

3. 先行先试：加快国家信息经济示范区建设

浙江省国家信息经济示范区建设将着力加强深化供给侧结构性改革，落实 G20 杭州峰会数字经济发展与合作倡议成果，着力探索适合信息经济创新发展的新体制、新机制和新模式：以信息化培养新动能，用新动能推动新发展要着力打造各具特色的试点城市；以世界互联网大会永久会址为载体，创建乌镇互联网创新发展试验区，努力推动浙江在"互联网＋"、大数据产业发展、新型智慧城市、跨境电子商务、分享经济、基础设施智能化转型、信息化与工业化深度融合、促进新型企业家成长等方面走在全国前列，创造可复制、可推广的经验。浙江将在三个方面开展示范：一是打造经济发展新引擎，在制造业与互联网的深度融合、社会发展的深度应用、政府服务与管理的深度应用上开展示范；二是培育创新驱动发展新动能，突破信息经济核心关键技术，推进科技成果转化与应用，大力实施开放式创新；三是推进体制机制创新，重点在信息基础设施共建共享、互联网的区域开放应用和管控体系、公共数据资源开放共享、推动"互联网＋"新业态发展、政府管理与服务等方面进行探索创新，以此持续释放信息经济发展红利。

（二）加快推进国家大数据战略

云计算、大数据、移动互联网、物联网和人工智能的出现，推动了第二次信息革命——数据革命，进入数字经济 2.0 时代。此时期，大数据的迅速发展起到了更为关键的作用。

信息技术与经济社会的交汇融合引发了数据迅猛增长，数据已成为国家基础性战略资源，大数据正日益对全球生产、流通、分配、消费活动以及经济运行机制、社会生活方式和国家治理能力产生重要影响。

1. 大数据发展形势及重要意义

目前，我国互联网、移动互联网用户规模居全球第一，拥有丰富的数据资源和应用市场优势，大数据部分关键技术研发取得突破，涌现出一批互联网创新企业和创新应用，一些地方政府已启动大数据相关工作。坚持创新驱动发展，加快大数据部署，深化大数据应用，已成为稳增长、促改革、调结构、惠民生和推动政府治理能力现代化的内在需要和必然选择。

（1）大数据成为推动经济转型发展的新动力

以数据流引领技术流、物质流、资金流、人才流，将深刻影响社会分工协作的组织模式，促进生产组织方式的集约和创新，大数据推动社会生产要素的网络化共享、集约化整合、协作化开发和高效化利用，改变了传统的生产方式和经济运行机制。大数据持续激发商业模式创新，不断催生新业态，已成为互联网等新兴领域促进业务创新增值、提升企业核心价值的重要驱动力。大数据产业正在成为新的经济增长点，将对未来信息产业格局产生重要影响。

（2）大数据成为重塑国家竞争优势的新机遇

在全球信息化快速发展的大背景下，大数据已成为国家重要的基础性战略资源，正引领新一轮科技创新。充分利用我国的数据规模优势，实现数据规模、质量和应用水平同步提升，发掘和释放数据资源的潜在价值，有利于更好发挥数据资源的战略作用，增强网络空间数据主权保护能力，维护国家安全，有效提升国家竞争力。

（3）大数据成为提升政府治理能力的新途径

大数据应用能够揭示传统技术方式难以展现的关联关系，推动政府数据开放共享，促进社会事业数据融合和资源整合，将极大提升政府整体数据分析能力，为有效处理复杂社会问题提供新的手段。建立"用数据说话、用数据决策、用数据管理、用数据创新"的管理机制，实现基于数据的科学决策，将推动政府管理理念和社会治理模式进步，加快建设与社会主义市场经济体制和中国特色社会主义事业发展相适应的法治政府、创新政府、廉洁政府和服务型政府，逐步实现政府治理能力现代化。

2. 大数据与信息化、数字经济关系

信息技术与经济社会的交汇融合引发了数据迅猛增长，大数据应运而生。同时，大数据的迅速发展又掀起了新的信息化浪潮，为信息产业和数字经济发展提供了新机遇新挑战

（1）大数据与信息化

与以往数据比较，大数据更多表现为容量大、类型多、存取速度快、应用价值高等特征，是数据集合。这些数据集合、这种海量数据的采集、存储、分析和运用必须以信息化作为基础，充分利用现代信息通信技术才能实现。

一是大数据推动了信息化新发展。大数据作为新的产业，不但具备了第一产业的资源性，还具备了第二产业的加工性和第三产业的服务性，因此它是一个新兴的战略性产业，其开发利用的潜在价值巨大。实际上，我们对大数据开发利用的过程，即是推进信息化发展的过程。因为大数据加速了信息化与传统产业、行业的融合发展，掀起了新的信息化浪潮和信息技术革命，推动了传统产业、行业转型升级发展。所以，从这个层面来讲，大数据推动信息化与传统产业、行业的融合发展的过程，也就是"互

联网＋"深入发展的过程。"互联网＋"是一种新型经济形态，利用膨胀增长的信息资源推动互联网与传统行业相融合，促进各行业的全面发展。"互联网＋"的核心不在于"互联网"而在于"＋"，关键是融合。传统行业与互联网建立起有效的连接，打破信息的不对称，结合各自的优势，迸发出新的业态和创新点，从而实现真正的融合发展。而大数据在"互联网＋"的发展中扮演着重要的角色，大数据服务、大数据营销、大数据金融等，都将共同推进"互联网＋"的进程，促进互联网与各行各业的融合发展。未来的"互联网＋"模式是去中心化，最大限度连接各个传统行业中最具实力的合作伙伴，使之相互融合，整个生态圈的力量才是最强大的。

二是大数据是信息化的表现形式，或者是信息化的实现途径和媒介。在数字经济时代，信息技术同样是经济发展的核心要素，只是信息更多由数据体现，并且这种数据容量越来越大、类型越来越复杂、变化速度越来越快。所以，需要对数据进行采集、存储、加工、分析，形成数据集合——大数据。因此，大数据既是信息化新的表现形式，又是新的信息化实现的途径和媒介。

（2）大数据与数字经济

大数据与数字经济都以信息化为基础，并且均与互联网相互联系，所以要准确理解大数据与数字经济的关系，必须以互联网（更准确讲是"互联网＋"）为联系纽带进行分析。腾讯董事会主席兼首席执行官马化腾领衔撰写的新书《数字经济：中国创新增长新动能》指出：互联网是新兴技术和先进生产力的代表，"互联网＋"强调的是连接，是互联网对其他行业提升激活、创新赋能的价值迸发；而数字经济呈现的则是全面连接之后的产出和效益。即"互联网＋"是手段，数字经济是结果。数字经济概念与"互联网＋"战略的主题思想一脉相承。数字经济发展的过程也是"互联网＋"行动落地的过程，是新旧经济发展动能转换的过程，也是传统行业企业将云计算、大数据、人工智能等新技术应用到产品和服务上，融合创新、包容发展的过程。由此看来，大数据是传统行业与互联网融合的一种有效手段；同时大数据也是数字经济结果实现的新平台、新手段和新途径，大数据推进了"互联网＋"行动落地的过程，推进了新旧经济发展动能转换的过程；大数据加快互联网与传统产业深度融合，加快传统产业数字化、智能化，为做大做强数字经济提供必要条件和手段。数字经济时代，经济发展必然以数据为核心要素。

3.加快推进国家大数据战略

国务院发布了《促进大数据发展行动纲要》（以下简称《纲要》），《纲要》提出用5～10年时间，实现打造精准治理、多方协作的社会治理新模式，建立运行平稳、安全高效的经济运行新机制，构建以人为本、惠及全民的民生服务新体系，开启大众创业、万众创新的创新驱动新格局，培育高端智能、新兴繁荣的产业发展新生态等五大发展目标。《纲要》提出重点完成加快政府数据开放共享，推动资源整合，提升治理能力；推动产业创新发展，培育新兴业态，助力经济转型；强化安全保障，提高管理水平，促进健康发展三个方面的任务要求。《纲要》就上述目标任务提出加快建设政府数据资源共享开放工程、国家大数据资源统筹发展工程、政府治理大数据工程、公共服务大数据工程、工业和新兴产业大数据工程、现代农业大数据工程、万众创新大数据工程、大数据关键技术及产品研发与产业化工程、大数据产业支撑能力提升工程和网络和大数据安全保障工程等十大系统工程。

此外，还需要从法规制度、市场机制、标准规范、财政金融、人才培养和国际合作等方面，为大数据推动数字经济发展提供政策保障。

4. 加快国家大数据综合实验区建设

为贯彻落实国务院《纲要》，国家发改委、工信部、中央网信办三部门批复同意贵州建设全国首个国家级大数据综合试验区。国家发展改革委、工业和信息化部、中央网信办发函同意在京津冀等七个区域推进国家大数据综合试验区建设，这是继贵州之后第二批获批建设的国家级大数据综合试验区。此次批复的国家大数据综合试验区包括两个跨区域类综合试验区（京津冀、珠江三角洲），四个区域示范类综合试验区（上海市、河南省、重庆市、沈阳市），一个大数据基础设施统筹发展类综合试验区（内蒙古）。其中，跨区域类综合试验区定位是，围绕落实国家区域发展战略，更加注重数据要素流通，以数据流引领技术流、物质流、资金流、人才流，支撑跨区域公共服务、社会治理、和产业转移，促进区域一体化发展；区域示范类综合试验区定位是，积极引领东部、中部、西部、东北等"四大板块"发展，更加注重数据资源统筹，加强大数据产业集聚，发挥辐射带动作用，促进区域协同发展，实现经济提质增效；基础设施统筹发展类综合试验区定位是，在充分发挥区域能源、气候、地质等条件基础上，加大资源整合力度，强化绿色集约发展，加强与东、中部产业、人才、应用优势地区合作，实现跨越发展。第二批国家大数据综合试验区的建设，是贯彻落实国务院《纲要》的重要举措，将在大数据制度创新、公共数据开放共享、大数据创新应用、大数据产业聚集、大数据要素流通、数据中心整合利用、大数据国际交流合作等方面进行试验探索，推动我国大数据创新发展。

二、进一步优化数字经济发展的市场环境

国家信息化战略和大数据战略的深入实施，大大提高了企业和市场的数字化基础建设水平，分别为数字经济发展提供了重要基础和新平台。另外，数字经济的发展还需要具备良好的市场环境。

（一）加强企业数字化建设

我国企业数字化建设仍然处于基础设施建设阶段，深层次应用与创新有待进一步提高。在占我国工商企业总数99%的中小企业中，虽然有高达80%的中小企业具有接入互联网的能力，但用于业务应用的只占44.2%，相当多的企业仅仅是建立了门户网站，真正实现数字化服务、生产与管理全方位协同发展的企业少之又少。中央网络安全和信息化领导小组办公室、国家互联网信息办公室、中国互联网络信息中心联合发布的《中国互联网络发展状况统计报告》数据显示，受访企业对云计算、物联网与大数据三类新技术的认知程度还不够。企业对云计算、物联网与大数据技术的采用/计划采用比例明显提高，但是企业技术创新步伐有待提高，直接影响企业转型升级发展。

因此，加强企业数字化建设，是企业发展数字经济，抢占新经济"蓝海"的当务之急。鼓励企业加大数字化建设投入，积极开展数字经济立法，不断优化市场环境和规范市场竞争，是加快我国企业和市场数字化创新步伐的必然要求。

（二）优化互联网市场环境

目前，市场数字化呈现快速发展趋势，但市场环境仍然不成熟。根据互联网实验室发布的《中国互联网行业垄断状况调查及对策研究报告》，我国互联网行业已经由自由竞争步入寡头竞争时代。但是，由于互联网市场监管法规不完善，处于支配地位的寡头经营者很容易利用技术壁垒和用户规模形成垄断，从而损害消费者的福利，抑制互联网行业技术创新，由此导致网络不正当竞争行为层出不穷。由于网络环境的虚拟性、开放性，网络恶性竞争行为更加隐蔽、成本更低、危害更大，不仅损害个别企业的利益，更加影响到公平、诚信的竞争秩序，对数字化市场的发展环境构成严重威胁。

综上所述，中国数字经济已经扬帆起航，正在引领经济增长从低起点高速追赶走向高水平稳健超越、供给结构从中低端增量扩能走向中高端供给优化、动力引擎从密集的要素投入走向持续的创新驱动、技术产业从模仿式跟跑、并跑走向自主型并跑、领跑全面转型，为最终实现经济发展方式的根本性转变提供了强大的引擎。

第二节 调整产业结构，提高信息化程度

数字经济正在引领传统产业转型升级，数字经济正在改变全球产业结构，数字经济正在改变企业生产方式。那么，数字经济时代政府如何调整产业结构，提高信息化

程度，紧紧跟随数字经济发展潮流和趋势，是必须面对的新时代课题。

一、大数据驱动产业创新发展

新形势下发展数字经济需要推动大数据与云计算、物联网、移动互联网等新一代信息技术融合发展，探索大数据与传统产业协同发展的新业态、新模式，促进传统产业转型升级和新兴产业发展，培育新的经济增长点。

（一）大数据驱动工业转型升级

建立面向不同行业、不同环节的工业大数据资源聚合和分析应用平台，抓住互联网跨界融合机遇，促进大数据、物联网、云计算和三维（3D）打印技术、个性化定制等在制造业全产业链集成运用，推动制造模式变革和工业转型升级。

（二）大数据催生新兴产业

大力培育互联网金融、数据服务、数据探矿、数据化学、数据材料、数据制药等新业态，提升相关产业大数据资源的采集获取和分析利用能力。充分发掘数据资源支撑创新的潜力，带动技术研发体系创新、管理方式变革、商业模式创新和产业价值链体系重构，推动跨领域、跨行业的数据融合和协同创新，促进战略性新兴产业发展、服务业创新发展和信息消费扩大。探索形成协同发展的新业态、新模式，培育新的经济增长点。

（三）大数据驱动农业农村发展

构建面向农业农村的综合信息服务体系，为农民生产生活提供综合、高效、便捷的信息服务，缩小城乡数字鸿沟，促进城乡发展一体化。整合构建国家涉农大数据中心，推进各地区、各行业、各领域涉农数据资源的共享开放，加强数据资源发掘运用。加快农业大数据关键技术研发，加大示范力度，提升生产智能化、经营网络化、管理高效化、服务便捷化能力和水平。

（四）推进基础研究和核心技术攻关

围绕数据科学理论体系、大数据计算系统与分析理论、大数据驱动的颠覆性应用模型探索等重大基础研究进行前瞻布局，开展数据科学研究，引导和鼓励在大数据理论、方法及关键应用技术等方面展开探索。采取政产学研用相结合的协同创新模式和基于开源社区的开放创新模式，加强海量数据存储、数据清洗、数据分析发掘、数据可视化、信息安全与隐私保护等领域关键技术攻关，形成安全可靠的大数据技术体系。

支持自然语言理解、机器学习、深度学习等人工智能技术创新,提升数据分析处理能力、知识发现能力和辅助决策能力。

（五）形成大数据产品体系和产业链

围绕数据采集、整理、分析、发掘、展现、应用等环节,支持大型通用海量数据存储与管理软件、大数据分析发掘软件、数据可视化软件等软件产品和海量数据存储设备、大数据一体机等硬件产品发展,带动芯片、操作系统等信息技术核心基础产品发展,打造较为健全的大数据产品体系。大力发展与重点行业领域业务流程及数据应用需求深度融合的大数据解决方案。

支持企业开展基于大数据的第二方数据分析发掘服务、技术外包服务和知识流程外包服务。鼓励企业根据数据资源基础和业务特色,积极发展互联网金融和移动金融等新业态。推动大数据与移动互联网、物联网、云计算的深度融合,深化大数据在各行业的创新应用,积极探索创新协作共赢的应用模式和商业模式。加强大数据应用创新能力建设,建立政产学研用联动、大中小企业协调发展的大数据产业体系。建立和完善大数据产业公共服务支撑体系,组建大数据开源社区和产业联盟,促进协同创新,加快计量、标准化、检验检测和认证认可等大数据产业质量技术基础建设,加速大数据应用普及。

二、"互联网 +"推动产业融合发展

近年,国务院发布《关于积极推进"互联网 +"行动的指导意见》,明确了"互联网 +"的 11 个重点行动领域:创业创新、协同制造、现代农业、智慧能源、普惠金融、益民服务、高效物流、电子商务、便捷交通、绿色生态、人工智能。

（一）推进企业互联网化

数字经济引领传统产业转型升级的步伐开始加快。以制造业为例,工业机器人、3D 打印机等新装备、新技术在以长三角、珠三角等为主的中国制造业核心区域的应用明显加快。

1."互联网 +"树立企业管理新理念

企业互联网思维包含极致用户体验、免费商业模式和精细化运营三大要素,三大要素相互作用,形成一个完整的体系（或称互联网 UFO 模型）。互联网思维是在互联网时代的大背景下,传统行业拥抱互联网的重要思考方式和企业管理新理念。

互联网时代对企业生产、运营、管理和营销等诸多方面提出了新要求,企业必须转变传统思维模式,树立互联网思维模式。运用大数据等现代信息技术实现企业的精

细化运营；坚持以用户心理需求为出发点，转变经营理念，秉承极少主义、快速迭代和微创新原则，实现产品的极致用户体验，如腾讯公司、360公司用户开发方面的成功案例，即是最好例证；实行看似免费的商业模式，加强企业与用户的联系，同样是腾讯公司、360公司将这一思维模式发挥到极致。

2. 推进企业互联网化的行动保障

政府通过加大中央预算内资金投入力度，引导更多社会资本进入，分步骤组织实施"互联网+"重大工程，重点促进以移动互联网、云计算、大数据、物联网为代表的新一代信息技术与制造、能源、服务、农业等领域的融合创新，发展壮大新兴业态，打造新的产业增长点。统筹利用现有财政专项资金，支持"互联网+"相关平台建设和应用示范；开展股权众筹等互联网金融创新试点，支持小微企业发展；降低创新型、成长型互联网企业的上市准入门槛，结合《证券法》修订和股票发行注册制改革，支持处于特定成长阶段、发展前景好但尚未盈利的互联网企业在创业板上市。鼓励开展"互联网+"试点示范，推进"互联网+"区域化、链条化发展。支持全面创新改革试验区、中关村等国家自主创新示范区、国家现代农业示范区先行先试，积极开展"互联网+"创新政策试点，破除新兴产业行业准入、数据开放、市场监管等方面的政策障碍，研究适应新兴业态特点的税收、保险政策，打造"互联网+"生态体系。

（二）推进产业互联网化

推进产业互联网化，就是推动互联网向传统行业渗透，加强互联网企业与传统行业跨界融合发展，提高传统产业的数字化、智能化水平，由此做大做强数字经济，拓展经济发展新空间。数字经济特有的资源性、加工性和服务性，为产业互联网化提供更为广阔的空间。总体来讲，产业互联网化就是推进互联网与第一产业、第二产业和第三产业的深度融合、跨界发展。产业互联网化的过程即是传统产业转型发展、创新发展和升级发展的过程。

目前，应该以坚持供给侧结构改革为主线，重点推进农业互联网化，这是实现农业现代化的重要途径；重点推进制造业互联网化，这是实现制造业数字化、智能化的重要途径；重点推进服务产业的互联网化，这是推进第三产业数字化发展的重要手段。大数据的迅猛发展，加快了产业"互联网+"行动进程。未来一段时期内，大数据将驱动金融、教育、医疗、交通和旅游等行业快速发展。

三、加快信息技术产业和数字内容产业发展

在数字经济时代,经济增长的决定性因素由要素投入的"规模效应"转变为知识"溢出效应"，以信息数字技术为核心的知识密集型产业正在成为新的经济增长点。我国

也应该顺应知识密集型产业发展的历史潮流，加快新一代信息技术创新，积极发展数字内容产业，通过产业融合和链条经济推动产业结构升级调整。

（一）加强新一代信息技术产业发展

当前，以云计算、物联网、下一代互联网为代表的新一代信息技术创新方兴未艾，广泛渗透到经济社会的各个领域，成为促进创新、经济增长和社会变革的主要驱动力。国务院在《关于加快培育和发展战略性新兴产业的决定》中提出要加快发展新一代信息技术产业，加快建设宽带、泛在、融合、安全的信息网络基础设施，推动新一代移动通信、下一代互联网核心设备和智能终端的研发及产业化；加快推进三网融合，促进物联网、云计算的研发和示范应用，数字经济在我国将迎来前所未遇的发展机遇。然而，由于我国是在工业化的历史任务远没有完成的背景之下发展数字经济，必须积极通过新一代信息技术创新，发挥新一代信息技术带动力强、渗透力广、影响力大的特点，充分利用后发优势推动工业、服务业结构升级，走信息化与工业化深度融合的新型工业化道路。在实践方面，中国移动、中国联通、中国电信三大电信运营商和华为、中兴等电信设备提供商在积极探索、推动以无线上网、宽带接入为核心的信息通信技术的发展，并取得了一定的成果，我国的信息通信产业正在日益成熟。

（二）重视数字内容产业的发展

数字经济已经从"硬件为王""软件为王"进入"内容为王"的时代，数字内容产业正逐渐成为增长最快的产业。因此，我国必须统筹制定数字内容产业发展规划，加大知识产权保护力度，以链条经济充分带动数字内容产业的发展。

总之，数字经济在我国已经扬帆起航，数字经济正在打破传统的产业发展格局。为此，政府需要从数字经济发展的平台建设、"互联网＋"行动计划重视数字内容产业发展等方面采取措施，推进新形势下我国产业结构调整，提高信息化程度，积极应对数字经济发展。

第三节　弥合数字鸿沟，平衡数字资源

数字改变生活，数字经济发展也正在改变我们的明天。数字经济时代，社会和公众如何共享参与数字经济发展，使经济社会发展的成果惠及全社会和广大民众。这才是国家加快数字经济发展的出发点和最终落脚点。

一、弥合数字鸿沟，平衡数字资源

（一）数字鸿沟的主要表现

1. 网民地区分布不均衡

由于各地区经济发展水平、互联网基础设施建设方面存在差异，数字鸿沟现象依然存在。我国各地区互联网发展水平与经济发展速度关联度较高，普及率排名靠前的省份主要集中在华东地区，而普及率排名靠后的省份主要集中在西南地区。

2. 不同群体数字鸿沟显著

数字鸿沟研究显示，数字鸿沟的存在不仅取决于网络设施普及程度，更取决于人们运用数字技术的知识与能力。这种现象在我国当前的数字鸿沟中表现十分明显。不同学历群体间存在巨大的数字鸿沟，这主要是因为低学历群体缺乏必要的网络知识技能和更强的学习能力。《中国互联网络发展状况统计报告》数据显示，上网技能缺失以及文化水平限制仍是阻碍非网民上网的重要原因。

（二）弥合数字鸿沟的具体举措

前文通过对我国网民城乡建、地区间和不同群体间的比较可以看出，目前数字鸿沟是阻碍社会共享参与数字经济发展的最大障碍。因此，弥合数字鸿沟，平衡数字资源，是促进社会共享参与数字经济发展的必然要求。具体举措如下：

1. 建设数字政府

通过提升 Wi-Fi 覆盖面和上网便捷性，加快推动和实现政府数据的开放和应用，引领大数据及相关产业的创新或研究，建立和整合市政府公共云数据中心，推动和推广政府部门电子政务移动服务等措施加快数字政府建设，提升政府对民众参与数字经济的服务水平和能力。

2. 实现网络全覆盖

通过加信息网络基础设施建设，尽快实现网络全面覆盖城乡，均等加大不同地区网络建设投入力度，使数字经济成果惠及不同区域、不同地区、不同群体。

3. 加强信息化教育

通过引用数字化手段帮助贫困家庭儿童求学、求知，提高综合素质，提升上网技能；加快城镇化进程，实现农村不上网群体生产生活转变，提高民众参与数字经济发展的热情。

二、大力倡导大众创业、万众创新

适应国家创新驱动发展战略，实施大数据创新行动计划，鼓励企业和公众发掘利用开放数据资源，激发创新、创业活力，促进创新链和产业链深度融合，推动大数据发展与科研创新有机结合，形成大数据驱动型的科研创新模式，打通科技创新和经济社会发展之间的通道，推动万众创新、开放创新和联动创新。

（一）扶持社会创新发展

数字经济是未来经济发展的新蓝海，蕴藏巨大的商机，展现更为广阔的市场。面对数字经济带来的新机遇、新挑战，政府应该帮助社会创新发展，因为只有创新才能使社会大众从数字经济的金矿里挖掘更多的"金子"。

1.鼓励和扶持大学生和职业院校毕业生创业

实施"大学生创业引领计划"，培育大学生创业先锋，支持大学生（毕业5年内）开展创业、创新活动。通过创业、创新座谈会，聘请专家讲座等形式鼓励和引导大学生创业、创新。积极扶持职业中专、普通中专学校毕业生到各领域创业，享受普通高校毕业生的同等待遇。免费为职业学校毕业生提供创业咨询、法律援助等服务。

2.持机关事业单位人员创业

对于机关事业单位工作人员经批准辞职创业的，辞职前的工作年限视为机关事业社保缴费年限，辞职创业后可按机关事业保险标准自行续交，退休后享受机关事业单位保险机关待遇。

3.鼓励专业技术人员创业

鼓励专业技术人员创业，探索高校、科研院所等事业单位专业技术人员在职创业、离岗创业的有关政策。对于离岗创业的，经原单位同意，可在3年内保留人事关系，与原单位其他在岗人员同等享有参加职称评聘、岗位等级晋升和社会保险等方面的权利。鼓励利用财政性资金设立的科研机构、普通高校、职业院校，通过合作实施、转让、许可和投资等方式，向高校毕业生创设的小型企业优先转移科技成果。完善科技人员创业股权激励政策，放宽股权奖励、股权出售的企业设立年限和盈利水平限制。

4.创造良好创业、创新政策环境

简化注册登记事项，工商部门实行零收费，同时实行创业补贴和税收减免政策。取消最低注册资本限制，实行注册资本认缴制；清理工商登记前置审批项目，推行"先照后证"登记制度；放宽住所登记条件，申请人提供合法的住所使用证明即可办理登记；加快"三证合一"登记制度改革步伐，推进实现注册登记便利化。

5. 实行优惠电商扶持政策

依托"互联网+"、大数据等,推动各行业创新商业模式,建立和完善线上与线下、境内与境外、政府与市场开放合作等创业创新机制。全面落实国家已明确的有关电子商务税收支持政策,鼓励个人网商向个体工商户或电商企业转型,对电子商务企业纳税有困难且符合减免条件的,报经地税部门批准,酌情减免地方水利建设基金、房产税、城镇土地使用税;支持电子商务及相关服务企业参与高新技术企业、软件生产企业和技术先进型服务企业认定,如符合条件并通过认定的,可享受高新技术企业等相关税收优惠政策。

(二)规范和维护网络安全

随着移动互联网各种新生业务的快速发展,网民网络安全环境日趋复杂。为此,政府需要加强法律制度建设,增强网民网络安全意识,维护社会公共利益,保护公民、法人和其他组织的合法权益,促进经济社会信息化健康发展。

1. 网民安全感现状

目前,网络安全事件依然对大部分网民构成影响。《中国互联网络发展状况统计报告》数据显示,三成以上网民对网络安全环境持信任态度,认为上网环境"非常安全"和"比较安全"的占比为38.8%;而认为上网环境"不太安全"和"很不安全"的用户占比也达到20.3%。

2. 网络安全事件类型

我国网民面临的主要网络安全事件包括网上诈骗、设备中病毒或木马、账号或密码被盗、个人信息泄露等情况。数据使用管理不规范,个人信息安全保护不力,既损害了公众利益,影响社会安定,也打击了社会公众开放共享数据信息的信心,不利于大数据产业的长远发展,影响我国经济的转型升级。

3. 加强网络安全监管

随着移动互联网各种新生业务的快速发展,网民网络安全环境日趋复杂。为此,全国人大常委会通过了《中华人民共和国网络安全法》,为保障网络安全,维护网络空间主权和国家安全、社会公共利益,保护公民、法人和其他组织的合法权益,促进经济社会信息化健康发展奠定了法律基础。国家互联网网络信息办公室还发布《国家网络空间安全战略》,为国家未来网络安全工作的开展指明了方向。

当前,大数据已从互联网领域延伸至电信、金融、地产、贸易等各行各业,与大数据市场相关联的新技术、新产品、新服务、新业态不断涌现,并不断融入社会公众生活。大数据在为社会发展带来新机遇的同时,也给社会安全管理带来新挑战。由于数据的采集和使用权责不明、边界不清,一些公共部门和大型公司过度采集和占用数据，一些企业和个人不规范使用数据信息，直接侵害了数据信息所有人的合法权益。

针对以上问题，应结合我国实际，借鉴经验，尽快启动规范数据使用和保护个人信息安全方面的立法工作。规范数据使用管理，对非法盗取、非法出售、非法使用、过度披露数据信息的行为，开展专项打击，整顿市场秩序。将个人使用数据的失当行为纳入公民社会信用记录，有效净化数据使用环境。强化行业自律，将有关内容纳入各行业协会自律公约之中，建立互联网、电信、金融、医疗、旅游等行业从业人员保守客户信息安全承诺和违约同业惩戒制度。

（三）树立共享协作意识

移动互联网平台、大数据平台和手机 APP 等现代信息技术平台的推广运用，使社会、公众的联系愈加紧密。这也为数字经济时代社会协作发展提供了可能。

1. 积极发挥社会组织公益式孵化作用

社会组织本质上是自愿结社，具有平等共享和自发的特点，成员之间平等交流、同业互助的社会关系能够促进良性的创新思维。同时，自发成立的社会组织本身也是一种创业和创新，可以说，社会组织天然地具有创新、创业基因。为了提高创业、创新的成功概率，应该积极发挥社会组织对创业者的公益式孵化作用，弥补国家、政府、企业无法顾及的创业、创新领域。目前，在中关村就有多家社会组织为"大众创业、万众创新"提供全方位服务，比如"民营经济发展促进会""民营经济发展研究院""大学生创新创业联盟""职业教育产业联盟""中关村国大中小微企业成长促进会""中关村创业投资和股权投资基金协会"等，通过开办"创新创业大讲堂""创新创业服务超市""创新创业孵化基地"等，为数以万计的创业青年、众创空间、创业技术企业提供了融资、专业技能、管理水平、政策法规、办理执照等服务。

2. 坚持共享协作发展

数字经济时代，创业创新发展不再是单兵作战、孤军奋战，而是社会全面共享协作发展。所以，创业、创新发展要获得巨大成功必须充分利用移动互联网平台、手机 APP 等数字化服务，加强政府、企业、社会共享协作发展，构建"政府引导、企业主导发展、社会共享协同参与"的数字经济发展新格局。

总之，数字经济发展成果广泛惠及社会民众，这是数字经济发展的根本。所以，弥合数字鸿沟，平衡数字资源，是社会共享参与数字经济发展的基本前提；大力倡导大众创业、万众创新战略行动，是社会共享参与数字经济发展的具体实践；规范和加强网络安全，加紧网络安全法规制度建设，是社会共享参与数字经济发展的重要保证。

第四章　互联网数字经济安全城市基础完善

第一节　构建城市感觉神经系统

一、构建物理世界的数字孪生城市

在城市信息化浪潮与数据科学崛起的共同推动下，智慧城市开始在全球范围内成为未来城市发展的新理念与新实践。大数据、数据活化、数据挖掘等数据管理、应用与分析技术在智慧城市建设中具有核心作用。在智慧城市技术体系的总体框架中城市感知负责对城市环境中各方面的数据进行感知和收集，处理和自动控制采集的信息，并通过物联网、传感网、新一代互联网等新型网络技术对感知数据进行传递、路由和分发，将数据定向汇聚到合适的位置。通过将海量的城市数据进行分类和聚集，采用数据关联、数据演进和数据养护等技术实现对数据的活化处理，为服务层提供活化数据支持。而对于数据的使用则需要进一步封装底层数据和活化服务，为智慧城市上层应用的开发提供复用和灵活部署的能力，如云平台、可视化与仿真、公共数据引擎等平台与服务等。智慧城市体系架构的最顶层是不同规模和不同发展类型的城市，这些城市基于各自的发展阶段，掌握的各类数据资源及所需的核心业务不同，应选择和开发适合自身特点的智慧应用。此类应用一般行业特性较强，而应用服务层的共性技术主要包括安全与标准两个方面。

在信息技术革命的推动下，以计算机、网络通信等信息通信技术为动力的信息化浪潮席卷全球。经过多年的信息化与数字化建设，现代城市的运行方式与城市居民的生活环境已经发生了根本性的改变。城市的经济、文化、交通、娱乐等方面都已经和信息化的数字空间紧密融合，网络空间成为城市居民生活的组成部分。完善的信息基础设施，以及丰富的数字化应用成为现代数字化城市的基本特征之一，丰硕的城市信息化建设成果在为人类生活带来极大便利的同时也为现代城市形态的进一步演进奠定了技术与数据的基础。

进入 21 世纪，以大数据及数据活化为代表的数据科学与技术开始受到人们的广泛关注，以数据为中心的研究方法与技术理念在信息、生物、能源、医药、社会学等不同的学科领域都得到了广泛应用与认可，并促成了大量科研成果的诞生。以信息技术为支撑的数据分析与研究方法正深刻地改变着传统科学探索的工作方式，成为人类科技发展与知识获取的一种新兴模式。在城市信息化浪潮与数据科学崛起的共同推动下，智慧城市在全球范围内成为下一代城市化发展的新理念和新实践。在智慧城市理念及实践要求日趋成熟，大数据等核心技术广泛应用的新时代环境下，基于大数据技术构建物理世界的数字孪生城市对智慧城市的发展有着极其重要的意义。

数字孪生是通过对物理世界的人、物、事件等所有要素数字化在网络空间再造一个与之对应的"虚拟世界"，从而形成物理维度上的实体世界和信息维度上的数字世界同生共存且虚实交融的格局，实现对物理世界的变化的可感与可知。犹如人类的感觉神经系统，数字孪生城市可通过对城市数据的动态监测、分析、整合和利用，实现对物理世界城市生活环境的透彻感知、城市资源的全面调控、城市中各个部分协调配合和城市方方面面的便捷运作，从而构建人和城市之间和谐的新型城市形态。在数字孪生城市的构建过程中数据和核心技术是最基础的必备条件，而现实所需的业务应用，以及对城市未来应用的期望和探索则是数字孪生城市不断发展演进的核心驱动力。

（一）数字孪生城市所需的数据类型

1.地图与兴趣点数据

街道与建筑是城市的基本构架，地图数据是对城市构架进行描述的基本方式，而兴趣点数据则是介绍城市各功能单元的基本信息。因此城市地图和兴趣点数据是构建物理世界的数字孪生城市的最基本元素，也是在与其他类型城市数据进行融合时的空间锚点数据。

2.GPS 数据

安装有 GPS 接收芯片的移动设备可以收集城市中人、车等流动物体的活动信息，如目前应用比较广泛的浮动车技术就是在出租车、公交车等公共交通工具上安装 GPS 设备，将其作为传感器对于城市的交通情况进行采样。安装有 GPS 接收芯片的智能手机也可以作为个人行为轨迹的收集设备，但是由于隐私、安全等诸多问题，手机 GPS 数据很难大规模收集应用，目前只能依靠志愿者进行小范围收集和研究。

3.客流数据

城市中市民采用不同交通工具日常出行的数据称为"客流数据"，出租车的客流数据可以使用浮动车 GPS 数据配合出租车计费表的乘客状态获得，公交车与地铁的客流数据可以使用市政交通一卡通的刷卡记录进行收集。客流数据包括的城市活动信息非常丰富，可以用于城区功能分析、人口流动监测、城市交通系统评估、多交通工具人类行为研究、城市交通经济学研究等领域。

4. 手机数据

手机是人们日常生活必不可少的通信工具，其能提供的数据类型很多，包括通信录、通话记录、GPS 定位信息、与基站间的信令记录、上网记录和 APP 使用记录等。这些数据可以反映城市中居民活动的兴趣偏好、活动范围、规模频率和社交关系等内容，因此具有巨大的应用潜力。

5.LBS（位置服务）数据

LBS 位置服务是移动互联网时代一种新兴的网络服务方式，通过 LBS 应用所收集到的数据具有明确的地理位置坐标并兼具传统 Web 服务的语义特性。LBS 数据是对兴趣点数据的一种深度描述和补充，与地图和兴趣点等简单的城市地理数据相比，它包括大量的语义信息，可以帮助人们更加深刻地理解城市运行动态。

6. 视频监控数据

视频监控技术已经被广泛地应用在交通管理、社区安保、室内安防、娱乐通信等城市生活的各个方面，视频监控设备所采集的海量视频数据记录了城市中居民生活的分分秒秒，在数字空间中形成了对物理城市的虚拟"映像"。充分利用这些视频数据可以从某种程度再现城市生活的历史，它们具有巨大的理论研究与应用价值。

7. 环境与气象数据

气象数据很早便受到城市科学研究的充分关注，近些年随着人们对环境与健康问题的日渐重视，以空气质量为代表的城市环境数据也开始成为人们关注的焦点。城市的环境与气象数据的一个重要的特点是其地理与时间采样密度低，如何实现细粒度和高精度的环境与天气数据收集和分析是该应用类数据面对的一个重要挑战。

8. 社会活动数据

城市社会活动数据包括城市中的人口户籍、金融物价、医疗卫生、能源消耗等各种社会动态数据，是深入理解和分析城市社会化行为的必备元素。由于城市社会活动数据行业性较强，容易受到行业条块分割的影响，因此往彼此分割孤立。打破行业条块分割，实现多源异构城市数据的融合是深度利用城市社会活动数据所面临的首要任务。

（二）数字孪生城市的数据特性

数字孪生城市的数据特性如下。

1. 大数据特性

大数据具有规模性（Volume）、多样性（Variety）、高速性（Velocity）和价值性（Value），即 4V 特性。

城市是人类活动最为密集的区域，海量的人类活动与社会运行数据不可避免地在城市中爆发。城市数据种类繁多，规模庞大，对数据的输入和处理速度要求高；城市数据包括的信息与知识极为丰富，对于推动人类认识的扩展与科学技术的进步有巨大的价值。综上可以看出城市数据完全符合大数据所具有的4V特性，可谓是大数据概念范畴中的一个极具代表性的典型样本。

2. 时空多维特性

以地图为基础的空间结构是城市数据的一种基本组织方式，而城市快节奏的生活方式也使得城市数据对于时间维度的变化非常敏感，因此时空多维特性成为城市数据的另一个重要特点。在空间上，根据城市地理规模的不同，城市数据具有不同尺度的空间跨度；在时间上，根据产生的时间不同，城市数据具有与事件相关的变化和分布。在进行城市数据分析和应用时，一方面需要考虑时间和空间两个维度的数据演化特性，另一方面还需要充分利用时间和空间不同维度之间的数据关联关系，这对城市数据的利用技术提出了很高的要求。

3. 多尺度与多粒度

研究和利用城市数据除了要考虑时间和空间等多个维度之外，还需要考虑数据尺度和数据粒度对数据特性的影响。在规模的尺度上，城市可以分为小型城市、中型城市、大型城市、超大型城市等；在地理尺度上，对于城市数据的描述可以小到几个街区或大到数千平方公里；在时间尺度上，城市数据的覆盖时间可以短到一些事件的监控，长到上百年的城市变迁；在地理采样粒度上，可以像遥感测绘数据一样精确到数米，也可以像气象环境数据一样以区县、地区，甚至省市为单位；在时间粒度上，根据数据采样设备的时钟、存储与传输能力，以及计算速度等因素产生不同的时间粒度。在时空多维度的条件下，高效处理多尺度与多粒度的海量数据是有效利用城市数据所必须解决的核心技术问题之一。

4. 多元与异构

如前所述，城市数据具有非常多的类型与来源，即数据的多元性。这些不同来源的城市数据无论是从结构上、组织方式上，以及维度尺度与粒度上都会存在巨大差异，即数据的异构性。智慧城市的应用需求要求我们必须将这些多元异构数据进行有机融合，通过挖掘活化数据之间的相关性与相互作用方式来获取新知识，如何在一个统一的构架上分析异构性极强的多元数据是构建物理世界的数字孪生城市面临的一项共同挑战。

（三）构建数字孪生城市所需的核心技术

构建数字孪生城市所需的核心技术如下。

1. 数据感知技术

构建物理世界数字孪生城市的技术从顶层设计到具体的技术细节均以海量的城市数据作为核心支撑，因此城市数据的感知与获取技术就成为数字城市建设的整体技术基础。传统的城市传感器技术在为不同的行业应用提供服务的同时也直接或间接地收集到了大量的城市动态感知数据，这些数据使得现有的数字城市建设工作成为可能。然而传统的城市传感技术所采集的数据繁杂不一，难以统一和利用。我们在众多项目实践过程中总结出了一整套多源异构数据采集、接入和整合的方法论，并形成技术研究成果用于指导项目建设。该技术成果在构建数字孪生城市过程中，对有效整合并利用传统传感技术产生的数据起到了至关重要的作用。

随着移动互联网的兴起，人们可以随时随地记录和分享自己的所见所闻，使得"以人为传感器"对城市进行感知的群体感知技术开始日渐兴起。目前，群体感知技术在智慧城市应用中还只是传统数据获取方式的一种补充。相信在不久的将来，该技术将会逐步走向前台，成为智慧城市应用的一项主要数据来源。

2. 数据管理技术

海量城市数据的存储、管理与检索是一项非常具有挑战性的工作，已有的一些研究工作说明分布式数据库、Hadoop 等现有的数据管理方式尚无法完全满足智慧城市应用对于海量数据查询与管理的实时性和灵活性要求。造成该问题的根本原因在于，用于智慧城市应用的海量城市数据并非专门为建设智慧城市而收集（多为城市信息化和数据化过程中的信息基础设施收集），数据管理系统的设计者更多考虑的是其初始的数据应用需求，而没有对智慧城市应用做任何数据管理优化；同时，城市计算等智慧城市技术在数据利用方面又有异常广阔的想象空间，即便是智慧城市研究的专家也无法列举所有可能的应用模式。这就导致了数据管理系统的设计者在开发系统时无法获知系统应用者的具体应用需求，从而引起数据管理系统与应用系统之间的不匹配，影响系统的整体性能，如何解决这一问题目前尚无成熟的技术方案和支撑理论。

3. 数据挖掘技术

数据挖掘技术是大数据时代进行数据利用和知识发现的另一项核心关键技术，构建以数据为中心的智慧城市也必然需要数据挖掘技术的大力支持。该领域中一个主要的挑战在于如何在海量多源的城市数据中寻找合适具体应用的数据子集。例如，城市动态检测研究往往需要所使用的城市数据子集尽可能多地涵盖城市动态特性的各个方面，而具体的附加行业应用则要求数据信息更加准确可用。这些互斥性的数据需求给城市数据的收集、管理和挖掘都带来了巨大挑战，解决好数据子集的选择问题与子集间不同数据的融合问题是在智慧城市领域进行数据挖掘研究的关键所在。

4. 数据活化技术

数据活化概念是由北京航空航天大学熊璋教授所提出的一种全新的数据管理与应用模式，即赋予数据生命。该技术的核心在于将真实物理世界中的数据内在联系映射到数据存储与管理的数字空间中，使存储空间中相互隔离的数据变为一个有机的整体，恢复数据在物理世界中的关联性，并突破信息空间在数据利用时的局限性。数据活化体系结构采用"活化细胞"对数据进行组织。该细胞作为数据组织和管理的最基本单元，一方面具有存储数据的能力，另一方面也具有映射物理空间中数据联系与相互作用的计算能力。活化细胞在存储数据的同时会根据实际应用的不同，不断地学习用户应用行为并对细胞中的数据进行重组织，从而使数据可以更好地适应多样化的用户需求；当物理世界中数据描述对象发生变化时，活化细胞还可以通过自主演化的方式来改变数据的存储结构和内容，从而实现存储数据的代谢与演化过程。

数据活化技术非常适合追踪物理世界中的对象实体在数据空间中的映射演进过程，是处理海量城市数据及构建智慧城市的有力工具。熊教授等学者使用数据活化的思想设计了一种海量城市数据联网的数据组织工具（IOD），该工具可以对现有物联网数据进行活化组织，非常适合城市中海量物联网与传感器数据的管理。使用数据活化技术对监控视频数据进行结构化描述，可以用于解决城市视频监控数据的高维度和非结构化问题。除此之外，数据活化技术也受到了工业界的密切关注。

数据活化技术已经在智慧城市、视频数据分析、企业数据资产管理等数据密集性应用领域初步展示了其技术优势，使用该技术对城市数据的组织与管理方式进行重构，从数据的底层结构开始实现数据的智慧化将会是未来智慧城市技术研究的一个重要发展方向。

5. 数据可视化技术

智慧城市技术是一种与普通民众生活紧密结合的应用技术，友好亲切的服务呈现方式是其中必不可少的环节。数据可视化技术能够将纷繁复杂的城市数据以一种简洁有序的方式呈献给用户，可以很好地填补技术到用户之间的理解鸿沟。在城市数据应用的推动下，数据可视化必然会成为未来智慧城市技术体系中至关重要的一环。

6. 统计物理学理论

物理学是研究物质世界最基本的结构、最普遍的相互作用、最一般的运动规律及所使用实验手段和思维方法的自然科学。基础物理理论对于工业应用技术的影响往往是变革性的，17世纪牛顿经典力学引发的工业革命，以及20世纪量子力学引发的新技术革命都是非常好的证明。进入21世纪之后，人类活动行为的基础理论研究成为统计物理学的一个新兴研究热点，复杂网络理论及人类活动时空动力学等研究成果不断涌现，这些成果必然会引发城市技术发展的巨大变革。在这样的大趋势下，谁能够更好地利用统计物理学的相关研究成果，谁就能够在日趋激烈的智慧城市技术竞争中占得先机。

（四）构建数字城市在交通、能源、居民生活等多方面的应用

1. 数据驱动的智能交通

城市交通系统是城市中信息化程度较高的部分，浮动车、一卡通、微波线圈、摄像头等交通传感与信息化设备可以有意或无意地将城市中交通参与者的交通行为记录下来，从而为数据驱动的科学研究提供研究样本；城市交通领域自身的数据富集优势，又使得以数据为中心的智慧城市技术能够率先在智能交通领域中发挥重要作用，我们称这类技术为"数据驱动的智能交通技术"。以数据驱动的智能交通技术研究中所采用的城市数据主要包括地图与兴趣点数据、GPS 数据、客流数据、道路微波测量数据等。通过多种手段对采集到的数据进行分析和理解，实现感知城市的交通运行状况，为市民提供交通引导、导航、推荐等智能服务。

数据驱动的智能交通技术可以被细分为支撑层面和应用层面两个层次的研究。

支撑层面的研究集中在全城交通的感知与分析方面，其目的是感知城市的总体交通状况、分析全市交通的统计行为特征，并建立分析模型为具体的智能交通应用提供数据分析与交通状态评估支撑。例如，基于城市交通监控数据的实时路况报告作为一种成熟的技术已经得到非常广泛的应用，对于城市中具有特殊特性路段的检测和查询索引、平均通勤时间评估、交通异常与事故的检测等研究可以极大地提高城市道路交通的管理效率；另外通过对 GPS 数据的深入挖掘和分析，可以进一步理解城市中交通运行的具体模式，提供交通流量的评估、预测和管理等应用服务。

应用层面的研究则集中在城市交通管理与运行的各项服务应用中，基于 GPS 的路径导航服务是最为典型的应用之一，丰富详尽的地图数据配合实时的路况分析结果可以为用户提供非常优质的行驶路径导航服务，比如把人类的行为信息和车辆的 GPS 数据提供给司机可以进一步优化导航路径的选择。微软亚洲研究院开发的 T-Driver 车辆导航系统就采用了这样的设计理念，该系统统计了北京市城区出租车的 GPS 行驶数据，然后将不同地标之间驾驶技术最娴熟的出租车司机的驾驶路径用图的方式组织起来形成了一张包括出租车司机驾驶知识的地标图。用该地标图来进行路径导航，可以有效地提高车辆在拥堵时段的行驶效率。该研究的主要特色在于将数据统计中获得的人类智慧应用到传统的信息化交通服务中，将车辆导航应用由传统的"以计算为中心"变为"以数据为中心"。所采用的核心技术也由传统的规划技术变为以数据为驱动的统计技术，其意义非常深刻。

另一类被广泛研究的应用是出租车与乘客之间的推荐服务。该类研究最重要的任

务是找出租车与乘客的行为模式，以及两者之间的交互关系。

路径导航（行车路线推荐）、出租车寻客路线推荐和乘客打车地点推荐都属于由资源约束的分配推荐问题，其本质是一个带约束的多方博弈，现有的技术提供的均是局部优化的解决方案。博弈论的相关知识告诉我们分布式的局部最优并不能保证带来最终的全局最优解，如果所有的出租车均按照推荐的行驶路线到乘客较多的地点争夺乘客，那么一方面会导致这些地点成为较难寻找顾客的地点，另一方面还会导致其他地点的乘客由于缺乏出租车而打不到车。解决该问题的一个途径是采用集中调度的手段实现全局的车辆负载均衡，这种方案虽有较好的理论性能，但是实现起来非常困难；另一个途径是在推荐算法的设计上引入博弈惩罚机制，以多轮博弈的方式实现分布式的全局最优，相关的理论与应用研究还需要进一步深入探讨。

出租车行驶的异常轨迹检测也是智慧城市建设非常关心的问题，如何区分出租车司机为躲避拥堵而进行的适当绕行和恶意的绕行是该类问题要解决的核心问题。法国国立电信学院设计提出的 iBAT/iBOAT 算法可以有效地对绕行出租车进行在线识别或轨迹识别，其分析结果显示偏爱绕路的司机所对应的月收入并不比不绕路司机的平均值高。一些司机想通过恶意绕行来增加收入往往只是一种心理安慰行为，这对于设计合理的出租车收费政策和避免司机恶意绕行有非常重要的价值。

从上述工作可以看出，智慧城市建设技术在数据驱动的智能交通领域取得了丰硕的成果。值得注意的是现有的系统与成果大多是依靠浮动车 GPS、一卡通、微波探测线圈等结构化较好的数据源。对于包括丰富语义信息，但结构化程度低、信息维度高的城市交通视频监控数据现有研究使用的还非常少。有关监控视频的应用研究依然停留在视频处理、语义提取、事件理解等阶段，在智慧城市技术体系中扮演着数据准备的角色。这一方面是因为高维视频语义分析理解难度大，相关技术尚不成熟；另一方面也是因为视频数据的体量过大，很难按照城市的规模进行协同组织与处理。解决城市交通监控视频上述两个方面的挑战将是以数据为中心的智慧城市研究在智能交通领域所要面临的一项重要任务。

构建物理世界的数字孪生城市也能为不同的城市行业应用提供巨大的帮助，海量城市数据的收集过程本身就是为了支持与之相对应的行业应用。例如，浮动车 GPS数据是为了监测道路的拥堵状况，手机数据是为了提供手机通信服务，一卡通客流数据是为了提供方便的公共交通服务等。除了这些数据本身所对应的专门应用之外，城市数据还可以用于提供与最初数据收集过程无关的行业应用，我们称之为"附加行业应用"。附加行业应用的一个重要特点是人们无法获得充分的目标行业数据，而只能采用相关的外围城市数据建立行业信息与外围数据之间的关联模型，再利用模型和综合数据反推行业应用所需的信息。如何从包括城市综合特性的外围城市数据中提取某一特定附加行业应用所需要的信息是附加行业应用所面临的主要挑战，一些具有代表性的研究工作包括能源消耗、空气质量、住房价格和地图测绘等。

2. 城市人类行为统计力学应用

人类行为统计力学是统计物理学的一个重要分支，主要研究内容是使用统计的手段揭示人类行为的内在规律，采用的研究手段以复杂网络、复杂系统等物理学工具为主并综合融入信息科学、社会学等多学科研究工具。该领域的研究早期由物理学家发起，近几年越来越多地受到信息科学等其他领域科研人员的关注。城市环境下的人类行为统计力学研究我们称之为"城市人类活动统计力学"，该类研究与智能交通、城市计算等信息学科研究的不同之处在于其更加关注揭示数据背后所蕴含的自然规律，应用色彩并不浓重。

利用来源丰富的城市多源数据和强大的统计物理工具我们可以深刻地理解城市道路、交通结构，以及人类活动行为的本质特性。相对于基于机器学习、数据挖掘等计算机技术的城市计算等研究，该类研究领域的研究结论具有很强的可解释性。在应用方面，我们可以看出相关的技术研究成果可以很好地为智慧城市中的交通规划建设、定制推荐、传染病防控等应用服务。

（五）多源城市数据的紧耦合，数字世界与物理世界的交互

构建和谐宜居的智慧城市系统，实现人与环境、人与城市和谐发展的智慧城市愿景，依然存在诸多挑战，这些挑战需要多学科和多领域的研究人员相互配合、凝聚智慧并共同面对。在这里，我们对未来在以数据为中心的智慧城市领域可能有所突破的研究方向和有待突破的研究问题进行展望。

1. 多源城市数据的紧耦合

城市是一个复杂且庞大的复杂动态系统，任何一方面的动态特性都会在不同的数据空间中有所体现。现有的智慧城市建设工作往往只能利用城市数据空间中的一两种数据，即使是多源数据融合的研究工作也往往是以某一类数据为核心，加之以地图和兴趣点等城市 GIS 锚定数据作为支撑。例如，出租车 GPS 数据＋地图和兴趣点数据等。多源数据的耦合度并不高，利用模式也相对单一。如何充分挖掘城市核心数据的关联性，实现多源数据之间的紧耦合将是未来智慧城市中数据应用技术发展的必然趋势。

2. 信息世界与物理世界的交互

构建物理世界数字孪生城市的根本目的是为了服务城市与市民，即将信息空间的智慧应用到真实的物理世界中；同时，应用了智慧城市新技术的物理世界也会发生变化并在信息空间中有所反馈，研究人员还需要根据这些反馈进一步改进技术。这种信息世界与物理世界的交互过程将不断地迭代进行，并且逐步实现自主演化，最终构成

一个具有自我改进能力的反馈系统。目前业界还没有太多相关的技术及应用，但相信不久的将来物理世界与信息世界的交互研究将会成为智慧城市研究的一个重要方向。

3. 城市深层次数据的利用

城市的运行过程涵盖了交通、经济、社会、物流等多层次、多方面的社会活动，现有研究工作所采用的地图数据、交通数据、通信数据、环境数据等都只是反映了城市活动的物理与信息接触行为，并且均是以地理位置坐标进行锚定标注的。对于一些深层次的城市逻辑行为，如资金流动、政策导向、社会心理、流行时尚等现有研究工作都少有涉及，开发利用城市深层次数据、挖掘城市运行的内在逻辑关系将会是智慧城市技术发展的未来方向之一。

4. 城市行为动力学理论体系

城市行为动力学是理解城市内在行为与市民活动规律的基础理论，在整个智慧城市研究的理论体系中扮演着非常重要的角色。目前的城市行为动力学理论研究还只是依附于人类行为时空动力学的一个统计物理学分支，尚没有形成完整的理论体系，具体内涵与外延边界也尚不清晰。因此未来完善和发展系统的城市行为动力学理论，构建完整独立的理论体系将是智慧城市基础理论研究的核心任务。

综上所述，构建物理世界的数字孪生城市是未来现代化城市的发展方向，以数据为中心的智慧城市技术是支撑智慧城市建设的技术基础。随着城市信息基础设施建设的日渐成熟，人们对城市智慧化的需求也越来越迫切，智慧城市建设正在得到来自不同学科科研人员的密切关注。无论是信息科学领域、城市科学领域，还是环境、能源、物理学等学科领域，以数据为中心的智慧城市都在逐步成为人们感兴趣的热点领域。尤其是在数据科学崛起的大背景之下，以数据为中心构建物理世界的数字孪生城市将会成为数据信息技术从虚拟数字空间走向真实物理世界的第一个阶梯，未来的前景与影响力不可估量。

二、智慧物联终端安全感知与应用实践

随着信息化的发展，在智慧城市的发展浪潮中从不缺少物联网的身影。在智慧城市的基础设施建设中也有物联网技术的广泛应用，物理空间的数字化、物与物的通信和传感网的构建都与物联网应用的发展息息相关。

近年来，国内物联网发展迅速，大大加快了互联设备和传感器的数据收集。智慧城市通过物联网终端将城市公共设施物联成网，物联网与互联网系统完全对接融合，但是海量的智能传感终端接入互联网的同时也面临各类安全风险。海尔集团建立物联网安全监测与防护平台，成立安全运营中心，所有安全防护设备和措施形成体系实现整体防护，并实时连接公安与政府有关部门，同时接收来自合作伙伴的实时威胁情报。

富士康集团针对实体安全、DMZ 及边界三个层面对数据和系统进行安全防护，通过数据防泄露、访问控制和自动化备份等机制在数据安全层面实现对勒索病毒及未知威胁的防治。国内监管单位，如工信部也提出了加强面向公共云服务、物联网、车联网和物联网等领域典型应用场景的安全防护，基于数据驱动的自适应安全体系也逐渐成为主要解决方案之一。一些企业也在逐渐建立针对性安全防护体系，包含架构安全、被动防御、积极防御、威胁情报和攻击反制五个阶段以叠加演进的方式推进。逐步构建积极防御能力，并通过对地区、行业和企业分级建立安全运营中心。

在万物互联的环境中终端安全处于物联网安全最重要的一环之一，如何实时并准确感知物联网终端的安全状态将直接关系是否能从源头上掌控物联网络整体安全状态，感知全网态势。

针对智慧物联终端安全感知，目前多家企业已经在视频监控和车联网等行业内展开了大量的应用实践。

（一）城市终端系统安全感知与周边安全感知

针对存在大量摄像头等物联网终端的城市终端系统，如何感知终端系统的安全状态，以及终端周边安全状态非常关键。

感知终端自身安全的同时感知物联网终端周边安全，将最前端的物联终端之间交互及连接的异常信息实时上报到终端态势感知与管控平台，从而实现终端威胁信息实时感知、数据分析并进行威胁追踪溯源和及时处置。

在一个智能办公场景中一台服务器感染了网络病毒后势必会在整个网络中复制与传播该病毒，在病毒从服务器向同一个局域网内的扫描仪、PC、打印机等终端进行传播的过程中会产生大量从病毒源头到目标的很多网络连接。此时若该服务具备终端威胁感知能力，则可以及时将该威胁情报信息实时上报给这个物联网络的管控平台；若被攻击的目标具备终端周边感知能力，即可将来自服务器的病毒传播连接行为实时告知管控平台，并进行通报预警和及时处置。

（二）城市终端系统层与网络层安全感知

除了城市终端物联网状态安全感知，更要深入城市终端系统层，以及网络层，针对终端整个网络体系进行全方位的感知。

终端系统层抗病毒和抗攻击能力不强，导致终端系统被入侵，病毒快速传播的例子屡见不鲜。

在病毒尝试感染或者攻击物联网终端的过程中，若终端本身具备系统安全感知能力，即可实现终端安全风险预警并通报给管控中心，由管理维护人员及时处置。

除了终端系统层面，为了有效控制终端间流量交互全过程安全，需要从网络层对终端数据予以监控。如果从流量监控及解析流量的过程中发现潜在的僵尸网络、远程控制、网站后门、网页篡改、DDoS 攻击、漏洞利用、网络盗号、网络欺诈、数据泄露等其他威胁，并对各类安全威胁进行智能分析，则可做到威胁及时发现与提前预防。

（三）构建安全可信的物联终端网络体系

在物联网中每个联网的物联终端都可能成为整个物联网络的潜在入口，由于物联网涉及大量的企业和个人隐私数据，所以数据安全与隐私问题非常重要。但是由于物联网终端的互操作性、混搭性，以及自主决策性，因此导致了整个物联网系统的复杂性。为了保证整个物联网络数据的安全，就需要从不同的维度均开展物联网安全建设，构建一个整体安全可信的物联网终端网络体系。

总体上，整个物联网络又分为感知层、网络层、服务层，以及应用接口层。

1. 感知层

与物联网终端设备直接连接，感知和获取设备信息。

2. 网络层

整个物联网的管道，支持有线或者无线的网络连接。

3. 服务层

提供并管理用户或者提供应用程序所需的服务。

4. 应用接口层

由与用户或应用程序之间交互的方法组成。

要实现终端网络安全的全面防护，必须构建一整套终端安全防护体系，至少考虑如下五个角度。

建立一套物联网终端弱点评估体系：针对未接入网络的物联网终端自身安全性进行评估，以此来决定该终端是否符合接入网络的安全等级要求；针对已经接入网络的物联网终端，采用持续性及周期性的安全监测评估，实时发现海量终端中存在的安全威胁信息，并及时通报监管部门进行整改。

采取一些技术手段加强终端自身安全：物联网终端种类多，各个厂商的技术能力参差不齐，不能单纯依靠传统的网络安全防护手段在被保护的物联网终端外围加上一层又一层的"保护外壳"。因为一旦这些保护的外壳被突破，终端的脆弱性就会直接被命中，所以应该从终端自身安全着手对物联网终端自身系统安全进行加强，让终端自身具备较强的安全防范能力。

建立一套终端安全准入机制：针对海量的物联网终端，我们应该基于终端的属性和业务特点对终端的数据协议、端口等进行分析，实现一套终端准入白名单。对授权且合法的物联网终端予以放行，即接入这个物联网；对于不合法且非授权的终端予以阻断。通过这套终端安全准入机制实现终端的过滤，让授权的终端访问授权的业务，做到最小授权原则的管控。

建立一套数据安全加密体系：对海量物联网终端产生的数据，应该在数据的传输及存储方面采取严格的加密技术手段，确保数据安全。传统的加密方式是与数据本身完全分离的，针对海量的物联网终端，我们应该考虑让数据安全与数据本身融合为一体。从而实现数据端到端的安全加密，让数据安全没有死角。

对海量的物联网终端也应该建立一套物联网安全态势感知平台，对不同维度的威胁信息、流量信息和连接信息进行机器学习、聚类关联分析，并通过大数据计算和深度算法实现整个物联网终端威胁可视化，以及安全态势感知管控，同时为网络的重要决策提供信息支撑。

（四）物联网终端安全在视频网与车联网领域中的应用实践

目前物联网终端安全防护解决方案应用最广泛的是视频网领域与车联网领域，视频网领域包括摄像头、前端存储设备等大量的物联网终端。而随着移动互联网的发展，每一辆汽车也成了一个智能终端，可通过车载娱乐系统实时与云端通信。

在视频网场景下如何保障网内海量终端设备的安全、网内敏感视频和图像信息不泄露，以及相关业务系统的安全和人员操作的合法性审计一直以来都是视频网建设单位管理维护人员的难题。

当前国内的安全厂商采用了从终端自身安全防护、终端安全准入、网络流量异常分析，以及终端安全态势感知的整体解决方案助力公安部门的视频网安全建设，效果显著。

第二节　构建城市中枢神经系统

一、云计算是城市大脑的核心

数字经济时代智慧城市的核心是数据，实现城市智慧的关键就是大数据，要让数据成为生产资源去流通、去使用、去创造价值。但是数据不是天然就有价值的，只有计算才能使其变得可被利用，才能产生价值。因此计算作为一种新的公共服务，逐渐成为国家和企业的核心竞争力。

计算使数据变得可被利用，使数据在使用和流动过程中产生价值，而使用和流动过程要消耗大量计算能力。在数字城市阶段我们留存了大量的数据，然而这些数据更多的是基于应用的采集和使用，针对的也是具体的行业领域。数据还未大规模地流动和共享，消耗的计算能力相对有限。随着城市向智慧城市的迈进，以及数据被作为新的生产资源，数据资源在不同领域和行业的流通和使用需要的计算能力呈几何倍数增加。其计算不可能在几台机器上完成，一定要在计算中心中的成千上万台计算机上完成。这时计算就变成了公共服务，这样的公共服务就是云计算。云计算作为公共服务将支撑下一波数字经济的发展，计算对数字经济的重要性就像电对传统经济的重要性一样。

随着智慧城市和数字经济的发展，人类对计算的需求大大增加。大数据的出现更是让社会对计算的需求达到了一个前所未有的高度，人们需要随时随地获取计算能力，城市数据汇聚后形成的城市数据大脑更是需要云计算的强大计算能力和存储能力作为支撑。

如前所述，智慧城市是由多应用、多行业和复杂系统组成的综合体。各个应用系统之间存在海量的信息共享及交换需求，各个应用系统需要共同抽取数据进行综合计算和呈现综合结果，为此需要极为强大的数据计算能力和数据存储能力。要从根本上支撑这种巨大复杂的智慧城市系统的安全运行，必须建设基于云计算架构的智慧城市云计算数据中心。云计算数据中心具有传统数据中心及单应用系统无法比拟的随需应变的动态伸缩能力，以及极高的性能投资比。相对于传统的数据中心，云计算数据中心可以将 IT 物理资源的利用率提高到 80% 以上，硬件投资下降到 30% 以上。云计算的服务模式真正使得计算能力成为一种人们容易获得的公共服务。云计算数据中心的建设使城市能够有效整合计算资源和数据，支撑更大规模的应用，处理更大规模的数据，并且能够对数据进行深度挖掘，从而为政府决策、企业发展和公共服务提供更好的平台。

二、云计算的安全威胁与挑战

（一）云计算安全威胁

2018 年 1 月，云安全联盟（CSA）发布了最新版本的"云计算的 12 大威胁：行业见解报告"，这个报告反映了云安全联盟安全专家就云计算中最重要的安全问题达成的共识。报告指出尽管云端存在许多安全问题，但企业主要关注的是云计算的共享和按需特性。为了确定人们最关心的问题，云安全联盟对行业专家进行了调查，就云计算中最严重的安全问题汇总编写了一些专业的意见和建议。以下是人们面临的 12 个最重要的云安全问题（按照调查结果的严重程度排列）。

1. 数据泄露

云安全联盟表示数据泄露是有针对性攻击的主要目标，也可能是人为错误、应用程序漏洞或安全措施不佳的结果。它可能涉及任何不适合公开发布的信息，包括个人健康信息、财务信息、个人可识别信息、商业秘密和知识产权。由于不同的原因，所以组织基于云端的数据可能对某些组织具有更大的价值。数据泄露的风险并不是云计算独有的情况，但它始终是云计算用户首要考虑的因素。

2. 身份、凭证和访问管理不善

云安全联盟表示网络犯罪分子伪装成合法用户、运营人员或开发人员可以读取、修改和删除数据，获取控制平台和管理功能。并在用户传输数据的过程中进行窥探，发布似乎具有合法来源的恶意软件。因此身份不明、凭证或密钥管理不善可能导致未经授权的数据访问，并可能对组织或最终用户造成灾难性的损害。

3. 不安全的接口和应用程序编程接口（API）

云计算提供商提供了一组客户使用的软件用户界面（UI）或 API 来管理和与云服务交互，云安全联盟称其配置、管理和监控都是通过这些接口来执行的。通常情况下，云服务的安全性和可用性取决于 API 的安全性，它们需要进行设计以防止意外和恶意的企图。

4. 系统漏洞

系统漏洞是攻击者可以用来侵入系统窃取数据、控制系统或利用服务操作系统中可利用的漏洞，云安全联盟表示操作系统中的漏洞使得所有服务和数据的安全性都面临重大风险。随着云端出现多租户，来自不同组织的系统彼此靠近并且允许访问共享内存和资源，从而产生新的攻击面。

5. 账户劫持

云安全联盟指出账户或服务劫持并不是什么新鲜事物，但云服务为这一景观增添了新的威胁。如果攻击者获得对用户凭证的访问权限，他们就可以窃听活动和交易、操纵数据、返回伪造的信息并将客户重定向到非法的站点，账户或服务实例可能成为攻击者的新基础。由于凭证被盗，因此攻击者经常可以访问云计算服务的关键区域，从而危及这些服务的机密性、完整性和可用性。

6. 怀有恶意的内部人士

云安全联盟表示虽然有些威胁的严重程度是有争议的，但内部威胁是一个真正的威胁。怀有恶意的内部人员（如系统管理员）可以访问潜在的敏感信息，可以更多地访问更重要的系统，并最终访问数据，因此仅依靠云服务提供商提供安全措施的系统将面临更大的风险。

7. 高级持续性威胁（APT）

高级持续性威胁是一种寄生式的网络攻击形式，通过渗透到目标公司的 IT 基础设施来建立立足点，并从中窃取数据。它通常能够适应抵御其自身的安全措施，并在目标系统中"潜伏"很长一段时间。一旦准备就绪，即可通过数据中心网络横向移动，并与正常的网络流量相融合以实现其最终目标。

8. 数据丢失

云安全联盟表示存储在云端的数据可能因恶意攻击以外的原因而丢失，云计算服务提供商遭遇意外删除、火灾或地震等物理灾难可能导致客户数据的永久丢失，云计算提供商或客户应当采取适当的措施来备份数据，遵循业务连续性的最佳实践，实现灾难恢复。

9. 尽职调查不足

云安全联盟表示当企业高管制定业务战略时必须对云计算技术和服务提供商进行考量，在评估云计算技术和提供商时制定一个良好的路线图和尽职调查清单对于获得最大的成功至关重要，而急于采用云计算技术并选择提供商没有执行尽职调查的组织将面临诸多风险。

10. 滥用和恶意使用云服务

云安全联盟指出安全性差的云服务部署、免费的云服务试用，以及通过支付工具欺诈进行的欺诈性账户登录将云计算模式暴露在恶意攻击之下，攻击者可能会利用云计算资源来定位用户、组织或其他云计算提供商。滥用云端资源的例子包括利用云端资源来启动分布式拒绝服务攻击、垃圾邮件和网络钓鱼攻击等。

11. 拒绝服务（DoS）

拒绝服务攻击旨在阻止合法用户访问其数据或应用程序，可以通过强制目标云服务消耗过多的有限系统资源，如处理器能力、内存、磁盘空间或网络带宽。攻击者可能会导致系统速度下降，并使所有合法的用户无法访问服务。

12. 共享的技术漏洞

云安全联盟指出云计算服务提供商通过共享基础架构、平台或应用程序来扩展其服务，云技术将"……即服务"产品划分为多个产品，而不会大幅改变现成的硬件与软件（有时以牺牲安全性为代价）。构成支持云计算服务部署的底层组件可能并未被设计成为多租户架构或为多客户应用程序提供强大隔离的属性，这可能会导致共享的技术漏洞，在所有交付模式中被攻击者利用。

按照智慧城市云计算平台管理对象划分，云计算安全威胁又可以分成云计算平台侧威胁和云计算租户侧威胁。

（二）云计算平台侧面临的威胁

云计算平台安全与传统信息安全并无本质区别，但是云计算大量使用虚拟资源、资源界面不确定及动态数据流等特性相对于传统信息安全，云计算新的安全威胁主要来自硬件资源、软件资源及基础资源的集中，针对这些庞大的资源无法实现有效保护。例如，云计算使政府的重要数据和业务应用都处于云服务提供商或某个智慧城市管理部门的云平台中，云服务提供者如何实施严格安全管理和访问措施避免内部员工或者其他使用云服务的用户和入侵者等对用户数据的窃取及滥用的安全风险、如何实施有效的安全审计对数据的操作进行安全监控，以及在开放环境中如何保证数据连续性和业务不中断，这些都是需要重点考虑的问题。总体来看，云计算平台侧主要面临以下威胁。

1. 数据物理集中增加了风险范围

云计算平台离不开基础设施的建设，云计算数据中心也可归为传统IT机房的范畴。智慧城市云计算数据中心的建设逐步实现了各部门基础设施的集中化管理，由小变大的运营方式带来了比传统IT机房环境更多的安全风险。

智慧城市云计算数据中心物理安全包括一系列针对非授权访问物理设施和设施内系统资源的安全措施，包括避免、阻止、检测非授权访问，以及对非授权访问进行相应拒绝。而其作为一个完整的分层防护体系包括环境设计、访问控制（机械、电子和程序）、监测（视频监控、热度传感器、位置传感器和环境传感器）、人员识别、访问控制、响应机制（灯光和门禁）的入侵检测等，对于保障智慧城市云计算数据中心的安全高效运营至关重要。

对于智慧城市云计算数据中心建立的云平台，用户属于租赁者无法控制设备和空间物理位置。云平台的基础网络、主机存储、安全设备等基础设施资源的保护体系主要包括防火、防静电、防水、人员安全审计等，云平台基础设施安全风险基本上与传统数据中心物理安全一致。

地震、水灾、火灾等不可抗拒的自然灾害破坏，以及静电、强磁场等会损毁硬件设备及存储介质，这些都是云计算数据中心基础设施的物理安全风险。而管理风险则是存储介质和设备被毁或被盗，造成信息泄露及数据丢失。

2. 网络隔离和监测变得非常困难

对于智慧城市的云平台，出于操作和安全的原因，将云网络进行隔离和监控是非常重要的。对于云平台来说，至少要包括以下五个方面的隔离和监测：不同云租户网络之间的隔离和监测、同一云租户不同虚拟机之间的隔离和监测、虚拟机和互联网边界之间的隔离和监测、存储网络与业务网络之间的隔离和监测、管理网络和业务网络之间的隔离和监测。

而在云平台实际运行过程中，要实现这五个部分的隔离和监测还是非常困难的。有些是受制于目前安全技术的发展，也有一些是因为网络设计的限制。例如，传统的网络入侵检测系统（IDS）。在传统网络中通过交换机镜像的方式采集流量进行监控，但在云环境中入侵检测系统非常难采集到流量进行监控。因为虚拟机之间的流量交互可能直接在某台宿主机上完成，不会在物理交换机上完成，所以通过传统的镜像方式根本无法监控。

3. 宿主机和虚拟主机可能相互影响

云环境下用户的业务都由云主机承载，云主机的安全问题将直接威胁用户的整个业务系统的安全性，通常云环境下存在以下安全风险。

服务器、宿主机和虚拟机的操作系统和数据库被暴力破解或非法访问；对服务器、宿主机和虚拟机等进行操作管理时被窃听；同一个逻辑卷被多台虚拟机挂载导致逻辑卷中的敏感信息泄露；服务器、宿主机和虚拟机的补丁更新不及时导致的漏洞利用，以及不安全的配置和非必要端口的开放导致的非法访问和入侵；虚拟机因异常原因产生的资源占用过高导致宿主机或宿主机下的其他虚拟机资源不足。

4. 大数据带来了大威胁

数据安全是信息和数据治理的关键，与云安全所有领域一样，由于数据安全并不适合对所有内容提供同等保护，所以应基于风险应用数据安全。

应用数据安全是目前云计算用户最为担心的安全风险，也是用户数据泄露的重要途径，因此有一些人认为云安全就是数据安全。

用户数据在云计算环境中进行传输和存储时，用户本身对自身数据在云中的安全风险并没有实际的控制能力，数据安全完全依赖于服务商。如果服务商本身对数据安全的控制存在疏漏，则很可能导致数据泄露或丢失。现阶段可能导致安全风险的有以下几种典型情况：由于服务器的安全漏洞导致黑客入侵造成的用户数据丢失；由于虚拟化软件的安全漏洞造成的用户数据被入侵；数据在传输过程中没有进行加密导致信息泄露；加密数据传输，但是密钥管理存在缺失导致数据泄露；不同用户的数据传输之间没有进行有效隔离导致数据被窃取；用户数据在云中存储没有进行容灾备份等。

云计算服务商在对外提供服务的过程中，如果身份认证管理机制存在缺陷，或者身份认证管理系统存在安全漏洞，则可能导致企业用户的账号密码被仿冒，从而使得非法用户堂而皇之地对企业数据进行窃取。因此保证不同企业用户的身份认证安全，是保证用户数据安全的第一道屏障。

在云计算环境下，租户对平台中各种资源的访问和使用无法有效控制。并且不同等级的租户对各类数据的完整性、可靠性要求不同，因此如何实现不同等级用户多样化的完整性保护策略，实现多粒度的数据完整性验证机制就成为保证租户数据的高可用性必须解决的问题；另外，平台也需要考虑租户数据一致性副本同步策略，保障分布式多副本情况下的数据一致性。

（三）云计算租户侧面临的威胁

1. 租户对数据及设备监管能力减弱

在传统模式下，政府部门的硬件设施（服务器、防火墙和存储器等）和软件（数据和业务系统等）都部署在本单位的机房，可直接管理和控制。但是在云计算模式下，由于政府部门将本单位的数据和业务系统迁移到云服务商的云计算平台上，因此无法对硬件设施和软件进行直接控制，也无法对设备所处的物理位置进行控制管理。

政府部门将数据迁移至云计算平台之前要考虑哪些数据可以迁移，这是因为很多数据可能会涉及民生问题、社会建设、行业发展等敏感信息。数据迁移至云计算平台后，本身独立且不敏感的信息通过大数据运算和分析可能产生新的其他信息，而新产生的信息由云服务商掌握。政府部门失去了对其数据的直接管控，增加了数据和业务的安全风险。

云计算环境的资源租用特征导致租户对自身数据的存储失去控制，租户需要确保隐私数据，以及加密密钥的足够安全；另外，计算资源的外包可能导致租户对自身数据的处理失去控制，需要租户通过可控的执行环境来处理。在云计算环境下，要实现租户对自身数据的安全控制，提供对数据的安全存储和数据运行时的安全保护成为必须解决的问题，同时还需要相应的验证手段。

2. 对多租户环境的访问控制提出新的挑战

在云计算环境中，传统自我管控与隔离的手段已不存在，云计算资源的集中化放大了安全威胁和风险。因此从平台安全防护和租户数据隐私保护的信息安全角度出发，保证访问控制机制符合客户的敏感信息流安全需求就成为云计算环境所面临的安全挑战。

3. 应用的多样性决定了应用防护的多样性

应用安全问题在云平台中更加突出，云平台中有不同行业的云租户。不同的云租户对于安全的需求也不一样，有些用户关注 CC 攻击、信息泄露、后门控制和同行恶意攻击等安全风险，有些用户关注信息泄露和跨站脚本等安全风险，而更多的用户关注网页挂马、Websheik 页面被篡改等安全风险。

三、云计算的安全防护实践

（一）云安全总体防护目标与原则

根据国家等级保护政策制度的工作思路，依照《信息安全技术信息系统安全等级保护基本要求》（以下简称《等级保护基本要求》）、《信息安全技术信息系统等级保护安全设计技术要求》（以下简称《安全设计技术要求》）等标准规范和文件，云计算防御总体目标是设计符合实际业务应用、实际信息系统运行模式和国家等级保护建设整改工作要求的城市级总体安全建设方案，实现信息系统安全技术和安全管理方面的保护能力基本满足信息系统所属安全保护等级的要求。在建设过程中需要遵循以下原则。

1. 符合等级保护原则

智慧城市承载了城市大量重要信息系统，其安全建设不能忽视国家相关政策要求，在安全保障体系建设上最终所要达到的保护效果应符合《等级保护基本要求》中的相关要求。

2. 适应云上特性原则

智慧城市云计算平台不仅要满足传统的安全等级保护要求，也要满足云上安全等级保护要求，智慧城市云安全方案设计应该包括云平台物理环境的安全保障和云平台虚拟环境的安全保障。

3. 体系化的设计原则

系统设计应充分考虑各个层面的安全风险，构建完整的安全防护体系，充分保证系统的安全性。同时，应确保方案中使用的信息安全产品和技术方案在设计和实现的全过程中有具体的措施来充分保证其安全性。

4. 产品的先进性原则

智慧城市的安全保障体系建设规模庞大，意义深远，对所需的各类安全产品提出了很高的要求。必须认真考虑各安全产品的技术水平、合理性、先进性、安全性和稳定性等特点，共同打好工程的技术基础。

5. 安全服务细致化原则

要使安全保障体系发挥最大的功效，除安全产品的部署外还应提供有效的安全服务。根据智慧城市的具体现状及承载的重要业务，全面而细致的安全服务会提升日常运维及应急处理风险的能力。安全服务需要把安全服务商的专业技术经验与行业经验相结合，结合智慧城市的实际信息系统量身定做才可以保障其信息系统安全稳定运行。

6. 等级化建设思路

等级化安全体系是依据国家信息安全等级保护制度，根据系统在不同阶段的需求、业务特性及应用重点，采用等级化与体系化相结合的安全体系设计方法构建一套覆盖全面、重点突出、节约成本且持续运行的安全防御体系。根据等级化安全保障体系的设计思路等级保护的设计与实施通过以下步骤进行。

（1）系统识别与定级

通过分析系统所属类型、所属信息类别、服务范围，以及业务对系统的依赖程度确定系统的等级。通过此步骤充分了解系统状况，包括系统业务流程和功能模块，并确定系统的等级，为下一步安全域设计、安全保障体系框架设计、安全要求选择，以及安全措施选择提供依据。

（2）安全域设计

根据上一步的结果，通过分析系统业务流程和功能模块，根据安全域划分原则设计系统安全域架构。通过安全域设计将系统分解为多个层次，为下一步安全保障体系框架设计提供基础框架。

（3）安全保障体系框架设计

根据安全域框架设计系统各个层次的安全保障体系框架（包括策略、组织、技术和运作），各层次的安全保障体系框架形成系统整体的安全保障体系框架。

（4）确定安全域安全要求

参照国家相关等级保护安全要求，设计等级安全指标库。通过安全域适用安全等级选择方法确定系统各区域等级，明确各安全域所需采用的安全指标。

（5）评估现状

根据各等级的安全要求确定各等级的评估内容，根据国家相关风险评估方法，对系统各层次安全域进行有针对性的等级风险评估。通过等级风险评估，明确各层次安全域相应等级的安全差距，为下一步安全技术解决方案设计和安全管理建设提供依据。

（6）安全技术解决方案设计

针对安全要求建立安全技术措施库。通过等级风险评估结果，设计系统安全技术解决方案。

（7）安全管理建设

针对安全要求建立安全管理措施库，通过等级风险评估结果，进行安全管理建设。

通过如上步骤，智慧城市的网络信息系统可以形成整体且等级化的安全保障体系；同时，根据安全技术建设和安全管理建设保障系统整体的安全。

（二）云安全总体防护设计思路

根据等级保护的整体保护框架并结合智慧城市信息安全保障体系的实际情况，建立符合信息系统特性的安全保障体系，分别是安全策略体系、安全管理体系、安全技术体系和安全服务体系，并制定各个体系必要的安全设计原则。

结合信息系统的实际应用情况设计整体安全策略体系、具体安全技术体系控制措施、安全管理体系控制措施和安全服务体系措施。

（1）安全策略体系是指导信息系统安全设计、建设和维护管理工作的基本依据，所有相关人员应根据工作实际情况履行相关安全策略，制定并遵守相应的安全标准、流程和安全制度实施细则，做好安全标准体系的相关工作。（2）安全技术体系的实现一方面重点落实《等级保护基本要求》；另外一方面采用《安全设计技术要求》的思路和方法设计安全环境、安全区域边界和安全通信网络的控制措施，在框架和控制方面对两个要求进行结合。（3）安全管理中心的实现根据《等级保护基本要求》和《安全设计技术要求》，结合实际信息化建设情况形成集安全工作管理、安全运维管理和统一安全技术管理于一体的"自动、平台化"的统一安全管理平台。（4）安全管理体系的实现依据《等级保护基本要求》和ISMS管理体系要求，设计信息安全组织机构、人员安全管理、安全管理制度、系统建设管理及系统运维管理等控制措施。（5）在信息系统的整个生命周期中，通过安全评估、安全加固、应急响应及安全培训等信息安全技术对信息系统的各个阶段进行检查、控制与修正，以保障信息系统的持续安全稳定运营。

根据目前国内外安全理论和标准发展，设计信息安全保障体系主要采用的技术方法有体系化设计方法、等级化设计方法和PDCA管理方法。

1. 体系化设计方法

采用结构化设计方法、运用问题管理的方式、结合交流与反馈结果，以及引用《等级保护基本要求》《安全设计技术要求》中的信息、安全保障的深度防御战略模型和控制框架，做好安全保障体系框架设计。

信息安全保障体系从横向看，主要包括安全管理和安全技术两个方面的要素，在采用各种安全技术控制措施的同时必须制定层次化的安全策略、完善安全管理组织机构和人员配备、提高安全管理人员的安全意识和技术水平、完善各种安全策略和安全机制，以及利用多种安全技术实施和安全管理实现对计算机系统的多层保护，以减小它受到攻击的可能性，防范安全事件的发生。提高对安全事件的反应处理能力，并在安全事件发生时尽量减少事件造成的损失。

为了使计算机安全体系更有针对性，在构建时还必须考虑信息安全本身的特点，即动态性、相对性和整体性。

信息安全的动态性指的是信息系统中存在的各种安全风险处于不断的变化之中，从内因看，信息系统本身就在变化和发展之中，信息系统中设备的更新、操作系统或者应用系统的升级、系统设置的变化，以及业务的变化等要素都可能导致新的安全风险的出现；从外因看，各种软硬件系统的安全漏洞不断被发现、各种攻击手段在不断发展，这些都可能使今天还处于相对安全状态的信息系统在明天就出现新的安全风险。

信息系统安全的相对性指的是信息安全的目标实现总是相对的，由于成本及实际业务需求的约束，所以任何安全解决方案都不可能解决所有的安全问题，百分之百安全的信息系统是不存在的。不管安全管理和安全技术实施多完善，安全问题总会在某种情况下发生。信息安全的这个属性表明安全应急计划、安全检测、应急响应和灾难恢复等都应该是安全保障体系中的重要环节。

信息安全的整体性指的是信息安全是一个整体的目标，正如木桶的装水容量取决于最短的木板一样，一个信息系统的安全水平也取决于防御最薄弱的环节。因此均衡应该是信息安全保障体系的一个重要原则，其中包括体系中安全管理和安全技术实施、各个安全环节，以及各个保护对象的防御措施等方面的均衡，以实现整体的信息安全目标。

2. 等级化设计方法

实施信息安全等级保护可以有效地提高我国信息系统安全建设的整体水平，有利于在信息化建设过程中同步建设信息安全设施，保障信息安全与信息化建设相协调；有利于加强对涉及国家安全、经济秩序、社会稳定和公共利益的信息系统的安全保护和管理监督。可以根据信息系统及应用的重要程度、敏感程度，以及信息资产的客观条件，确定相应的信息系统安全保护等级。一个信息系统可能包括多个操作系统和多个数据库，以及多种独立的网络产品，网络系统也可能十分复杂。在对一个复杂的信息系统的安全保护等级进行划分时，通常需要对构成这个信息系统的操作系统、网络系统、数据库系统和独立的网络产品等子系统的安全性进行考虑。在确定各子系统对应的安全等级保护技术要求的前提下，依据木桶原理综合分析，确定对该信息系统安全保护等级的划分。

根据国家等级保护策略，结合信息系统的安全保护等级设计支撑体系框架的安全目标和安全要求，安全要求和技术方法符合国家等级保护相关标准，基本满足等级保护的基本目标、控制项和控制点。

3.PDCA 管理方法

PDCA 是管理学惯用的一个过程模型，在很多管理体系中都有体现，如质量管理体系（ISO9000）和环境管理体系（ISO14000）。而在信息安全领域，组织的信息安全管理体系建设同样至关重要。信息安全管理体系是组织在整体或特定范围内建立信息安全方针和目标，以及完成这些目标所用的体系化方法，而其主要采用的管理方法也是 PDCA 管理模型。

为了实现信息安全管理体系，组织应该在计划（Plan）阶段通过风险评估来了解安全需求，然后根据需求设计解决方案；在实施（Do）阶段将解决方案付诸实现；解决方案是否有效，是否有新变化，应该在检查（Check）阶段监视和审查；一旦发现问题，需要在措施（Act）阶段予以解决，以改进信息安全管理体系。通过这样的过程周期，组织就能将确切的信息安全需求和期望转化为可管理的信息安全体系。

4. 总体安全保障体系框架

（1）云平台安全

其主要指提供云上服务的基础资源和管理平台自身的安全性，按照云上服务类别的不同，安全责任也有所差异。IaaS 主要包括云平台的物理资源和虚拟资源的安全性；PaaS 在 IaaS 之上，在 IaaS 安全的前提下，要保障 PaaS 平台自身安全性；SaaS 则要保障 SaaS 平台自身安全和 SaaS 应用安全。

（2）云上租户安全

其主要指租户私有虚拟空间内的安全，包括虚拟网络安全、虚拟主机安全、应用安全、数据安全及租户管理安全。

（三）面向云平台侧安全体系

云平台运营商负责基础设施（包括 IDC 机房、风火水电和专线传输）、物理设备（包括计算、存储和网络设备）、云操作系统及之上的各种云服务产品的安全控制、管理和运营，从而为云上租户提供高可用和高安全的云服务平台。

1. 云平台安全体系架构

（1）云平台基础安全

其指云平台自身的安全，包括物理服务器存放位置、服务器中的操作系统、云平台系统及其上层架构的各种云产品，如云服务器、云数据库和云存储。云产品提供丰富的安全特性，以更好地保护云端应用系统的安全。

（2）云平台攻防安全

其指为实现架构在云平台之上的业务系统的安全，而采取的多种云上安全技术措施，保障云上租户业务系统的安全。

（3）云平台安全管理

其指为保障云平台信息安全而采取的一系列管理措施的总和，通过建立健全组织机构、规章制度，以及人员安全管理、安全教育与培训和各项管理制度的有效执行来落实人员职责，确定行为规范，以保证云平台基础安全和云平台攻防安全的技术措施真正发挥效用，共同保障智慧城市平台的整体安全。

（4）云平台安全运维

其指为保障云平台安全而采取的一系列安全运维服务活动的总和，内容主要包括安全评估、应急响应、渗透测试、安全审计、远程接入和堡垒机服务等。

2. 云平台安全防护技术要求

（1）抗 DDoS 防护

抗 DDoS 网关设备通过对异常流量进行精确检测，识别出攻击流量，并进行有效的阻断，从而保证现有流量的实时分析和连接跟踪，以及最大限度的互操作性和可靠性。不仅实现对防护主机和业务服务器的安全防护；同时还实现对路由器、交换机和防火墙等网络设备的安全防护，缩短骨干网接入链路攻击发现的时间，避免机房工程师在应用服务器遭受攻击瘫痪后才发现并处置的被动局面。

（2）下一代防火墙

防火墙的需求源于网络层存在的安全风险主要体现在来自外部网络的入侵和攻击、数据包修改，以及 ip 地址、路由地址和网地址的欺骗等。防火墙是一种非常有效的网络安全模型，通过它可以隔离风险区域（Internet 或有一定风险的网络）与安全区域（内部局域网）的连接，同时不会妨碍内部网络对风险区域的访问。一般的防火墙都可以达到的目的有以下几个：一是可以限制他人进入内部网络，过滤掉不安全的服务和非法用户；二是控制内部网络的网络行为，过滤掉不符合组织要求的数据；三是记录进出网络的通信量。例如，通过部署防火墙系统 ACL 可过滤非法数据通信请求，防火墙的 NAT 技术还可避免把内网 IP 地址暴露在外。

采用防火墙可实现以下安全目的。

1）安全域隔离

逻辑上隔离了网络各区域，为各个计算环境提供有效的保护。

2）访问控制策略

防火墙工作在不同安全区域之间，对各个安全区域之间流转的数据进行深度分析，依据数据包的源地址、目的地址、通信协议、端口、流量、用户、通信时间等信息进行判断。确定是否存在非法或违规的操作，并进行阻断，从而有效保障了各个重要的计算环境。

3）应用控制策略

在防火墙上执行内容过滤策略，实现对应用层 HTTP、FTP、TELNET、SMTP、POP3 等协议命令级的控制，从而为系统提供更精准的安全性。

4）会话监控策略

在防火墙配置会话监控策略，当会话处于非活跃一定时间或会话结束后防火墙自动将会话丢弃，访问来源必须重新建立会话才能继续访问资源。

5）会话限制策略

对于三级信息系统，从维护系统可用性的角度必须限制会话数来保障服务的有效性，防火墙可对保护的应用服务器采取会话限制策略。当服务器接收的连接数接近或达到阈值时，防火墙自动阻断其他访问连接请求，避免服务器接收过多的访问而崩溃。

6）地址绑定策略

对于等级保护定级为三级及以上的信息系统，必须采取 IP+MAC 地址绑定技术，从而有效防止地址欺骗攻击；采取地址绑定策略后，还应当在各个三级计算环境中的交换机上绑定 MAC，防止攻击者私自将终端设备接入三级计算环境进行破坏。

（3）网络入侵检测

入侵检测系统（IDS）是一种对网络传输进行即时监视，在发现可疑传输时发出警报或者采取主动反应措施的网络安全系统。

入侵检测是防火墙的合理补充，帮助应用系统对付网络攻击，扩展了系统管理员的安全管理能力（包括安全审计、监视、进攻识别和响应），提高了信息安全基础结构的完整性。它从计算机网络系统中的若干关键点收集信息，并分析这些信息，查看网络中是否有违反安全策略的行为和遭到袭击的迹象。入侵检测被认为是防火墙之后的第 2 道安全闸门，在不影响网络性能的情况下能对网络进行监测。从而提供对内部攻击、外部攻击和误操作的实时保护，在网络系统受到危害之前拦截和响应入侵。

在云平台中，互联网及 CDN（内容分发网络）接入网络边界应部署入侵检测。按照等级保护合规的要求，定级的业务系统之间的数据交互边界也应部署入侵检测。

（4）APT 攻击预警

APT 攻击预警可以提供一套整体并覆盖多种区域的 APT 深度威胁分析方案，基于关键区域入口的旁路镜像流量分析可以实现 Web、邮件和文件三个维度多个层次的 APT 攻击检测，主要包括 Web 层面的 APT 攻击检测（包括各种已知 Web 攻击特征检测、Webshell 检测、Web 行为分析、异常访问、C&CIP/URL 检测等）、邮件层面的 APT 攻击检测（包括 Webmail 漏洞利用攻击检测、恶意邮件附件攻击检测、邮件头欺骗、发件人欺骗、邮件钓鱼、恶意链接等邮件攻击行为检测等）、文件层面的 APT 攻击检测（多引擎检测已知特征攻击、静态无签名 Shellcode 检测、动态沙箱行为分析等），以及木马回连行为分析（包括 C&CIP/URL 自动学习提取、非法回连行为检测、恶意数据盗取检测等）。

建议在智慧城市云计算中心互联网入口和内网核心交换处部署 APT 入侵检测系统。

（5）防毒墙

防毒墙即防病毒网关，内置病毒特征库。通过串接到网络中对经过防毒墙的数据包进行解析，并检查是否匹配上特征库中的病毒特征，从而判断网络流量中是否存在病毒并且可对携带病毒的数据进行阻断等处置。

互联网病毒、蠕虫、木马、流氓软件等各类恶意代码已经成为互联网接入所面临的重要威胁之一，面对越发复杂的网络环境，传统的网络防病毒控制体系没有从引入威胁的最薄弱环节进行控制。即便采取一些手段加以简单的控制，也仍然不能消除来自外界的继续攻击，短期消灭的危害仍会继续存在。为了解决上述问题，对网络安全实现全面控制，一个有效的控制手段应势而生，即从网络边界入手切断传播途径，实现网关级的过滤控制。

防病毒网关的部署可以对进出的网络数据内容进行病毒、恶意代码检测和过滤处理，并提供防病毒引擎和病毒库的自动在线升级，彻底阻断病毒、蠕虫及各种恶意代码向数据中心其他区域的网络进行传播。

防病毒网关通常部署在智慧城市云计算中心互联网接入区骨干网络，可以在病毒进入网络的源头对它进行扫描和查杀。防病毒网关也可分别部署在各条链路上，在网络出口处对网络病毒、木马等威胁进行拦截，最终实现对病毒和木马等恶意代码的有效拦截和隔离。

（6）综合日志审计

通过建立综合日志审计平台，通过 Syslog、SNMP 等日志协议全面收集网络设备、安全设备、主机、应用及数据库的日志信息，帮助智慧城市云计算平台建立信息资产的综合性管理平台。通过对网络设备、安全设备、主机和应用系统日志进行全面的标准化处理，及时发现各种安全威胁和异常行为事件，为管理人员提供全局的视角，确保单位业务的不间断运营安全。该平台增加了对安全事件的追溯能力及手段，方便管理员进行事件跟踪和定位，并为事件的还原提供有力证据。

（7）数据库安全审计

作为存储核心要素的数据库自然成为单位信息安全最重要的关注部分，智慧城市云计算安全需要进行重点保护和审计各类业务大数据等。应根据《计算机信息系统安全等级保护数据库管理技术要求》建立核心数据审计平台，通过对进出核心数据库的访问流量进行数据报文字段级的解析操作，完全还原操作的细节，并给出详尽的操作返回结果。以可视化的方式将所有的访问都呈现在管理者的面前，数据库不再处于不可知和不可控的情况，数据威胁将被迅速发现和响应。数据库安全审计可实现以下功能。

1）实时行为监控

保护单位目前使用的所有数据库系统，防止受到特权滥用、已知漏洞攻击、人为失误等侵害。当用户与数据库交互时，系统会自动根据预设置的风险控制策略，结合对数据库活动的实时监控信息进行特征检测及审计规则检测，任何尝试的攻击或违反审计规则的操作都会被检测到并实时告警。

2）关联审计

能够将 Web 审计记录与数据库审计记录进行关联，直接追溯到应用层的原始访问者及请求信息（如操作发生的 URL、客户端的 IP 等信息），从而实现将威胁来源定位到最前端的终端用户的三层审计的效果。

（8）运维审计

在某个主机账户被多个管理人员共同使用的情况下引发了如账号管理混乱、授权关系不清晰、越权操作、数据泄露等各类安全问题，并加大了 IT 内控审计的难度。

运维审计系统结合各类法规对运维审计的要求，采用 B/S 架构集身份认证、账户管理、控制权限、日志审计于一体，支持多种字符终端协议、文件传输协议、图形终端协议和远程应用协议的安全监控与历史查询，是具备全方位运维风险控制能力的统一安全管理与审计产品。

为了提高身份来源的可靠性，防止身份冒用，运维审计系统可以利用以下认证机制实现：1）内置手机 APP 认证（谷歌动态口令验证）、OTP 动态令牌和 USBkey 双因素认证引擎。2）短信认证、AD、LDAP 和 RADIUS 认证的接口。3）支持多种认证方式同时使用或组合使用。

该系统需要支持管理 LinuxAJnix 服务器、Windows 服务器、网络设备（如思科、H3C、华为等）、文件服务器、Web 系统、数据库服务器、虚拟服务器、远程管理服务器等。

运维审计系统需要适应不同的运维人员的运维习惯，兼容多种客户端工具和更加灵活的运维方式。

（9）Web 业务安全审计系统

Web 业务安全审计系统是结合应用安全的攻防理论和应急响应实践经验积累基础上的 Web 应用监控审计系统，可以同时为 Web 应用提供实时监控、自动告警和事后追溯的全面解决方案。该系统致力于解决应用及业务逻辑层面的安全问题，可以帮助用户对目前所面临的各类 Web 安全问题进行实时监控审计并告警。即通过对 Web 应用流量的实时捕获及攻击分析，实现已知和未知攻击的告警、访问页面流量统计，以及攻击源、攻击类型、受攻击页面统计及安全事件的事后追溯与分析等。

（10）态势感知能力

态势感知能力为云平台提供了大数据安全态势感知，云平台管理员可以通过态势感知模块实时监控和感知整个云平台的安全动态，帮助用户对其重要门户网站和网上重要信息系统进行全面的安全漏洞监测，以及可用性、篡改和敏感词监测，并且结合云安全中心和网络安全设备产生的数据进行态势分析，对出现的网络安全事件进行通报预警、应急处置等。从总体上把握网络的安全态势，从而帮助监管部门和用户实时了解网络安全态势和网络安全问题，开展预警通报、应急处置和网络安全综合管理工作，并且支持多模块配置等。

1）态势感知

态势感知需对系统建设监管范围内的网络安全态势提供数据支撑，从数据角度应包括属地辖区内的网站基本信息（包括域名、网站标题、网站 IP、行政属地等备案情况、联系人等）、网络安全事件、网络设备资产情况与指纹信息（操作系统类型、开放端口、开放服务、平台中间件、技术架构等）、重要信息系统日志采集、流量检测与事件分析（安全事件、攻击事件、恶意代码执行、恶意扫描行为等），以及全网空间内的态势感知分析。并结合大数据分析展示平台，从多个维度提供大数据分析结果，为研判、决策及重要时期的网络安全保障工作提供有效支撑。感知维度需包括资产态势、攻击态势、威胁态势、通报态势、事件态势等。

2）安全监测

安全态势感知预警需提供 7×24 小时实时安全监测服务，通过对网站的不间断监测服务实现网站漏洞监测、网页木马监测、篡改检测、可用性监测与关键字监测，并提供详尽的数据与分析报告。从而全面掌握网站的安全态势，以助于提升网站的安全防护能力和网站服务质量并建立一种长效的安全保障机制，令动态且变化不定的网站安全态势尽在把控中。

3）通报预警

安全态势感知预警需实时根据态势感知和扫描监测到的各项安全威胁情况，对下级租户和使用部门开展预警和通报工作；能够定期发布预警信息，对安全态势进行趋势分析及总结，做到对安全态势整体把握；并可与移动应用 APP 联动，随时随地预警和通报。

（四）面向云租户侧安全体系

1.云租户安全体系架构

安全即服务（SECaaS）是一种通过云计算方式交付的安全服务，此种交付形式可避免采购硬件带来的大量资金支出。这些安全服务通常包括认证、反病毒、反恶意软件、间谍软件、入侵检测、安全审计、安全事件管理等，所以安全即服务是一种面向云租户的安全体系的最佳实践。

安全即服务有很多好处，其中包括以下内容：（1）持续的软件、策略和特征定义更新。（2）更高的安全专业知识。（3）更快的用户配置。（4）管理任务外包，如日志管理，可以节省时间和金钱，使一个组织能把更多的时间用于其核心竞争力。（5）一个 Web 界面允许一些任务内部管理，以及查看安全环境和正在进行的活动。

要实现安全即服务的能力，首先要搭建好云安全管理平台。云安全管理平台主要是针对云平台提供防护的安全产品进行统一管理和分析的模块，实现对云内虚拟安全设备，如防火墙、系统扫描、堡垒机等的全方位管理。云安全管理平台提供了丰富的拓扑、设备配置、故障告警、性能、安全、报表等网络安全管理功能，实现了对云平台上安全资源集中、统一和全面的监控与管理。从而使安全过程标准化、流程化和规范化，极大地提高了故障应急处理能力，并降低了人工操作和管理带来的风险，提升了信息系统的管理效率和服务水平。

该平台也是云平台层面安全运营的主要模块，它可以与相关产品及服务联动工作。该平台作为安全管理运营中心的技术支撑平台，结合安全服务的最佳实践，以安全资产管理为基础，以风险管理为核心，以事件管理为主线，通过深度数据挖掘、事件关联等技术，辅以有效的网络管理与监视、安全报警响应、工单处理等功能对云平台各类安全事件进行集中管理和智能分析，最终实现对企业安全风险态势的统一监控分析和预警处理。并对云平台某一阶段的安全运行情况进行展示并输出报告，为管理人员进行策略的调整和安全的加固提供依据。

云安全管理平台架构可以从以下几个方面进行。

（1）业务安全管理

业务安全管理模块主要为云平台上各个租户分配业务，私有云上的云租户对安全的需求各不相同，需要的安全产品和安全方案也不同。通过云安全运营平台的业务管理模块可以为云租户分配相应的安全产品，云租户也可以通过安全运营平台主动申请相应的安全产品，使安全产品的使用率最大化。

（2）用户管理

用户管理模块主要为云平台各租户提供认证、授权及资源审批管理，在云安全运营平台上为云租户创建云安全账户并对每个租户进行严格的身份验证，统一登录到运营平台，对平台所覆盖的安全资产进行管理和运营；每个认证账号也是申请资源的唯一账号，每个账号可以下设子账号，分别进行管理和监控等工作。针对每个租户进行细粒度的访问控制和授权设置，确保每个用户只能登录自己的运营界面，只能管理自己的云端安全产品。每个云租户也可以根据自身的需求在云产品资源池及服务资源池中申请所需的安全资源，平台管理者可以根据相关申请的合理性进行审批和备案，确保每个用户的资源利用合理。

（3）统一认证

云安全运营平台、云平台和安全产品之间的账户体系将会被打通，即云租户可以登录到自己的云安全运营平台上，并通过安全运营平台申请购买安装自己需要的安全产品；云安全运营平台将会打通所有的产品权限体系，实现所有安全产品的统一登录。通过云安全运营平台，客户可以对所有租户统一认证，所有产品统一登录。

（4）云安全市场

用户可以通过云安全市场看到所有可以开通试用的安全产品，云租户可以根据自己的需求选择和部署安全产品。在使用时只需向苹台管理者申请 Licensee 软件版权（许可证）授权，即可快速部署和实施；云安全市场还提供第三方产品的入驻接口，云安全管理员可以为对第三方供应商开通云安全市场的第三方产品接入账户，从而实现第三方安全产品的接入，优化云安全解决方案。

（5）云安全租户平台管理

租户管理员通过登录到租户管理平台管理自己所分配到的安全产品、申请安全资源、创建子用户，以及分配子用户的权限等。

（6）租户自主申请安全资源

租户可以通过自己的安全运营平台根据需求选择所需的安全产品，以及相应的产品配置和版本信息，一键提交申请。运营平台管理员通过申请以后，租户即可使用自己的安全产品。

2. 云租户安全防护技术

（1）漏洞扫描

该技术能够为云租户提供综合漏洞扫描能力，其是以 Web、数据库、基线核查、操作系统和软件的安全检测为核心，以弱口令、端口与服务探测为辅助的综合漏洞扫描系统。并且系统需实现分布式和集群式漏洞扫描功能，缩短扫描周期，提高长期安全监控能力。通过 B/S 框架及完善的权限控制系统，满足用户最大限度的安全协作要求。

（2）SaaS 化的 Web 安全防御能力

云平台只需要购买并部署云安全服务就可以通过云安全运营平台使用和管理 SaaS 化的 Web 防御分析能力，并把防御能力分配给云平台上的各个租户使用。

（3）网站防篡改

提供先进的网页防篡改安全能力，对用户的网站加以防护，实现对篡改行为的监测和阻断。网页通常由静态文件和动态文件组成，对动态文件的保护通过在站点嵌入 Web 防攻击模块，并设定关键字、IP、时间过滤规则，对扫描、非法访问请求等操作进行拦截来实现；对静态文件的保护在站点内部通过防篡改模块进行静态页面锁定和静态文件监控，发现有对网页进行修改及删除等非法操作时进行保护并告警。

（4）运维审计

为云租户提供运维审计能力，用户通过开通使用运维审计服务，使其成为云计算运维的唯一入口。云主机连接必须经过运维审计的统一身份管理，并基于 IP 地址、账号和命令进行控制，防止越权操作，而且整个操作过程都可以实现全程的审计记录。

（5）日志审计

为云租户提供综合日志审计能力，对用户的各类日志进行综合审计分析，以图表的形式展现在线服务的业务访问情况。通过对访问记录的深度分析发掘出潜在的威胁，以起到追踪溯源的目的。并且记录服务器返回的内容，便于取证式分析，以及作为案件的取证材料。

（6）数据库审计

为云租户提供数据库审计能力，帮助用户实现对进出核心数据库（包括大数据）的访问流量进行数据报文字段级的解析操作，完全还原出操作的细节，并给出详尽的操作返回结果，以可视化的方式将所有的访问都呈现在管理者的面前。数据库不再处于不可知和不可控的情况，数据威胁将被迅速发现和响应。

（7）主机深度检测与防御

为云租户提供虚拟主机的防御能力，帮助用户检测虚拟的异常链接、进程、文件等。并控制虚拟机和虚拟机之间的流量，进一步检测虚拟机中的防病毒和防入侵情况，以全面的保护虚拟主机的安全。

第三节　构建城市运动神经系统

一、工业互联网是城市的动力保障

（一）工业互联网基本情况

工业互联网是在工业制造领域以数字化、网络化和智能化为主要特征，通过网络、平台、安全三大功能体系构建的人、机、物全面互联的新型网络基础设施。区别于普通的智能制造，工业互联网通过将工业生产制造与物联网、云计算、大数据、人工智能等新一代信息技术融合，实现工业设计、制造、管理、销售、流通等全生命周期的数字化、网络化、智能化。它连接的不仅仅有物与机器，还有工业生产制造中的人。

通过打通工业数据孤岛，促进工业全要素、全流程及全产业链的互联互通。工业互联网能加速传统工业生产效率提升、销售模式创新、产业结构优化与经济转型升级，将使工业企业效率提高 20%、成本下降 20% 且能耗下降 10%。

工业互联网的产生和发展是现代工业生产活动需求与信息科技进步相结合的必然产物，一方面工业活动相关各环节联系日趋紧密，工业设计、制造、管理、销售、流通等环节已经是不可分割的完整关联系统。一方面工业生产与制造不懈地追求高精准，海量数据的分析处理必然深度融入工业活动之中，对工业互联网的产生提出了客观需求；另一方面工业生产、制造及管理智能化程度极大提高，高效率、低成本、互联通和标准化的共享平台发展迅猛，为工业互联网的产生提供了现实可能。

在具体内容上，工业互联网包括网络互联、数据流动和安全保障三大要素，这也是理解工业互联网的三个维度。其中网络互联是基础，工业互联网将工业系统的各种元素连接起来，实现包括生产设备、控制系统、工业物料、工业产品和工业应用在内的泛在互联，形成工业数据跨系统、跨网络、跨平台流通路径；数据流动是核心，工业互联网通过对工业数据的实时采集、存储、交换、分析、处理与智能决策，实现对资源部署与生产管理的动态优化，以及工业生产、制造、管理、销售等环节的高效化与智能化变革；安全保障是前提，工业互联网的信息安全保障覆盖工业设备、网络、平台及数据等各个层面，涉及工业控制系统安全、工业网络安全、工业云安全和工业大数据安全等内容，是工业企业生产安全的重要组成部分。

由工业互联网的三大要素派生出三个基本功能体系，即网络体系、平台体系和安全体系，三个功能体系相互独立且互相联系。网络体系实现网络互联，是数据流动的基础；平台体系为数据汇聚、建模分析、应用开发、资源调度、监测管理等提供支撑，是数据流动的载体；安全体系识别和抵御风险，是数据流动的保障。

在具体结构上，工业互联网以平台为依托纵向贯穿互联网、集团专用网、企业管理网和控制网。其中工业互联网平台包括两类：一类是为工业企业提供公共服务的工业互联网平台（第三方基于云架构建设的应用平台及配套终端），主要包括工业数据存储分析、工业资源部署管理和工业应用等功能，通过大数据分析实现设备和产品的监测管理，以及生产业务环节的精准管控与调度；另一类是运行在集团或工业企业内部的生产业务平台（SCADA、MES、PLM、ERP 等），是工业设备、业务和用户数据交互的桥梁。

（二）工业互联网与智慧城市

从 IBM 的智慧城市概念来看，智慧城市核心是四个特征和一个关键概念。四个基本特征：一是全面物联，即智能传感设备将城市公共设施物联成网；二是充分整合，即物联网与互联网系统完全对接融合；三是激励创新，即政府和企业在智慧基础设施之上进行科技与业务的创新应用；四是协同运作，即城市的各个关键系统和参与者进行和谐高效的协作。一个关键概念就是"系统的系统"，即在应用层面的六大核心系统的组织（人）、业务／政务、交通、通信、水和能源系统的建设，以及彼此联通形成协作的"系统的系统"。这四个特征和一个关键概念定义了智慧城市的内涵和外在表现，使之区别于普通城市。

从智慧城市的特征和概念出发，可以看到智慧城市和工业互联网相互依存的关系。智慧城市是工业互联网的基础，工业互联网是智慧城市的动力保障。只有在智慧城市中全面物联、高效协作、创新驱动，以及物联网与互联网的全面对接才能为工业互联网的产生提供可能性。"系统的系统"概念表现在工业生产中就是工业互联网的概念。在缺少这些要素的普通城市中，没有全面物联就意味着通过网络对物和机器的全面把控无从谈起；没有物联网与互联网的全面对接就意味着工业信息无法在机器与互联网之间自由流通；没有高效协作和创新驱动就意味着人力资源无法被充分有效挖掘，工业互联网只能停留在智能制造的初级阶段，而无法成为人、机、物全面互联的新型网络。因此可以认为只有在智慧城市中工业互联网才有生根和繁茂的基础；同时，只有在工业互联网的连接下，智慧城市才能保持生机和活力。工业互联网为智慧城市的存续和发展提供源源不断的动力，成为城市活动的主动脉。它是工业革命和网络革命共同的产物，伴随着工业革命出现了无数台机器、设备、机组和工作站，伴随着网络革命，计算、信息与通信系统应运而生并不断发展。由此，工业互联网涵盖了从软件到硬件、从数字到实体、从厂内到厂外的复杂生态体系，在此基础上，工业互联网通过以下两条路径为智慧城市提供动力。

工业互联网作为工业革命的成果，极大促进了包括网络设备制造在内的工业制造业的发展，为智慧城市的发展提供了物质支持。工业是一个城市存续和发展必不可少的基础要素，即使是在现实中存在的城市 GDP 以第三产业（如旅游业、金融服务业等）为主而基本没有工业产值的城市中，城市的运行也离不开对水、电、气、交通、建筑等要素的基本需求。而这些要素的生产或者直接属于工业制造部门，或者与工业制造密不可分。在一个智慧城市中物联网、大数据、云平台等技术的运用是全面物联、高效协作、创新驱动和协同运作的基础，而这些技术的运用离不开网络设备制造的支持。智慧城市相比普通城市而言，由于其四大特征所带来的对高科技含量、高定制自由度产品的需要，所以过去的工业制造产业无法满足其对工业产品的需求。只有工业互联网环境下的智能制造才能满足，因此工业互联网对智慧城市的物质支持具有不可替代性。

工业互联网作为网络革命的成果，其本身与智慧城市概念不谋而合，为智慧城市的形成和发展提供推动力。工业互联网是以数字化、网络化和智能化为主要特征的新工业革命的关键基础设施，具有较强的渗透性，可从制造业扩展成为各产业领域网络化、智能化升级必不可少的基础设施，实现产业上下游和跨领域的广泛互联互通，并打破信息孤岛，促进集成共享，为保障和改善民生提供重要依托。在一个城市从普通城市向智慧城市转变的过程中，工业互联网将工业产品和机器物联成网，将工业物联网与互联网完全对接，通过云平台激励工业创新，从而让工业制造的各个环节和从业者高效协作，统合各个工厂系统，成为"系统的系统"，与智慧城市的四个主要特征和一个关键概念不谋而合，完成工业生产领域的"智慧"化。由于工业互联网具有较强的渗透性，因此工业生产领域的"智慧"化成果将从工业领域走向城市的整个社会发展领域。工业互联网的网络体系为智慧城市发展提供源源不断的数据支持和便利的网络连接；平台体系为智慧城市的决策提供科学的方法论武器，为城市管理提供高效的监控管理手段；安全体系保证智慧城市的经济发展免受外部攻击，让城市得以稳定发展。

二、工业互联网带来的全新挑战

（一）工业互联与数据流动迎来新的信息安全挑战

首先，工业互联网实现了全系统、全产业链和全生命周期的互联互通。而与此同时，互联互通的实现也打破了传统工业相对封闭可信的生产环境，导致攻击路径大大增加。现场控制层、集中调度层和企业管理层之间直接通过以太网，甚至互联网承载数据通信，越来越多的生产组件和服务直接或间接与互联网连接。攻击者从研发端、管理端、消费端及生产端都有可能实现对工业互联网的攻击或病毒传播，这也直接导致工业互联网数据保护难度加大。工业互联网数据种类和保护需求多样，数据流动方向和路径复杂。研发设计数据、内部生产管理数据、操作控制数据，以及企业外部数据等可能分布在大数据平台、用户端、生产终端、设计服务器等多种设施上，仅依托单点且离散的数据保护措施难以有效保护工业互联网中流动的工业数据安全。

从现实来看，下层工业控制网络安全性考虑也还不充分。在传统模式下，工业控制网络未与外部互联网直接联通，安全认证机制和访问控制手段需求并不迫切。然而在工业互联网环境下，攻击者一旦通过互联网通道进入下层工业控制网，只需掌握通信协议就可以很容易地对工业控制网络实施常见的拒绝服务攻击和中间人攻击等。轻则影响生产数据采集和控制指令的及时性和正确性，重则造成物理设施被破坏。

（二）工业互联网平台的引入降低了安全可控程度

工业互联网平台作为工业互联网三大功能体系之一，为数据汇聚、建模分析、应用开发、资源调度和监测管理等提供支撑的同时，也对整个体系的安全可控程度提出挑战。首先，工业企业对数据和业务系统的控制能力减弱。在传统模式下，工业企业的数据和业务系统都位于工业企业内部，在其直接管理和控制下，在工业互联网环境中，工业数据和业务的安全性主要依赖于平台提供商及其所采取的安全措施，这使得工业企业难以了解这些安全措施的实施情况和运行状态，而此时工业企业与工业互联网平台之间的安全责任也难以界定。在工业互联网环境下，平台管理和运行主体与工业数据安全的责任主体不同，无法简单采用传统模式下的"谁主管谁负责，谁运行谁负责"的原则直接界定，难以有效督促平台提供商对工业数据采取有效的安全防护措施。

从平台建设来看，虚拟化等平台技术成为趋势，这也加大了工业数据保护难度。工业互联网平台中多个客户共享计算资源，虚拟机之间的隔离和防护容易受到攻击，跨虚拟机的非授权访问风险突出。

（三）工业互联网开放化标准化导致攻击难度降低

为适应工业互联的趋势，工业互联网系统与设备的供应商已经开放其专有协议，同时开始推广更通用的基于 TCP/IP 的高速工业以太网协议，相关的开发软件和操作系统也开始使用更便宜且标准化的 Windows 或 Unix 技术架构。攻击者能轻易地获得开放化和标准化协议与模块的安全漏洞，利用传统的攻击方式对工业互联网进行网络攻击。

（四）工业互联网安全保障工作机制仍然有待完善

与传统消费互联网和商业互联网相比，作为新生事物的工业互联网需要更高标准的信息安全要求；与传统工业控制系统相比，工业互联网的安全覆盖面更为复杂。当前，我国仅从工业互联网的某些局部元素层面开展了相关安全保障工作，并且工业互联网安全保障可能涉及多个责任部门，需要充分协作形成合力，打造针对我国工业互联网的整体安全保障工作机制。

三、工业互联网安全防护体系与实践

当前应牢牢把握工业互联网发展的关键窗口期，坚持以"本质安全、内外兼顾、业务优先、隐私可控"为安全保障原则，从加强政策规划指引、夯实基础性工作、打造公共服务平台、促进产业发展等多方面入手，建立全面保障工业互联网设备安全、网络安全、平台安全和数据安全的新型纵深防御安全架构，从整体上提升我国工业互联网安全防护水平。

（一）以顶层设计为基础

在工控系统信息安全保障体系建设中落实企业主体责任，因地制宜分类指导，坚持技术和管理并重等指导策略，以及落实企业主体责任和监督管理责任，以提升安全管理水平；建设全国工控安全监测网络和实施信息共享工程，以提升态势感知能力；加强防护技术研究和建立健全标准体系，以提升安全防护能力；开展信息通报预警和建设国家应急资源库，以提升应急处置能力；培育龙头骨干企业和创建国家新型工业信息安全示范基地，以提升产业发展能力等具体措施。

在此基础上，应当继续制定并发布中长期工业互联网安全发展规划，定位于规范和指导我国工业互联网安全发展的纲领性文件，立足工业互联网发展水平和工业互联网安全现状，以提升工业互联网安全防护能力。以保障制造强国和网络强国战略顺利实现为目标，部署重大任务和发展路线，确保及时抓住机遇、提前全面布局、明确实施路径并实现重点突破。

（二）以政策标准为引导

按照"统筹规划、需求牵引、兼容并蓄"的原则，建立统一、综合、开放的工业互联网标准体系。在分析业务需求基础上，提出网络、数据和安全三大体系核心架构，指出了安全体系方面设备、网络、控制、应用和数据等层面将面临的安全风险和安全挑战，并给出了安全体系的实施建议。

在此基础上，应当进一步推动建立工业互联网设备安全标准体系，面向工业企业的生产控制设备和数字化制造工具、工业软件、工业主机设备、工业通信设备和外围辅助设备提出安全技术和安全质量要求，并推动具有自主知识产权的工业互联网安全标准成为国际标准。制定工业互联网数据安全防护标准与指南，对工业互联网外网和内网的生产管理数据、生产操作数据、内外交互数据等从存储、传输、加密机制等方面提出安全保护要求。

（三）以态势感知为条件

在已形成的工业控制系统在线监测预警能力基础上，建设面向公共互联网、企业内网／专网和工业控制网络的国家级工业互联网监测预警与态势感知平台。结合在线监测、诱捕探测、结构化／非结构化威胁数据感知等手段，通过大数据分析技术，形成全天候和全方位感知工业互联网安全态势的能力。

（四）以检查评估为抓手

健全工业互联网安全防护体系，检查评估必不可少，主要从几个方面入手。一是建立面向工业企业的工业互联网安全检查和安全评估常态化工作机制，通过检查评估及时发现工业互联网的设备、网络、平台和数据安全问题，指导工业企业提升工业互联网安全防护水平，并且探索开展工业互联网平台第三方安全审查，确保工业互联网平台产品和服务的安全性和可控性；二是研究工业互联网平台上线前安全测试制度，及时发现平台安全漏洞、配置不合理、非授权访问、身份冒用、不必要网络服务开放等安全隐患，确保平台上线后运行安全；三是有序推动建立工业互联网系统和设备的安全评估认证体系，依托行业联盟倡导企业开展安全评估和认证，并联合国家质检管理部门在工业互联网安全领域建设国家质量监督检验中心，提升工业互联网系统与设备的本质安全水平；四是在硬件建设方面，我国亟须建设国家级工业互联网安全测试验证平台。通过该平台重点研究和测试验证工业互联网设备、网络、平台和数据面临的关键安全问题，并对工业互联网的安全解决方案开展测试评估，形成国家级工业互联网安全测试验证能力。

（五）以通报应急为重点

建设工业互联网风险信息通报与应急处置工作体系，建设工业互联网安全应急专业技术队伍，提高应对工业互联网安全事件和重大风险的组织协调与应急处置水平。预防和减少安全事件造成的损失和危害，形成集工业互联网安全风险信息的收集、汇总、核查研判、通报发布、消减处置、跟踪复查等于一体的闭环应急处置工作机制。

（六）以公共服务为依托

建设开放与共享的工业互联网需要以大量公共服务为支撑，安全防护也需要充分调用各级各类资源。建设工业互联网安全公共服务平台和纵深防御管理平台迫在眉睫。工业互联网安全公共服务平台全面汇聚国内工业互联网安全服务能力和人才资源，面向工业企业提供风险预警、安全诊断评估、安全咨询、安全防护实施等一站式服务，并可根据企业特点和实际需求提供定制化信息安全服务；同时面向安全厂商和安全研究人员提供信息共享、资质认证等服务。国家工业互联网纵深防御统一管理平台可以推动在工业企业/工业区域网络出口部署安全监测与防护设备，实现与国家工业互联网纵深防御平台的对接和联动。通过国家防御平台聚集国家、地方及行业、工业企业、安全厂商等各级工业互联网安全相关者，形成一体化纵深防御，有效应对有组织的网络攻击行为。

（七）以产业促进为根本

只有促进工业互联网安全产业发展壮大，才能从根本上提升工业互联网的安全防护水平。一是依托相关专项资金和政策，扶持国内厂商开发安全可靠的工业控制系统与产品，加强工业互联网网络层、系统层和设备层的安全防护关键技术攻关和产品研发，大力支持工业互联网产业和工业互联网安全防护产业的发展，以发展促安全；二是推进安全可靠的工业互联网设备在装备制造业、原材料、交通、能源等重点领域的应用，提升工业互联网整体安全可控水平。

第五章　新时代数字基础设施建设

第一节　加快新型数字基础设施建设

数字基础设施的建设对数字经济发展至关重要。这里的基础设施，不仅仅包括传统的信息基础设施，如高速宽带网络、IP 地址（互联网协议地址）、域名等网络基础设施，还包括铁路、公路、水运、电力等传统基础设施的数字化过程。

一、不断完善信息基础设施

（一）加强宽带基础设施建设

目前，全球已有上百个国家实施了宽带战略或行动计划，这些战略的共同目标是发挥信息基础设施在建设数字社会中的重要作用，通过提高宽带网络的普及程度，提高网络用户的普及率，进而加快社会数字化进程。

我国十分重视高速宽带网络建设，积极推进网络提速降费，建设"宽带中国"，取得了突出成绩。

（二）加快布局 5G 网络

5G 具有更高的速率、更宽的带宽，可以满足消费者对虚拟现实、超高清视频等更高网络体验的需求。5G 还具有更高的可靠性和更低的时延，能够更好地满足自动驾驶、智能制造等行业应用需求，实现万物互联，更有力地支撑经济社会的创新发展。我国在移动通信领域是后来者，但在 5G 标准研发上，我国属于全球的领跑集团。如今，我国已实现 5G 的普遍使用，大家在家中已经开始使用 5G 网络。

（三）缩小数字鸿沟

随着各国宽带战略的逐步开展，宽带网络的覆盖率及速度得到了有效提高。然而，边远地区人口相对稀疏、建设成本较高，其宽带网络仍然较为落后，与城市相比差距较大。

我国也在加快实施电信普遍服务试点工作，推动农村及偏远地区宽带发展，并且已经实现了 2020 年宽带网络覆盖 90% 以上的高村的目标。提速降费和网络扶贫等工作，将缩小城乡之间数字化的鸿沟，充分地推动互联网在农村的发展，为农民脱贫、为农民增收起到很大的作用。

二、传统基础设施数字化价值巨大

数字经济的发展，为传统的由"砖和水泥"组成的基础设施变成混合的数字基础设施开启了新的经济机会，创造就业，提高经济质量。

（一）提高基础设施服务的质量和效率

在传统基础设施上运用物联网技术，添加一层数字层——内嵌的、网络化的传感层，就能获得以前很难定量化的服务数据，便于相关部门为民众提供更好的基础设施服务。例如，通过交通系统内嵌的传感器，城市管理者和规划者能知道交通系统是否符合通行者的需求，并使基础设施的规划更为高效。数字化停车系统能帮助城市管理者了解停车位是否够用，以及是否存在车位没被有效使用的情况。新一代航空运输系统能为飞机提供更多航道，使飞机在机场之间可以直线飞行，起飞和降落的距离更短，从而大大缩短航行距离、时间，并压缩相应的原油成本。

（二）实时监测基础设施运营情况，提高安全性

传统基础设施的实时运行状况很难了解，而数字基础设施通过数据的收集和预警，能大大提高经济利益和公共安全。例如，桥梁坍塌往往是由多种原因导致的桥梁结构持续恶化的结果，这些变化靠肉眼很难观测。而安装联网传感器，可以测量到这些变化，并及时采取保护性维修措施，从而降低维修成本，避免人员的巨大伤亡和财产损失，或者通过数字系统的预警将损失降到最小。又如，水中的传感器可以在水中氮和磷的含量达到临界值前及时发出警报。

（三）更好地运用市场机制，调节供需平衡

数字基础设施通过实时监测使得服务价格更容易获取，从而使供需关系能够更密切、动态地匹配。比如：模拟电表无法实时读取用电情况，而智能电表却可以，从而使得供电商可以根据用电高峰和低峰的不同时间段制定不同电价，还能根据用电数据监测漏电情况；使用智能交通工具，可以在通行者行驶的不同区域和时间收取不同费用，以大大提高交通网络的效率；网络服务提供商也经常根据网络带宽和用户的使用情况，制定差异化的网络费用。

（四）相关的综合经济、社会效益显著

某一领域数字基础设施的应用所能带来的效益往往是非常综合的，不局限于某一个点，甚至有些影响是目前还无法估算或预见的，因为物联网和更先进的分析技术还在不断涌现。

例如，智能交通系统给交通领域带来了多方面的改变：改变了道路收费和支付方式；将传统的信号灯转变为智能信号灯，显著改善了交通流量，减少了40%的停站数，降低了10%的耗油量，降低了22%的废气排放；改善了基础设施维护和修理的方式。由此产生的效益是非常明显的。整体来看，只扩充公路容量的传统方法投入产出比仅为1：2.7，而加强交通系统运营方式的投入产出比约为1：9，甚至更高。

同样，智能电网使用智能电表、先进控制系统和通信网络对用电信息进行实时收集、分配和响应，可以提高用电效率，提高电网安全性，还可以促进新能源的发展，包括能源存储技术和插电式电动汽车。

三、铁路基础设施数字化

近年来，我国铁路建设发展迅速，网络规模不断扩大。铁路通信网由通信传输网和通信数据网两部分构成。

（一）铁路通信传输网

铁路传输网由骨干层传输网、汇聚层传输网和接入层传输网组成。骨干层传输网采用 SDH 与 DWDM 传输技术相结合的方式，主要承载中铁总公司至铁路局及各铁路局间的业务，并为铁路局组网提供迂回保护通道；汇聚层传输网负责将局管内铁路沿线区间接入的业务传送到铁路局调度所节点和核心网节点，并为相邻铁路局组网提供迂回保护通道，采用 SDH 与 DWDM 传输技术相结合的方式实现局内各站段间及各站段至铁路局调度所的业务传送；接入层传输网采用 MSTP 传输技术，承载铁路沿线车站、区间的信息接入业务及传送，接入层传输网节点选择车站或区间节点。

（二）铁路通信数据网

通信数据网是为铁路系统建立一张基于 IP 技术的覆盖全路各站点地区专网专用的宽带数据通信网络，通过 MPLS VPN 方式承载了调度管理信息系统 DMIS、TMIS、客票系统等业务。铁路的既有通信数据网是为 DMIS、铁路运输管理信息系统 TMIS、客票系统等分别独立建立的 IP 数据承载网络，其网络带宽较低——大部分为 2M（2兆）或 n×2M 的连接——各服务信息单独组网。

此外，我国先后开发了以列车调度指挥系统、铁路运输管理信息系统、客票发售与预订系统为代表的一大批应用信息系统。

四、公路基础设施数字化

目前，我国公路交通"五纵五横"综合运输大通道基本贯通，公路网络不断延伸。

（一）全国高速公路信息通信系统联网工程

虽然我国高速公路建设经历一段较长时间的快速增长，但受制于早期高速公路的投资、建设主体不统一和技术标准不兼容等问题。各路段通信传输资源、网络结构、设备配置和保护措施等都缺乏全程全网的整体考虑，光缆传输资源分散，达不到组网要求。

（二）交通运输信息化基础通信信息网

充分利用国家电子政务网、公用网络或行业专网等资源，构建各省统一的交通运输通信信息骨干网，并对接全国高速公路信息通信干线传输网络。进一步提升全国高速公路信息通信干线传输系统的网络稳定性和可靠度，研究建立健全市场化运维保障机制。落实国家"宽带中国"战略，支持电信企业充分利用高速公路通信管道资源建设宽带网络，推动汽车客运站等交通场站实现多家宽带运营商网络覆盖，保障用户公平选择权。与国际同步建设海事卫星、搜救卫星系统，增强对国际资源的掌控力，基本形成天地一体、全球覆盖的交通运输信息化基础通信信息网络。

五、水运基础设施数字化

我国水运基础设施网络布局日益合理。"两横一纵两网十八线"内河航道建设取得积极进展，内河高等级航道达标里程 1.36 万公里。伴随着行业建设的快速推进，水运行业基础设施的数字化进程也在不断加快，宽带接入能力不断增强。

（一）水运行业数据中心

全国水运行业数据中心建设方案完成，明确在部级数据中心的框架下，进一步推动行业数据资源聚集、整合与深度应用。海事云数据中心建设取得突破性进展，基本实现了全国海事系统基础数据的汇集与清洗；港航企业以数据资源为核心积极建设信息枢纽平台，在做好数据支撑与服务的同时，强化了数据积累与沉淀。

（二）水运行业公共信息服务平台

重点支持港航企业集成或港口物流信息资源，打造集网上办单、业务受理、电子订舱、电子支付等功能为一体的一站式对外服务平台，将进一步促进跨行业、跨区域、跨部门的物流公共信息平台融合与平台建设。

（三）智慧水运

智慧水运理念，是业界一直在积极探索推进"智慧水运"建设，各种相关的基础研究与示范试点陆续开展，渗透到了行业监管、经营生产和运输服务的方方面面。"智慧港航""智慧海事""智慧港城""智慧巡航""智慧航道"等工程取得阶段性成果，有力支撑了水运现代化进程。

六、电力基础设施数字化

电力已经成为能源领域的核心，电力行业的创新对于能源体系来说举足轻重。电力行业的信息化应用与建设进程经过几十年的持续发展，已经取得了重大的成果。国家电网的电力通信网光缆总长度超过100万公里，几乎囊括所有的城乡。信息化在电力行业中，尤其是在生产、经营以及管理过程中的重要性日益凸显，也为我国智能电网的搭建奠定了坚实的基础。

经过几十年的建设，国家电力通信网已经初具规模，通过卫星、微波、载波、光缆等多种通信手段构建成了一个以北京为中心，覆盖全国多个省的立体交叉通信网。一级骨干传输网络由光纤、数字微波和卫星通信构成，其调度中心、监控中心、卫星中心主站均设置在国电通信中心本部。电力通信交换网络的汇接中心、数据网（DDN）的网管中心、电话会议系统和电视电话会议系统的控制中心也设置在中心本部。

随着通信行业在社会发展中作用的提高，以电力通信网为基础的业务不再仅仅是最初的程控语音联网、调度时时控制信息传输等窄带业务，而是逐渐发展到同时承载客户服务中心、营销系统、地理信息系统（GIS）、人力资源管理系统、办公自动化系统（OA）、视频会议、IP电话等多种数据业务。电力通信在协调电力系统发、送、变、配、用电等的联合运转及保证电网安全、经济、稳定、可靠运行方面发挥了应有的作用，并有利地保障了电力生产、基建、行政、防汛、电力调度、水库调度、燃料调度、继电保护、安全自动装置、计算机通信、电网调度自动化等通信需要。虽然电力通信的经济效益暂时不能直接体现出来，但它所产生并隐含在电力生产及管理中的经济效益是巨大的。同时，电力通信利用其独特的发展优势越来越被社会所重视。

第二节　加快传统基础设施智慧升级

数字素养主要包括获取、理解与整合数字信息的能力，具体包括网络搜索、超文本阅读、数字信息批判与整合等技能，从而有效区分了数字素养和传统的印刷读写能力。

数字素养的内涵在实践中不断丰富、不断完善，以适应新的时代特征。今日的"数字素养"可以被看作在新技术环境下，从获取、理解、整合到评价、交流的整个过程中使用数字资源，使得人们有效参与社会进程的能力。它既包括对数字资源的接受能力，也包括对数字资源的给予能力。

一、数字素养是 21 世纪的首要技能

提升数字素养，无论是对个人还是对国家，都具有重要意义。对于个体而言，其数字素养的高下影响着他对时代的适应能力，影响着他在如今海量数字化信息面前能否有效地获取信息、传递信息、享受数字媒介社会带来的便利。对于国家而言，其国民数字素养也日益成为提高国民素养的一个重要组成部分，影响着这个国家国民的综合素质，乃至这个国家在数字经济时代能否占得先机，勇立潮头。

数字素养的作用与意义，已经得到越来越多的国家和组织的重视。美国 21 世纪技能合作组织提出的"21 世纪的技能"中将"数字素养"作为首要的一类素养加以强调。

美国形成了一套多主体、多元化、全方位的培养体系。政府作为引导者和服务者，制定优惠的政策引导社会的数字素养培养，同时提供大量资金进行基础设施建设，为数字素养的培养打下了坚实的基础；教育工作者作为主要的培养者，通过科学、系统的研究制定一套合理、可行的标准，再通过多样化的课程体系加以推行；而社会组织也在这一过程中扮演着举足轻重的作用，他们一方面是政策的建议者，另一方面又是独立的教育者，对政府和教育系统难以企及的部分加以积极的补充。

与美国类似，欧洲也同样形成了政府、教育机构和社会力量三方面共同发展的体系。但政府扮演的主要是数字素养教育的引导者和框架制定者的角色；教育机构进行教育的方式，也并非直接设立数字素养课程体系，而是融入各门课程教学的过程之中；而承担教育责任的社会力量，也并非如同美国模式一样主要由智库等研究机构承担，而是主要由图书馆和图书馆协会负责培养，从而形成了一套独特而有效的欧洲模式。

日本模式是一种建立在公民自身的实践而非被动接受教育的数字媒介素养培训模式。这一模式能够良好运转的基础是日本的媒介素养教育已经达到了一个较高的水平，公民可以通过不断实践提高其数字媒介素养，将其媒介素养拓展到当代数字化时代与

数字资源的交互过程中。

二、培养数字素养的着力点

（一）提高劳动力素质

随着数字时代技术的不断进步，各式各样的工作都对劳动力的数字素养提出了标准更高的要求。工作形式也越来越多地转向使用计算机或移动设备，以在线形式进行，这些工作无疑要求求职者拥有基本的数字素养，才能被雇用或是提升。在覆盖面更加宽泛的工作中，用人公司要求劳动力拥有基础性的计算机和网络知识，以满足工作需要，提高工作效率。

对于传统意义上的蓝领工作来说也是如此。即使是日用品生产商和零售商一类的雇主，也会对销售数据做出适当的数据收集和分析工作，从而紧跟市场的节奏以保持其竞争力。在这样的背景下，这些生产商和零售商的雇员，也被要求具有一定的数字素养，能够对这些数字资源进行收集和整理，并向雇主做出有效的信息提供和反馈。

（二）缩小不同用户间的数字鸿沟

数字鸿沟主要包括两方面：一是在数字设备和数字基础设施方面的鸿沟，二是数字素养方面的鸿沟。相应地，加强数字基础设施建设、提高数字素养，就成为缩小数字鸿沟的关键所在。无论对于数字原住民，还是对于数字移民来说，都需要培养数字素养，提高其在数字时代综合运用数字媒体和数字资源的能力。这对于将数字鸿沟转化为数字机遇，有着莫大的意义。

（三）净化网络空间

在信息大爆炸时代，数字素养在社交媒体的应用领域就有着明显的价值。在社交媒体上自由表达的能力、对海量信息的鉴别能力都取决于用户本人数字素养的高下。数字素养深刻地影响着网络用户在社交媒体上的言行，决定着身份特征，决定着在当今时代不可回避的社交媒体交流中能否应对自如。

培养人们在数字媒体下的数字创造性是培养数字素养的一个良好方式，它可以帮助人们通过社交媒体与他人进行交流并追赶时代潮流，传递正确、有效的信息，识别网络上的虚假信息，维护网络空间的清朗。Facebook、谷歌等社交媒体也积极采取措施打击假新闻。Facebook将设置新的举报按钮，并通过功能设计上的变化、算法的变化来应对虚假信息的传播。除了政府和企业的努力外，民众数字素养的提高也将对减少虚假信息传播起到巨大作用。

三、变革教育以提高数字素养

数字素养正被越来越多的国家纳入其国民教育课程的体系之中，越来越多的学校将数字素养的培养作为其重要的教学目标，希望借此跟上加速发展的技术变革脚步。通过对学生数字素养的培养，学生的学术素养、学术能力都能够得到明显提高，此外，数字素养本身便是教育学生适应当前时代的一个重要内容。正因为这样，数字素养在教育领域的作用还体现在教育体系本身便要求教师具有足够好的数字素养，如此方能教给学生获取资源的方法并传递给学生数字资源。

除了学校教育以外，社会组织也承担着教育的责任。在数字时代，作为社会重要信息枢纽的图书馆逐渐开发出越来越完善的数字图书馆环境，也发挥着数字素养教育的职能。

第三节　促进网络信息技术产业蓬勃发展

作为数字经济发展的依托，网络信息技术产业是一个相对宽泛的概念，目前正以互联网、大数据、云计算、人工智能、区块链等技术为发展热点，为数字经济发展提供技术条件和产业基础。

一、互联网发展基本面

（一）网民：全球网民渗透率将近过半

根据国际电联（ITU）数据，2020年世界网民规模已经远远超过世界总人口比例的一半以上。另据互联网数据统计机构 Internet World Stats 数据，冰岛、丹麦、荷兰、挪威、塞浦路斯等国家的互联网普及率已超过 95%，"国民即网民"的状态加快来临。

（二）终端：互联网进入后移动时代

自 2007 年 1 月苹果公司推出新一代 iPhone 手机，移动互联网已有 10 年发展历程。10 年来，移动互联网高歌猛进，极大颠覆了传统互联网的商业模式，催生了共享经济、O2O 等诸多新业态。移动互联网成为互联网产业发展的主要基础设施。

二、云计算 10 周年，迎来市场收获期

2006 年 8 月，谷歌在业界首次提出"云计算"的概念；同年亚马逊相继推出在线存储服务（S3）和弹性计算云（EC2）等云服务。谷歌和亚马逊共同开启了云计算快速发展大幕。十几年来，各种类型的企业纷纷拥抱云计算。云计算几乎改变了整个 IT 产业格局，迎来了市场收获期。

（一）亚马逊、微软等巨头主导全球云计算发展

亚马逊、微软、IBM 和谷歌四大厂商主导了全球云计算市场。根据信息技术研究和分析公司 Gartner 的数据，四家公司占据全球云计算基础服务市场一半以上的份额。

另一传统 IT 巨头 IBM 的转型则相对艰难。IBM 先是转型做软件和咨询服务，后才转向云计算。尽管 IBM 已成为私有云的领导者，但尚不能扭转公司业绩不断下滑的趋势。为加快追赶亚马逊和微软的步伐，谷歌加大了对云计算的布局调整力度。2015 年 11 月，谷歌花费 3.8 亿美元重金挖来了 VMWare（威睿）联合创始人戴安·格林（Diane Greene，美），负责新成立的云计算应用和基础设施部门。2016 年 10 月，谷歌将企业沟通服务 Google for Work、云办公处理软件、Cloud Platform，甚至是企业级的安卓手机、平板和 Chromebook 电脑等软硬件，都归到格林的手下，这是谷歌当年最大的一次架构调整。

（二）第二梯队企业加大投资并购力度

亚马逊、微软、IBM 和谷歌四大厂商的主导地位已经确立，短期内难以改变。但云计算的涉及范围广，市场空间大，在诸多细分领域仍有数量众多的成功企业。尤其是那些实力雄厚且位于第二梯队的云服务商。

全球第二大软件公司甲骨文是闻名的收购大户。根据创业公司数据库 Crunch Base 的数据，其收购总数量达到了 115 家。

Salesforce 在企业 SaaS 领域居领先地位，是在线 CRM（客户关系管理）的领导者。2016 年 Salesforce 大举收购，斥资超过 50 亿美元收购了 13 家企业。其中，最大的一笔交易是以 28 亿美元收购网络零售解决方案提供商 Demandware，对团队协作应用软件 Quip、营销数据初创企业 Krux 的收购额均超过 7 亿美元。

（三）在中国，阿里和腾讯处于领先位置

中国的云计算市场规模相对较小，但发展迅速。其中，阿里云和腾讯云处于领先位置。云计算是阿里巴巴当前的发展亮点

腾讯的云服务收入也呈爆发式增长，2016 年增长逾两倍。2016 年 12 月，腾讯云开放了 11 个海外服务节点。至此腾讯云在海外的服务节点增至 14 个，加上国内 5 个数据中心，腾讯云一共拥有 19 个全球服务节点。腾讯云也因此成为全球云计算基础设施最完善的中国互联网云服务商。

（四）科技企业纷纷拥抱云计算

云计算的快速发展，颠覆了传统的 IT 基础架构，对 IT 厂商产生了巨大冲击。IT 巨头积极调整业务布局，如赛门铁克和惠普都一拆为二、IBM 卖掉了 x 系列服务器、戴尔收购了 EMC（易安信）等。最为重要的是，微软、IBM、甲骨文、SAP、思科、联想、英特尔等老牌厂商已逐渐把战略中心转向云计算。

经过 10 多年时间，云计算改变了传统商业模式，改变了整个市场的运行模式。随着市场接受度的提高，云计算进入了市场收获阶段，成为兵家必争之地，成为科技公司的增长引擎。展望未来，云计算迎来了深度学习和人工智能技术蓬勃发展的新机遇，具有更大想象空间。

三、人工智能 60 周年，进入发展黄金阶段

1956 年，麦卡锡（J.McCarthy，美）、香农（Shannon，美）等 10 位年轻学者在达特茅斯夏季人工智能研究会议上首次提出人工智能的概念。60 年来，人工智能的发展起起伏伏。10 位科学家中的最后一位——明斯基（Minsky，美）也在 2016 年年初离开人世。

2016 年是一个时代的结束，也是新时代的开端。3 月份，谷歌 AlphaGo（阿尔法围棋）战胜韩国围棋九段李世石，震惊世界，迅速点燃了人们对人工智能的关注。受到广泛关注背后的深层次原因是，新一轮的技术创新把人工智能发展带上了快车道。由于随处可见的互联网、大数据和传感器，基于云平台的大规模计算能力，以及算法的重大突破，计算机已经可以凭借深度学习独立完成更为复杂的任务，人工智能已经无处不在。

（一）世界各国纷纷出台人工智能战略

美国是信息技术的起源地，引领着人工智能的发展。自 2013 年开始，美国发布了多项人工智能计划，2016 年更是加紧了对人工智能的布局。国防部高度重视人工智能技术，认为人机协作是第三次抵消战略中的"高科技圣杯"，并于 2015 年在硅谷新成立 DIUX 外设办公室，以加强与新兴创新企业的合作。作为互联网的发明者，国防高级研究计划局（DARPA）正在加快研究人工智能技术，在 2016 年 8 月发布了"可

解释的人工智能"（XAI）项目广泛机构公告。除国防领域，美国白宫在 2016 年 10 月发布《为未来人工智能做好准备》和《国家人工智能研究与发展策略规划》两份重要文件，12 月跟进发布《人工智能、自动化与经济》报告，从而将人工智能上升到了国家战略层面，为美国人工智能的发展制定了宏伟计划和发展蓝图。

（二）人工智能成为科技巨头的战略支点

当前，移动互联网发展红利逐步消失，后移动时代已经来临。科技巨头纷纷把人工智能作为后移动时代的战略支点，努力在云端建立人工智能服务的生态系统。

Facebook、亚马逊、谷歌、百度等公司不约而同地宣布人工智能是它们未来的业务核心。扎克伯格在 4 月份 F8 开发者大会上发布了 Facebook 未来十年规划，人工智能成为其远景布局中的三大支柱之一。亚马逊创始人贝佐斯（Jeff Bezos，美）表示，Alexa 语音助手有望成为继电商、Prime（亚马逊高级会员服务）和 AWS（亚马逊网络服务）之后的公司第四大业务支柱。谷歌宣布其发展战略从"移动先行"（Mobile First）转向"人工智能先行"（AI First）。

面对人工智能的机遇和挑战，Alphabet、IBM、Facebook、亚马逊和微软五家美国科技巨头宣布组成人工智能伙伴关系（Partnership on AI）；之后，苹果公司也加入。人工智能伙伴关系致力于推进公众对人工智能技术的理解，同时也将设立未来人工智能领域研究者需要遵守的行为准则，并针对当前该领域的挑战及机遇提供有益有效的实践。

在国内，百度布局人工智能的时间较早，2013 年就成立了深度学习研究院和硅谷人工智能实验室。2016 年 9 月发布百度大脑，在发布会上李彦宏强调：人工智能将是百度核心中的核心。腾讯也成立了人工智能实验室，聚焦自然语言处理、语音识别、机器学习、计算机视觉等四大发展方向。

四、区块链：创造信任，促进价值全球流动

区块链技术起源于化名为"中本聪"（Satoshi Nakamoto，日）的学者在 2008 年发表的奠基性论文《比特币：一种点对点电子现金系统》。区块链给传统的分布式系统赋予了一种崭新的、更加广泛的协作模式，解决了点对点对等网络下的数据一致性问题。和基于单一信用背书实体的传统信任机制不同，区块链技术创建了一种基于公认算法的新型信任机制。由于算法的客观性，即使网络中存在恶意节点，也能保证达成共识，实现业务的正确处理。这便是区块链技术带来的显著价值，可使多个行业领域受益。

（一）区块链及其技术

1. 定义

比特币本身对数字货币来说有其深刻的意义，但几乎所有人只把比特币看作具备很强金融属性的数字黄金。世界各国对比特币的态度起起落落，目前也尚未达到深刻共识的程度。但起源于比特币底层技术的区块链技术日益受到世界各国重视。区块是一个一个的存储单元，记录了一定时间内各个区块节点全部的交流信息。各个区块之间通过随机散列实现链接，后一个区块包含前一个区块的哈希函数值，随着信息交流的扩大，一个区块与一个区块相继接续，形成的结果就叫区块链。

比特币技术解决了点对点信息传递的可靠新、真实性、安全性及不可逆性，无须第三方参与等问题，基于比特币技术的思想而延伸拓展的区块链技术得到了蓬勃发展，应用场景也逐步拓展到现实生活中的各个领域。所以，有人称为比特币网络是区块链1.0版本，随着比特币网络思想的发展而形成的区块链网络还有区块链2.0版本（如以太坊）、3.0版本（如 GCC 全球游戏网）等。比特币不完全等同于区块链，比特币局限于金融领域，而区块链虽起源于比特币却拓展了很多应用领域。新的技术总是伴随着争论并在争论中发展，类似普及应用前的二维码技术说明，实践才是检验真理的唯一标准。

2. 区块链分类

按区块链应用来分可以分为私有链、联盟链和公有链。

（1）私有链

私有链是专门服务一个组织或某一简单业务的区块链，私有链有很大的封闭性和排他性，通常在一个较小的范围实施，由于其目标单一，所以构建相对简单。

（2）联盟链

联盟链是多个组织为了一个共同目标而组成的区块链，一些相关组织在获得联盟同意后也可以加入联盟链。这种形式的区块链将会成为未来区块链的主流。

（3）公有链

任何组织或个人都可以通过申请加入区块链，区块链没有排他性。这种区块链由于对用户扩展性无限制，可能在未来用户维护方面会有困难。

3. 创建团队

随着全球对区块链的关注，各行各业产生了大量的区块链创业团队，从团队目标进行分类，区块链创业团队大致可以分成底层技术团队、底层技术＋应用团队和纯应用团队三类。

（1）底层技术团队

比如布比网络、Chain、以太坊，这些团队基本上由高学历的技术专家组成，他们为很多第三类应用团队提供技术开发平台。目前因为技术要求较高，这一类创业团队较少，但这一团队发展的空间还很大。

（2）底层技术＋应用团队

例如 Ripple ，DAH 等，国外早期的区块链创业团队基本采用这种模式。目前这一类团队多是有其名无其实，很多业务的底层技术还是成型业务技术上的转型。

（3）纯应用团队

比如纳斯达克的 Linq 团队，国内的阳光积分、格格积分等，这些团队专注于应用层的开发，而在区块链底层他们分别采用了 Chain 提供的底层和布比提供的底层平台。这一类团队的发展空间最大，因其目标是面向领域应用，故其特征可以概括为"区块链＋"。

目前，全世界对区块链的研究成果尚处于初级阶段，具体表现为概念炒作，具体场景应用的价值分析，应用探索，还没有形成比较有生命力的可以推广使用的区块链产品。按区块链的研究成果分类，区块链的研究成果可以分为应用研究和学术研究。

（二）典型行业应用频现

区块链在很多领域有着广泛的应用。目前重点部署的应用有数字货币、跨境支付、证券发行、数字资产、供应链金融、互助保险、票据服务、版权保护、物流追溯等。下面重点介绍在跨境支付、证券股和物流追溯的进展。

1.跨境支付：Ripple

成立于美国的 Ripple 是一家利用类区块链技术发展跨境结算的金融科技公司。它构建了一个没有中心节点的分布式支付网络，以期提供一个能够取代 SWIFT（环球银行金融电信协会）网络的跨境转账平台，打造全球统一的网络金融传输协议。

传统的跨境支付需要经过开户行、央行、境外银行、代理行、清算行等多个机构，每个机构都有自己的账务系统，因此处理速度缓慢，业务执行效率低下。应用区块链以后，能够降低中间流程的操作成本和费用，减少冗长的复杂环节和人工审查出错的情况。

Ripple 的跨账本协议能让参与方看到同样的一本账本，通过该公司的网络，银行客户可以实现实时的点对点跨国转账，不需要中心组织管理，且支持各国不同货币。目前，全球已经有 17 个国家的银行加入了合作，共同参与 Ripple 为金融机构打造的解决方案。

2. 证券发行：Nasdaq Linq

美国纳斯达克（Nasdaq）证券交易所推出区块链平台 Nasdaq Linq，通过该平台进行股票发行的发行者将享有数字化的所有权。Linq 迎来首只私募股票，纳斯达克称 Chain 是第一家使用 Linq 来完成并记录私募证券交易的公司，具有重大的历史意义。

在传统证券交易中，证券所有人发出交易指令后，需要经过证券经纪人、资产托管人、中央银行和中央登记机构这四个环节的协调，才能完成交易。一般来说，从证券所有人发出交易指令到交易最终在登记机构得到确认，通常需要"T+3"天（买卖之间隔 3 天）。使用区块链，买方和卖方能够通过智能合约直接实现自动配对、自动清算和结算，将节省大量的交易费用，让交易过程更加透明、有效率。

3. 物流追溯：Everledger

在移动生态系统论坛（MEF）举办的金融科技颁奖典礼上，Everledger 成为第一个获得"Meffy 奖"的区块链初创公司。Everledger 的主要业务是将钻石等重要资产的特征、历史和物主身份信息上传到区块链上，形成一个永久的区块链记录，用以确保商品的来源和真实性。Everledger 公司基于区块链的钻石信息账本采用了 Ascribe 公司的 BigchainDB 区块链数据库，作为其庞大的数据技术支持。至今，Everledger 在区块链上记录的钻石已经远远超过 100 万颗，以防止假冒伪劣钻石的出现。

（三）区块链与云计算

区块链是一个数据库，而且随着时间的推移，区块链数据库容量会快速达到大数据的量级，因此区块链系统是离不开云计算的。区块链与云计算的结合一方面表现在区块链数据在云平台的存储、计算、管理；另一方面表现在区块链系统会为云计算提供其所需要的计算机及其他网络设备硬件资源，还可以为云计算提供所需要的软件资源。

区块链由于使用了哈希算法、工作量证明机制等技术，其涉及的数据量会非常巨大，单机系统的计算能力是无法满足区块链系统运行要求的，大数据的管理需要云存储实现，若没有云平台及云环境实现区块链数据的存储区块链最终会走到数据管理瓶颈的状态。

云计算的实现需要大量的软、硬件资源，区块链系统中包含着大量的节点计算机，这些节点计算机承载着区块链运行任务，使得其很容易被集中调度而形成一个云硬件资源环境，这些节点计算机中的软件资源也可以为云计算提供软件服务。区块链系统中的节点计算机既可以实现区块链系统的云计算服务要求，也可以满足其他系统对云资源的服务外包要求。

因此，区块链系统与云平台之间是互相依托的，区块链系统既需要云平台的服务，又可以依托区块链系统而构建云平台。区块链系统与云平台之间的关系如图 5-1 所示。

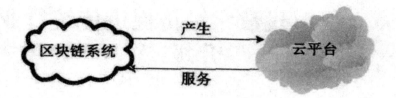

图5-1　区块链系统与云平台关系

第六章　新时代数字经济促进传统行业转型升级

第一节　加快制造业数字化转型

一、推进信息化与工业化融合

（一）两化融合组织政策体系逐步完善

在规划和政策制定方面，在国家明确推进两化深度融合的指导思想、基本原则、发展目标、主要任务以及政策措施发布之后。各个企业实施"企业两化融合管理体系"标准建设和推广行动、企业两化深度融合示范推广行动、中小企业两化融合能力提升行动、电子商务和物流信息化集成创新行动、重点领域智能化水平提升行动、智能制造生产模式培育行动、互联网与工业融合创新行动、信息产业支撑服务能力提升行动。目前，全国绝大部分省市都制定了两化融合方面的政策，两化融合推进工作正在有序开展。

（二）两化融合试点示范工作成效显著

在国家层面，提升了企业的核心竞争力，催生了一批新型的企业发展模式，增强了中小企业的生存和发展能力，促进了产业转型升级，促进了区域经济发展方式转变，提升了区域绿色安全发展能力，建立了协同推进的工作体系，形成了强有力的政策支持。

在地方层面，许多省市开展了两化融合试点示范工作，确定试验区、示范区、试点示范工程、试点示范项目、试点示范企业等，引导、引领当地两化融合推进工作，示范效应和带动作用非常明显。

（三）两化融合有力提升了中国工业企业的竞争力

在研发设计方面，目前我国工业企业普遍利用计算机辅助设计、系统仿真等技术开展研发设计，大幅提高自主创新能力。汽车、飞机等行业实现了研发设计与生产制造系统的综合集成，产业链协同设计体系日臻成熟，降低了研发成本，提高了研发效率。芯片、嵌入式软件等信息技术广泛应用于各类工业产品，改善了产品的功能和性能，提高了产品附加值。自主研制的数控机床等高端智能装备打开了海外市场。自主研发的电力调度控制设备系统占据国内大部分市场。

在生产制造方面，机械、船舶、汽车、纺织、电子等行业生产设备和重大技术装备的数字化、智能化、网络化改造步伐加快，钢铁、石化、有色、纺织、医药等行业过程控制和制造执行系统全面普及，大幅提高了产业精准制造、极端制造、敏捷制造能力。

在经营管理方面，重点行业骨干产品生命周期管理、企业资源管理、供应链管理加速普及和综合集成，实现了产销一体、管控衔接和集约生产，促进企业组织扁平化、决策科学化和运营一体化，企业核心竞争力不断增强。

（四）两化融合有力支撑了中小企业健康成长

近年来，工业和信息化部把信息化作为提高中小企业创新能力、增强其竞争力的重要举措。围绕中小企业信息化的难点问题，积极组织实施中小企业信息化推进工程，以开展调查研究和信息化服务平台试点，组织社会资源、加强公共服务和信息化支持体系建设，总结交流经验、研究典型案例。在中小企业发展专项资金项目中，安排信息化提升企业素质的补助项目等为工作重点，促进中小企业应用信息技术，提高研发、管理和市场开拓能力。

（五）两化融合有力促进节能减排和安全生产

在节能减排方面，工业企业利用信息化手段实施节能减排的积极性有了较大提高，中国铝业等一些企业把两化融合促进节能减排列为企业降本增效的重点工作。许多企业围绕单体设备、关键环节、单一工序应用信息系统实现节能减排。专业化的能源管理信息系统在钢铁、石化等重点行业得到应用，并向有色、建材等行业扩展。产业链、产业集群范围的两化融合促进节能减排逐渐兴起。为两化融合促进节能减排提供产品和服务的供应商越来越多，涌现出了一批在实践中成长起来的、应用效果比较明显的两化融合促进节能减排公共服务平台。一些地方通过合同能源管理模式，实现了工业企业、信息化服务企业以及政府的多方共赢。

在安全生产方面，工业企业已经普遍意识到利用信息化手段加强安全生产管理的重要性，安全生产管理逐步由被动转为主动、从事后处理转变为事前预防。两化融合促进安全生产行业特征明显，应用重点集中在高危行业的关键环节。在民爆行业，生产线和储运是安全生产的关键点，大多数企业通过在危险工序、库房、装卸点等安装视频监控系统，对生产、运输情况进行实时监控。一些企业利用计算机仿真、虚拟现实等手段，对安全操作的流程、突发事故处理进行模拟，为安全生产培训等提供了新手段，提高了工作人员对安全管理制度的理解和执行力。

推动两化深度融合，应从新技术应用、产品、两业融合、产业衍生、产业集群几个方面进行突破。

一是在工业领域推广新一代信息技术。围绕生产制造、经营管理、节能减排和安全生产等重点领域，开展"工业物联网"应用试点示范工作，将物联网技术应用到生产过程控制、生产设备监控、产品质量溯源、物流管理等领域。发展具有协作能力的工业机器人群，建设"无人工厂"。鼓励大型企业建设私有云，解决工业设计、工业仿真、财务核算等方面所需超大计算力的问题。鼓励市场化运作的专业机构建设面向中小企业的云服务平台，降低中小企业信息化门槛。鼓励企业开发 APP，发展移动电子商务。鼓励大型企业利用数据挖掘、数据可视化、技术对大数据进行开发利用，更好地驾驭企业和满足客户需求。

二是推进产品信息化，提高产品的信息技术含量。提高产品的网络化、智能化水平，提高产品的"智商"，从而提高产品的附加值。重点发展智能家电、智能家具、智能化的工业装备、工程机械、智能汽车、无人机等。通过开展产品"智商"评测，引导人们的信息消费。

三是以两化融合支撑先进制造业和现代服务业融合（简称"两业融合"），加速"制造业服务化、服务业产品化"过程。在服装、家具等行业推广基于信息化手段的大规模定制。利用信息化手段支撑业务流程外包，实现非核心业务外包，提高企业核心竞争力。推进研发设计、售后服务等生产性服务业信息化。鼓励信息化部门从原企业剥离出来，为原行业甚至其他行业提供信息化产品和服务。

四是培育和发展工业电子、工业软件、工业信息化服务业。在发展工业电子产业方面，整合研发资源，构建产学研合作体系，突破一批关键技术，重点发展汽车电子、船舶电子、机电一体化。在工业软件产业方面，重点发展研发设计软件、生产控制软件，以应用带动嵌入式软件发展。在发展工业信息化服务业方面，大力发展 B2B（企业对企业）电子商务、企业信息化咨询。

五是推进产业集群两化融合。开展调查研究，立足产业集群的共性需求、瓶颈问题和关键环节，找准切入点，开展试点示范，循序渐进地推进产业集群两化融合。采用"政府补一点，平台让一点，企业出一点"的方式，支持一批面向产业集群的、市场化运作的信息化服务平台。

二、发展智能制造

中国是"制造大国""世界工厂"。目前，工业是许多地方的支柱产业，必须大力发展智能制造和智慧工业，推动工业高质量发展。

（一）推动新一代信息技术与现代制造业结合

在车间管理、供应链管理等领域推广物联网技术，发展工业互联网，实现生产设备联网，提高企业生产效率。支持传统软件产品提供商向云服务提供商转型，鼓励企业在工业设计、工业仿真、企业管理等方面应用云计算平台。鼓励企业开发APP，推动传统业务应用系统APP化，开展微博和微信营销。鼓励企业在生产过程、市场营销等方面开展大数据分析，以便优化生产工艺流程，实现精准营销。鼓励企业在工业设计、产品制造等方面应用3D打印技术。

（二）分类指导，推进各行业、各领域智能化

对于食品、医药、化工等流程型行业，重点发展全自动生产线、工业机器人、在线检测等技术，实现生产控制、产品检测的智能化。对于机械装备、汽车、船舶等离散型行业，重点推广高级排产系统（APS）、MES等，建设智能化的供应链管理系统，实现生产计划管理、供应链管理的智能化。对于煤炭、铁路、船舶、航空、核电等，重点发展智能化的在线监测和预警系统，实现对设备的运行参数以及温度、压力、浓度等运行环境参数的在线自动监测，当超过设定阈值时系统能够自动报警，并自动采取相应的安全措施。

第二节　推动服务业数字化升级

要积极运用数字化技术改造传统服务业，发展现代服务业。对于商贸流通行业，要大力发展电子商务和新零售等；对于交通物流行业，要大力发展"互联网＋物流"、无车承运、智慧供应链等；对于金融行业，要规范发展互联网金融、供应链金融、刷脸支付、众筹、区块链等；对于文化旅游行业，要大力发展网络游戏、数字视听、"互联网＋文化""互联网＋旅游"、智慧旅游等；对于卫生健康行业，要大力发展智慧医疗、"互联网＋健康""互联网＋养老"等；对于教育行业，要大力发展"互联网＋教育"、慕课等。

一、商贸流通业数字化转型

（一）电子商务和新零售

电子商务不仅是实物的网上交易，还包括服务的网上交易。电子商务不只是淘宝、天猫、京东等 B2C 电子商务，还包括 B2B 电子商务。

（二）商贸流通大数据

在商贸流通行业，通过对顾客购物行为进行大数据分析，可以发现顾客偏好，有针对性地开展个性化营销，实现精准营销。

二、文化旅游业数字化转型

《关于促进智慧旅游发展的指导意见》提出建立完善旅游信息基础数据平台，推进数据开放共享。规范数据采集及交换方式，逐步实现统一规则采集旅游信息，统一标准存储旅游信息，统一技术规范交换旅游信息，实现旅游信息数据向各级旅游部门、旅游企业、电子商务平台开放，保证旅游信息数据的准确性、及时性和开放性。加快改变旅游信息数据逐级上报的传统模式，推动旅游部门和企业间的数据实时共享。开放有关旅游行业发展数据，建立开放平台，定期发布相关数据，并接受游客、企业和有关方面对于旅游服务质量的信息反馈。鼓励互联网企业、OTA 企业与政府部门之间采取数据互换的方式进行数据共享。鼓励旅游企业、航空公司、相关企业的数据实现实时共享，鼓励景区将视频监控数据与国家智慧旅游公共服务平台实现共享。

宁夏回族自治区旅游局建立了宁夏智慧旅游运行监测管理服务平台，包括 13 个子系统。对导游实行二维码认证，以便识别黑导游。对旅游大巴进行实时监控，可按空间范围、特定人群发送旅游信息。

对于旅游主管部门，要开展旅游大数据试点示范工作：运用大数据提高旅游市场监管水平，推进旅游市场治理现代化。开放旅游行业的公共数据资源，发展全域旅游大数据。

对于旅游大数据产品和服务提供商，要深入分析旅游行业的痛点，提供相应的解决之道。基于后台大数据，通过 APP 为游客提供全程的、基于位置的、一体化的信息服务，让游客省钱、省力、省心，提高游客满意度。

第三节　促进农业数字化发展

党的十九大报告提出实施乡村振兴战略。推进农业农村数字化转型，是实施乡村振兴战略的重要内容。

对于地方政府来说，在实施乡村振兴战略过程中，要大力发展农业互联网和设施农业，提高农业生产效率；大力发展精准农业、智慧农业、"互联网＋农业"、农业农村大数据，促进农业农村现代化；大力发展"互联网＋乡村旅游"，促进全域旅游发展；大力发展农村电商，推进农产品上行，让农民不但把农产品卖出去，还能卖个好价钱。

一、农业农村大数据

我国已进入传统农业向现代农业加快转变的关键阶段。突破资源和环境的制约，需要运用大数据提高农业生产精准化、智能化水平，转变农业生产方式。突破成本"地板"和价格"天花板"双重挤压的制约，需要运用大数据推进农业供给侧结构性改革，提高农业全要素生产率。提升我国农业国际竞争力，需要运用大数据分析全球农业发展情况，增强我国农业在国际市场上的话语权、定价权和影响力。引导农业发展，需要运用大数据提升农业综合信息服务能力，让农民有更多的获得感。推进农业主管部门的治理能力现代化，需要运用大数据分析掌握农业经济运行情况，促进决策科学化。

建设国家农业数据中心，推进数据共享开放；发挥各类数据的功能，完善农业数据标准体系；加强数据安全管理，支撑农业生产智能化；实施农业资源环境精准监测，开展农业自然灾害预测预报；强化动物疫病和植物病虫害监测预警，实现农产品质量安全全程追溯，实现农作物种业全产业链信息查询可追溯；强化农产品产销信息监测预警数据支持，服务农业经营体制机制创新，推进农业科技创新数据资源共享，满足农户生产经营的个性化需求，促进农业管理高效透明。

二、农村电子商务

（一）建立和完善县乡村三级电商服务体系

以"互联网＋"整合农村电商资源。在发展电子商务方面，与城市相比，农村有许多特殊之处。例如，农村缺乏电子商务人才。许多农民不会使用电脑，不会上网。许多农民家庭没有电脑，没有接入互联网。许多快递公司的物流配送业务只到县里，到不了村，农村电商物流存在"最后一公里"问题。农村地广人稀，农民网上购物或销售农产品比较分散，缺乏规模效应。许多农民对商品价格比较敏感。

发展农村电商，其实不需要让每个农民都搞电子商务，每个村至少有一个农民搞就可以了，由他们为其他农民在网上代购、代销。采用"农民＋公司＋电商平台"的方式，可以促进农产品网上销售。通过团购方式，可以使农民以比较低的价格买到生活用品和农业生产资料，让农民得到实惠。要通过"互联网＋物流"的方式解决农村电商物流"最后一公里"问题，把农产品上行物流和工业品下行物流结合起来，充分利用当地农民的拖拉机、三轮车、小货车、小轿车以及农村公交车等运输车辆，以捎带的方式减少空驶率，以集中装车发车的方式降低农村电商物流成本。

（二）要着力解决"痛点"问题，保障农民权益，方便农民生活

农村电商发展要解决好网上假货问题。对于农业生产资料，如果通过三级电商服务平台或专业的电商平台直接从正规厂商团购，既可以让农民买到正品，还可以更便宜。

农村电商不能局限于实物商品的买卖，还要拓展到服务的交易。许多地区农民缴费，买保险，买汽车票、火车票、飞机票、电影票等不方便。如果三级电商服务平台或专业的电商平台具有交费、购票等功能，可以为农民提供便利。此外，通过农村电商与"互联网＋教育""互联网＋医疗"相结合，在一定程度上解决农村老人医疗健康、留守儿童教育的问题。

第四节　大力发展新业态新模式

一、发展物联网产业

物联网（Internet of Things）是不同传感器之间按约定的协议进行信息交换和通信，以实现物品的智能化识别、定位、跟踪、监控和管理的一种网络。简单来说，物联网就是通过传感器联网以实现物与物之间的通信。物联网技术在工业、安防、交通、环保、海关、市场监管、应急管理等领域具有广阔的应用前景。

（一）发展现状

近年来，我国物联网技术创新能力明显提升，产业规模不断扩大，特别是传感器产业发展取得了长足进步。

1. 创新能力明显提升

许多高校开设了物联网相关专业，成立了物联网实验室、研究院、研究中心等创新载体。许多科研院所积极开展物联网技术攻关，在传感器、智能终端、应用系统等领域取得了丰硕的研究成果。其中光纤传感器、红外传感器等技术达到国际先进水平，超高频智能卡、微波无源无线 RFID（射频识别）、北斗芯片等技术水平大幅提高，MEMS（微机电系统）传感器实现批量生产，中间件平台、智能终端研发取得重大突破。

2. 产业体系初步形成

自从 2018 年我国物联网产业规模突破 1.2 万亿元之后，我国物联网产业形成了包括软件、硬件设备、芯片、电子元器件、系统集成、运维、咨询服务等在内的比较完整的产业链条，建成了一批物联网产业公共服务平台，成立了一批物联网产业联盟。物联网标准体系不断完善。

（二）发展对策

1. 消除物联网发展的制约因素

制约物联网发展的主要因素是核心技术、地址资源、标准规范和信息安全等。要消除这些制约因素，应通过财政资金支持、税收优惠等政策措施支持有关企业联合高校和科研院所开展物联网核心技术攻关。做好地址资源申请工作，合理分配地址资源。开展物联网信息安全风险评估，及时发现并消除安全隐患。

2. 大力发展工业物联网

推进电子标签封装技术与印刷、造纸、包装等技术融合，使 RFID 嵌入工业产品。在供应链管理、车间管理等管理领域推广物联网技术，提高企业管理效率和智能化水平。利用物联网技术对企业能耗、污染物排放情况进行实时监测，对能耗、COD（化学需氧量）、SO_2（二氧化硫）等数据进行分析，以便优化工艺流程，采取必要的措施。

3. 推进物联网技术在电子政务领域的深度应用

物联网技术是"智慧政府"的关键技术之一。有关政府部门应结合自身业务特点，大力开展物联网技术应用试点示范工作，提高行政管理和公共服务的自动化、智能化水平，促进行政管理和公共服务模式创新，实现从"电子政府"到"智慧政府"的转变。对传统传感器、RFID 应用系统进行升级改造，实现数据的自动采集、处理和分析，更好地支撑本部门的业务。把物联网技术与云计算、大数据、移动互联网等技术进行集成应用。例如，利用云计算和大数据技术对物联网采集上来的大量数据进行处理、分析；开发物联网应用系统客户端 APP，方便手机用户应用。

4. 夯实产业基础，完善产业链

推动传感器件、仪器仪表等传统行业转型升级。增强传感器的功能，提高传感器的性能，将单一功能的传感器升级为多功能传感器。通过增加物联网数据传输接口、远程控制功能等，实现传统仪器仪表向智能仪器仪表的转变，提高产品技术含量和附加值。

5. 营造良好的发展环境

发展物联网要与智慧城市建设、工业转型升级等工作相结合。目前，我国许多城市正在开展智慧城市建设工作。物联网是智慧城市的关键技术之一，应把发展物联网作为建设智慧城市、发展智慧工业、构建智慧企业的重要内容。

有关高校应及时调整专业和课程设置，开设跨院系、跨专业的物联网通选课，培养复合型人才，积极探索、建立校企合作培养物联网人才的新模式。

二、发展虚拟现实产业

虚拟现实（Virtual Reality，VR）技术是一种可以创建和体验虚拟世界的计算机仿真系统，它利用计算机生成一种模拟环境，是一种多源信息融合的交互式的三维动态视景和实体行为的系统仿真，使用户沉浸到该环境中。虚拟现实技术在工业、医学、教育、城市规划、房地产、军事、娱乐游戏、应急管理等领域具有广阔的应用前景。

虚拟现实产业包括虚拟现实硬件产业、虚拟现实软件产业和虚拟现实信息服务业等。虚拟现实硬件设备包括数据头盔、数据手套等。虚拟现实软件包括 3D 制作软件、计算机仿真软件等。

1. 做好虚拟现实产业空间布局

发展虚拟现实产业要有载体，要规划建设虚拟现实产业园区或基地。

2. 制定虚拟现实产业发展政策

地方政府可委托专业机构编制虚拟现实产业发展规划，明确当地虚拟现实产业发展的指导思想、基本原则、发展目标、主要任务、重点工程和保障措施。及时制定虚拟现实产业政策，在政府立项、政策扶持、资金补助、建设用地、税收优惠等方面对虚拟现实产业予以支持和倾斜。

3. 培养虚拟现实专业技术人才

虚拟现实是一门交叉学科，涉及计算机、互联网、电子信息、仿生学等学科。要支持有条件的高校通过特殊人才引进壮大虚拟现实师资力量，设立虚拟现实专业，开设虚拟现实相关课程，建立虚拟现实实验室，与企业合作建立虚拟现实实训基地。

4. 建设一批虚拟现实工程技术中心、虚拟现实孵化器或众创空间、虚拟现实展示或体验中心，完善虚拟现实产业链。实施"VR+"行动计划，在工业、教育、文化旅游、卫生健康、商贸流通等行业大力推广应用虚拟现实技术。

三、发展机器人产业

机器人既是先进制造业的关键支撑装备，也是改善人类生活方式的重要切入点，其研发及产业化应用是衡量一个国家科技创新、高端制造发展水平的重要标志。

大力发展机器人产业，对于打造我国制造新优势，推动工业转型升级，加快制造强国建设，改善人民生活水平具有重要意义。机器人的主要类型，如图6-1所示。

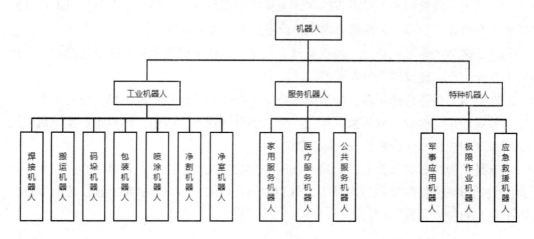

图6-1　机器人的主要类型

（1）工业机器人

工业机器人是集机械、电子、控制、计算机、传感器、人工智能等多学科先进技术于一体的自动化、智能化装备，是智能制造的重要支撑。

围绕市场需求，突破核心技术；培育龙头企业，形成产业集聚；突出区域特色，推进产业布局；推动应用示范，促进转型升级；加强总体设计，完善标准体系；强化公共服务，创新服务模式；推进国际合作，提升行业水平。

（2）服务机器人

目前，生活类的机器人有智能狗、食品制作机器人、扫地机器人、导购机器人、机器人模特等。

（3）特种机器人

特种机器人包括太空机器人、海洋机器人、危险品作业机器人、消防机器人和军用机器人等。

我国要进一步加大机器人关键零部件的研发力度，夯实中国机器人产业的基础。完善产学研联动机制，建立一批机器人协同创新中心。打破高校院系、学科分割的局面，组建一批机器人研究机构，培养跨学科人才。支持校企合作建立机器人实训基地，培养实用型人才。规划建设一批机器人产业园区，促进机器人产业集聚发展。

一是推进重大标志性产品率先突破，聚焦智能制造、智能物流、面向智慧生活、现代服务、特殊作业等方面的需求，突破弧焊机器人、真空（洁净）机器人、全自主编程智能工业机器人、人机协作机器人、双臂机器人、重载 AGV（自动导引运输车）、消防救援机器人、手术机器人、智能型公共服务机器人、智能护理机器人十大标志性产品。

二是大力发展机器人关键零部件，全面突破高精密减速器、高性能伺服电机和驱动器、高性能控制器、传感器和末端执行器五大关键零部件。

三是强化产业基础能力，加强机器人共性关键技术研究和标准体系建设，建立机器人创新中心，建设国家机器人检测评定中心。

四是着力推进应用示范，围绕制造业重点领域实施应用示范工程，针对工业领域以及救灾救援、医疗康复等服务领域，开展细分行业推广应用，培育重点领域机器人应用系统集成商及综合解决方案服务商。

五是积极培育龙头企业，支持互联网企业与传统机器人企业跨界融合，以龙头企业为引领形成良好的产业生态环境，带动中小企业向"专、精、特、新"方向发展，形成全产业链协同发展的局面。

三、发展 3D 打印产业

3D 打印是一种以计算机数字化模型为基础，运用粉末状金属或塑料等可黏合材料，通过逐层打印的方式来构造物体的技术，是增材制造（Additive Manufacturing）的主要实现形式。

与传统的"去除型"制造不同，"增材制造"无须原胚和模具，能直接根据计算机图形数据，通过增加材料的方法制造出任何形状的物体，简化产品的制造程序和工艺，缩短产品的研制和生产周期，提高生产效率，降低生产成本。

根据 3D 打印材料和工艺的不同，目前市场上主流的 3D 打印技术包括三维打印快速成型（3DP）、熔融沉积成型（FDM）、光固化成型（SLA）、选区激光烧结成型（SLS）、激光熔覆成型（LMD）、电子束熔化成型（EBM）、聚合物喷射成型（PolyJet）等。

第一，三维打印快速成型技术。通过将液态连接体铺放在粉末薄层上，以打印横截面数据的方式逐层创建各部件，创建三维实体模型。

第二，熔融沉积成型技术。将丝状的热熔性材料加热融化，三维喷头在计算机的控制下根据截面轮廓信息将材料选择性地涂敷在工作台上，快速冷却后形成一层截面，适用于小塑料件。

第三，光固化成型技术。以光敏树脂为原料，通过计算机控制激光按零件的各分层截面信息在液态的光敏树脂表面进行逐点扫描，被扫描区域的树脂薄层产生光聚合反应而固化，形成零件的一个薄层，主要用于复杂、高精度的精细工件快速成型。

第四，选区激光烧结成型技术。通过预先在工作台上铺一层粉末材料，然后让激光在计算机控制下按照界面轮廓信息对实心部分粉末进行烧结，层层堆积成型，主要用于铸造业直接制作快速模具。

经过多年的发展，我国 3D 打印技术与世界先进水平基本同步，在高性能复杂大型金属承力构件 3D 打印等部分技术领域已达到国际先进水平，成功研制出光固化、激光选区烧结、激光选区熔化、激光近净成型、熔融沉积成型、电子束选区熔化成型等工艺装备。3D 打印技术及产品已经在航空航天、汽车、生物医疗、文化创意等领域得到了初步应用，涌现出一批具备一定竞争力的骨干企业。

当前，新一轮科技革命和产业变革正在孕育兴起，与我国工业转型升级形成历史性交汇。世界工业强国纷纷将 3D 打印作为未来产业发展新的增长点加以培育，制定了发展 3D 打印的国家战略和具体推动措施，力争抢占未来科技和产业制高点。我国推动高质量发展，急需采用包括 3D 打印技术在内的先进技术改造提升传统产业。不断释放的市场需求将为 3D 打印技术带来难得的发展机遇和广阔的发展空间。为此，应把握机遇，整合行业资源，营造良好发展环境，努力实现 3D 打印产业跨越式发展。

四、发展区块链产业

区块链是由多个参与方共同记录和维护的分布式数据库，该数据库通过哈希索引形成一种链状结构，其中数据的记录和维护通过密码学技术来保护其完整性，使得任何一方都难以篡改、抵赖、造假。

区块链技术提供了不同组织机构在非可信环境下建立信任的可能性，降低了电子数据取证的成本，带来了建立信任的范式转变，在特定场景下可以产生巨大的价值所示。

区块链的特性如下所示：

一是去中心化：不依赖额外的第三方管理机构或硬件设施。

二是难以篡改：数据全网传播和同步，篡改成本高昂。

三是自治性：对"人"的信任改变为对机器的信任。

四是智能化：在区块链上部署智能合约，可以执行复杂的业务逻辑。

五是隐私性：加密技术的使用，有利于保护用户的身份或其他隐私信息。

六是安全性：不会因为某个节点的原因影响整个系统的功能和安全。

目前，我国区块链产业链条已经形成。从上游的硬件制造、平台服务、安全服务，到下游的产业技术应用服务，再到保障区块链产业发展的行业投融资、媒体、人才服务，各领域的公司已经基本完备，协同推动区块链产业发展。

腾讯、阿里巴巴、百度、京东等互联网行业巨头纷纷开展区块链技术研发和场景应用。例如，腾讯采用 TrustSQL 核心技术构建企业级区块链基础服务平台，并在供应链金融、医疗、数字资产、物流信息、法务存证、公益寻人等多个领域进行应用。阿里巴巴利用区块链技术去中心化、分布式存储及防篡改的特性建立了公益、正品追溯、租赁房源溯源、互助保险等多个应用场景，申请专利数量达 80 多件。百度实施了国内首个区块链技术支持证券化项目和区块链技术支持交易所 ABS（资产支持证券）项目。京东建立了"京东区块链防伪追溯平台"，从解决商品的信任痛点出发，精准追溯到商品的存在性证明特质，解决 ABS 参与各方的信任问题，在区块链的系统架构上完成交易，确认资产的权属和资产的真实性。

区块链技术具有分布式、防篡改、高透明和可追溯的特性，非常符合金融机构的业务需求，目前已在支付清算、信贷融资、金融交易、证券、保险、租赁等细分领域得到应用。在防范和化解重大金融风险、创新金融监管模式等方面，区块链技术可以发挥重要作用。

随着区块链技术和应用的快速迭代，区块链从金融行业扩展到电子信息存证、版权管理和交易、产品溯源、数字资产交易、物联网、智能制造、供应链管理等领域。例如，安妮股份基于区块链的版权存证服务，已为百万作品提供了确权服务，部分解决了内容创作者的痛点和难点。在国际贸易中，商品原产地、检验检疫、通关等系列证明文件，各国标准不一，各国有关部门核验这些证明文件的真实性、准确性的成本和难度都比较高，导致国际贸易商品流通效率低。如果采用区块链技术打通各国商品流通信息，可以实现对国际贸易全程溯源，通过证明文件互认互信实现快速通关，提高国际贸易的效率，促进国际贸易便利化。

五、发展数字内容和数字创意产业

（一）数字内容产业

数字内容产业是信息技术与文化创意高度融合的产业形式，包括数字传媒、数字娱乐、数字学习、数字出版等，如网络新闻、动漫游戏、电子图书、网络直播等。

把"数字内容服务"作为八大重点领域之一，提出加强数字文化教育产品开发和公共信息资源深化利用，构建便捷、安全、低成本的数字内容服务体系。促进数字内容和信息网络技术融合创新，拓展数字影音、数字动漫、健康游戏、网络文学、数字学习等服务，大力推动数字虚拟等技术在生产经营领域的应用。进一步推进人口、地理、医疗、社保等信息资源深度开发和社会化服务。

依托先进数字技术，推动实施文化创意产品扶持计划和"互联网中华文明行动计划"，支持推广一批数字文化遗产精品，打造一批优秀数字文化创意产品，建设数字文化资源平台，实现文化创意资源的智能检索、开发利用和推广普及，拓展传播渠道，引导形成产业链。近年来，网络新闻、网络音乐、网络文学、网络游戏、网络视频、网络直播等基于互联网的数字内容产业快速发展。

（二）数字创意产业

以数字技术和先进理念推动文化创意与创新设计等产业加快发展，促进文化科技深度融合、相关产业相互渗透。

1. 创新数字文化创意技术和装备

适应沉浸式体验、智能互动等趋势，加强内容和技术装备协同创新，在内容生产技术领域紧跟世界潮流，在消费服务装备领域建立国际领先优势，鼓励深度应用相关领域最新的创新成果。

（1）提升创作生产技术装备水平

加大空间和情感感知等基础性技术研发力度，加快虚拟现实、增强现实、全息成像、裸眼三维图形显示（裸眼3D）、交互娱乐引擎开发、文化资源数字化处理、互动影视等核心技术创新发展，加强大数据、物联网、人工智能等技术在数字文化创意创作生产领域的应用，促进创新链和产业链紧密衔接，鼓励企业运用数字创作、网络协同等手段提升生产效率。

（2）增强传播服务技术装备水平

研发具有自主知识产权的超感影院、混合现实娱乐、广播影视融合媒体制播等配套装备和平台，开拓消费新领域。大力研发数字艺术呈现技术，提升艺术展演展陈数字化、智能化、网络化应用水平，支持文物保护装备产业化及应用。研究制定数字文化创意技术装备关键标准，推动自主标准国际化，完善数字文化创意技术装备和相关服务的质量管理体系。

2. 丰富数字文化创意内容和形式

通过全民创意、创作联动等新方式，挖掘优秀文化资源，激发文化创意，适应互联网传播特点，创作优质、多样、个性化的数字创意内容产品。

（1）促进优秀文化资源创造性转化

鼓励对艺术品、文物、非物质文化遗产等文化资源进行数字化转化和开发。依托地方特色文化，创造具有鲜明区域特点和民族特色的数字创意内容产品。加强现代设计与传统工艺对接，促进融合创新。提高图书馆、美术馆、文化馆、体验馆数字化、智能化水平，加强智慧博物馆和智慧文化遗产地建设，创新交互体验应用。

（2）鼓励创作当代数字创意内容精品

强化高新技术支撑文化产品创作的力度，提高数字创意内容产品原创水平，加快出版发行、影视制作、演艺娱乐、艺术品、文化会展等行业数字化进程，提高动漫游戏、数字音乐、网络文学、网络视频、在线演出等文化品位和市场价值。鼓励多业态联动的创意开发模式，提高不同内容形式之间的融合程度和转换效率，努力形成具有世界影响力的数字创意品牌，支持中华文化"走出去"。

3. 提升创新设计水平

挖掘创新设计产业发展内生动力，推动设计创新成为制造业、服务业、城乡建设等领域的核心能力。

（1）强化工业设计引领作用

积极发展第三方设计服务，支持设计成果转化。鼓励企业加大工业设计投入，推动工业设计与企业战略、品牌深度融合，促进创新设计在产品设计、系统设计、工艺流程设计、商业模式和服务设计中的应用。支持企业通过创新设计提升传统工艺装备，推进工艺装备由单机向互联、机械化向自动化持续升级。以创意和设计引领商贸流通业创新，加强广告服务，健全品牌价值体系。制定推广行业标准，推动产业转型升级。支持建设工业设计公共服务平台。通过工业设计推动中国制造向中国创造、中国速度向中国质量转变。

（2）提升人居环境设计水平

创新城市规划设计，促进测绘地理信息技术与城市规划相融合，利用大数据、虚拟现实等技术，建立覆盖区域、城乡、地上地下的规划信息平台，引导创新城市规划。从宏观、中观、微观等多层面加强城市设计，塑造地域特色鲜明的风貌。鼓励建筑设计创作，完善招投标制度和专家评标制度，扩展建筑师执业服务范围，引导建筑师参与项目策划、建筑设计、项目管理，形成激励建筑师创作的政策环境。加大建筑师培养力度，培育既有国际视野又有文化自信的建筑师队伍。倡导新型景观设计，改善人居环境，进一步提高装饰设计水平。

4. 推进相关产业融合发展

推动数字文化创意和创新设计在各领域应用，培育更多新产品、新服务以及多向交互融合的新业态，形成创意经济无边界渗透格局。

推动数字创意在电子商务、社交网络中的应用，发展虚拟现实购物、社交电商、"粉丝经济"等营销新模式。推动数字创意在教育领域的应用，提升学习内容创意水平，加强数字文化教育产品开发和公共信息资源深度利用，推动教育服务创意化。提升旅游产品开发和旅游服务设计的文化内涵和数字化水平，促进虚拟旅游展示等新模式创新发展。挖掘创意"三农"发展潜力，提高休闲农业创意水平，促进地理标志农产品、乡村文化开发，以创意民宿推动乡村旅游发展和新农村建设。推动数字创意在医疗、展览展示、地理信息、公共管理等领域的应用。构建数字创意相关项目资源库和对接服务平台，创新使用多种形式的线上线下推广手段，广泛开展会展活动，鼓励行业协会、研究机构积极开展跨领域交流合作。

5.推进数字创意生态体系建设

建立涵盖法律法规、行政手段、技术标准的数字创意知识产权保护体系，加大打击数字创意领域盗版侵权行为力度，保障权利人合法权益。积极研究解决虚拟现实、网络游戏等推广应用中存在的风险问题，切实保护用户生理和心理健康。改善数字创意相关行业管理规制，进一步放宽准入条件，简化审批程序，加强事中、事后监管，促进融合发展。

第七章　数字经济推进产业数字化

第一节　信息化与工业化融合

一、信息化与工业化融合的含义

两化融合是指信息化与工业化在技术产品、管理、产业等各个层面相互交融，并催生工业电子、工业软件、工业信息化服务业等新产业的过程。

信息化与工业化融合（简称"两化融合"）最早是在党的十七大报告中被提出来的。党的十七届五中全会进一步提出"推动工业和信息化深度融合"（简称"两化深度融合"）。党的十八大报告再次提出"推动信息化和工业化深度融合、工业化和城镇化良性互动、城镇化和农业现代化相互协调，促进工业化、信息化、城镇化、农业现代化同步发展"。推动两化深度融合，是促进我国工业转型升级、走中国特色新型工业化道路的重要举措。

两化融合包括技术融合、产品融合、业务融合几个方面，需要从企业、行业、区域三个层次推动。

技术融合是指工业技术与信息技术的融合，产生新的技术，推动工业技术创新。例如，机械技术和电子技术融合产生的机械电子技术，工业和控制技术融合产生的工业控制技术。

产品融合是指电子信息技术融入产品，提高产品的技术含量和附加值。例如，一般情况下，数控机床比同类型的普通机床的售价要高。产品融合是提高产品档次和利润的重要方法。

业务融合是指信息技术应用到企业研发设计、生产制造、经营管理、市场营销等各个环节，提高企业市场竞争力。例如，在研发设计环节采用CAD（计算机辅助设计）、3D打印技术等，在生产制造环节采用集散控制系统（DCS）、制造执行系统（MES）等，在经营管理环节采用ERP（企业资源计划）、SCM（供应链管理）、CRM、BI等，在市场营销环节利用电子商务平台销售产品。

两化深度融合是指信息化与工业化在更大的范围、更细的行业、更广的领域、更高的层次、更深的应用、更多的智能实现彼此交融，是两化融合发展的高级阶段。从范围来看，两化融合工作从省、自治区、直辖市、地级市向县级市、区县、乡镇、园区延伸。从行业来看，两化融合的行业分类指导更细，如从原材料工业到建材行业再到水泥行业。从领域来看，两化融合从单个企业的信息化向产业链信息化、产业集群信息化延伸。从层次来看，两化融合不只是停留在信息技术应用层面，还引发商业模式变革，催生新的业态。从智能来看，企业生产经营的自动化、智能化程度更高，涌现出一批"智慧企业""智慧行业""智慧产业"。

如果说以前的两化融合只是把两种物质搅在一起，产生"混合物"，那么两化深度融合将使两种物质起化学反应，产生"化合物"。两化深度融合是两化融合的继承和发展，不是另起炉灶，而是在两化融合实践的基础上，在一些关键领域进行深化、提升。

二、两化融合发展趋势

在今后一段时间，我国两化融合将向纵深推进和广度扩展。在深度方面，两化融合将更强调企业信息系统的集成化、智能化，强调信息化引发商业模式创新。在广度方面，两化融合将从单一企业向产业链、产业集群延伸，从工业信息化向生产性服务业信息化延伸，从省市向区县延伸。下面具体分析几个两化融合发展趋势。

（一）新一代信息技术的应用将改变企业信息化建设模式

随着物联网、云计算、移动互联网等新一代信息技术的不断成熟和普及，新一代信息技术将引发企业信息化建设和应用模式的变革。物联网技术在车间的应用，使生产设备之间、生产设备与信息系统之间可以无缝连接，这将极大地促进生产自动化，催生一大批"无人工厂"。物联网技术在工业产品的应用，将促进制造业服务化，使传统制造向服务型制造转变。云计算技术的应用，将改变企业信息化自行建设的传统模式，促进企业 FT 服务外包。企业可以不再自行购买信息化建设所需的软硬件，而是向云计算服务商支付一定的服务费，即可使用云平台的软硬件。基于云计算的信息化模式，不但有利于大型企业集团管控所需的数据大集中，而且有利于降低中小企业信息化门槛。移动互联网技术的应用，将促进企业信息系统的移动化，移动版的企业信息化软件将大行其道，移动办公、移动管理、移动电子商务等将逐渐普及，移动智能终端将成为必备的办公和管理工具。

（二）两化融合将从单一企业信息化向产业链、产业集群信息化延伸

现代企业的竞争已经不是单个企业之间的竞争，而是产业链之间的竞争，即企业不但要依靠自己的资源，还必须把经营过程中的有关各方如供应商、制造工厂、分销网络、客户等纳入一条紧密的产业链中，才能在市场上获得竞争优势。

改革开放以来，中国以中小企业集聚为特征的产业集群发展迅速，日益显现出"小企业大协作、小产品大市场、小资本大集聚、小产业大规模"的局面，在区域经济和产业发展中日益发挥重要的作用。集群内的许多中小企业对信息化有共性需求，需要通过建设全程电子商务平台等信息化服务平台，提升集群内企业的信息化水平。

第二节　智能制造和智慧工业

中国是"制造大国""世界工厂"。目前，中国制造业面临土地、劳动力、原材料以及资源、能源、环境等因素的制约，许多企业处于产业链中、低端。

一、智能制造

《中国制造 2025》提出把智能制造作为两化深度融合的主攻方向；着力发展智能装备和智能产品，推进生产过程智能化，培育新型生产方式，全面提升企业研发、生产、管理和服务的智能化水平。

智能制造是指企业生产经营和产品的智能化程度都比较高。从企业生产经营的过程来看，研发设计、生产制造、经营管理、市场营销等关键业务环节的自动化、智能化水平较高。从产品来看，产品采用了数字化、网络化、智能化技术，产品的信息技术含量较高。智能制造是制造业发展的高级阶段，是先进制造业的重要内容，是两化深度融合的具体体现。

（一）推进关键业务环节智能化

在研发设计环节，采用智能化的三维数字化设计软件、计算机仿真系统等手段。在生产制造环节，采用工业机器人、制造执行系统等手段。在经营管理环节，采用商业智能系统等手段。在市场营销环节，采用大数据营销等手段。

（二）发展智能制造装备工业

智能制造装备是智能制造的基础。要把发展智能制造和发展智能制造装备工业结

合起来，以发展智能制造带动智能制造装备工业的发展，以发展智能制造装备工业支撑智能制造的发展。大力发展工业机器人产业，推动传统机械装备行业向工业机器人行业转型，提高产品附加值。

二、智慧工业

智慧工业是指数字化、网络化、信息化、自动化、智能化程度较高的工业。智慧工业是智力密集型工业、技术密集型工业，而不是劳动密集型工业。与传统工业相比，智慧工业更强调智能化，包括研发设计的智能化、生产制造的智能化、经营管理的智能化、市场营销的智能化。智慧工业的一个典型特征是物联网、云计算、移动互联网、大数据等新一代信息技术在工业领域的广泛应用。大力发展智慧工业，是推动信息化与工业化深度融合的重要举措，是推进中国工业转型升级的重要途径。

智慧工业已经引起中国政府的重视，工业和信息化部等政府部门制定了一些相关政策。工业和信息化部、科技部、财政部、商务部、国资委联合印发了《关于加快推进信息化与工业化深度融合的若干意见》，把"智能发展，建立现代生产体系"作为推动两化深度融合的基本原则之一。该意见提出把智能发展作为信息化与工业化融合长期努力的方向，推动云计算、物联网等新一代信息技术应用，促进工业产品、基础设施、关键装备、流程管理的智能化和制造资源与能力协同共享，推动工业链向高端跃升。

物联网、云计算、移动互联网等新一代信息技术已在一些工业领域得到应用。例如，物联网技术在产品信息化领域应用，出现了"物联网家电"等新产品。无锡一棉利用物联网技术对产量、质量、机械状态等9类168个参数进行监测，并通过与企业ERP系统对接，实现了管控一体化和质量溯源，提升了生产管理水平和产品质量档次。北京市计算中心建成了每秒浮点运算能力达到100万亿次的工业云计算平台，提供Ansys、Fluent、Abaqus、BLAST、Gromacs等20余种工业软件，已成功应用于北京长城华冠汽车公司的汽车碰撞仿真等项目。移动互联网技术在企业移动办公、移动视频监控等领域得到应用。

发展智慧工业有利于促进区域经济发展，各地应以加快转变经济发展方式为主线，围绕本地区工业转型升级的总体要求，统筹规划，集中资源，营造环境，加强服务，加强信息技术在重点行业、龙头企业的集成应用和融合创新，大力研发智能产品，发展智能装备，构建智慧企业，打造智慧园区，推动本地区工业向高端化、高质化、集群化、集约化方向发展。

（一）推广物联网、云计算等新一代信息技术

一是推进物联网技术在智慧工业中的应用。通过进料设备、生产设备、包装设备等的联网，提高企业产能和生产效率。二是推进云计算技术在智慧工业中的应用。鼓励企业在工业设计、工业仿真等方面应用云计算技术，以提高研发设计效率，降低研发设计成本。鼓励第三方 SaaS 平台运营商向云服务平台运营商转型，支持一批优秀的管理软件提供商建设云服务平台。鼓励中央企业、大型企业集团对数据中心进行升级改造，为企业信息化规模扩展和应用深化提供支撑。三是推进移动互联网技术在智慧工业中的应用，大力发展移动电子商务。四是推进大数据技术在智慧工业中的应用。

（二）推进产品智能化

一是把电子信息技术"嵌入"产品，提高产品的技术含量，使产品数字化、网络化、智能化，增强产品的性能和功能，提高产品附加值。例如，在汽车、船舶、机械装备、家电、家具等产品中集成由电子元器件、集成电路、嵌入式软件等构成的信息系统。支持汽车电子、船舶电子、航空电子、机械电子、医疗电子等工业电子工业的发展，发展智能汽车、智能船舶、智能飞机、智能机械装备、智能医疗器械。支持企业把普通机床改造为数控机床，开展机电一体化建设。支持高端智能装备的发展。利用物联网技术提高汽车、工程机械、家电等产品的智能化程度。二是从产品设计到产品使用整个产品生命周期采用信息化手段。在产品设计阶段，采用三维数字化设计软件、工业设计素材库、计算机仿真等手段。

（三）推进节能减排和安全生产领域的智能化

一是推进双高行业节能减排的智能化。对于钢铁、有色金属、石化、建材等高能耗、高污染行业，重点发展绿色智能制造，推广变频节能技术，建立智能化的能源管理中心，实现生产工艺流程优化的智能化，促进本行业的节能减排。例如，对于钢铁行业，在炼铁、炼钢、轧钢等工艺中，利用计算机控制技术，实现自动化、精确化生产作业，减少能源、原材料的消耗和污染物排放；研究建立高炉、转炉、精炼、连铸、初轧、热轧、冷轧、中厚板、管材、线材等整个钢铁工艺流程的数学模型，开发相应的计算机控制系统、计算机仿真系统等。二是推进高危行业安全生产的智能化。在安全信息管理分析、安全生产动态监测监控、安全隐患排查、安全事故应急管理、安全生产调度指挥、特种设备管理、人员安全管理、安全生产综合管理、安全环保健康（HSE）、高危工业产品运输监控和管理、机床数控化安全提升等重点领域推进安全生产信息系统智能化。建立基于物联网的矿山井下人、机、环监控及调度指挥综合信息系统、基于物联网的高危工业产品运输监控管理系统。围绕危险作业场所的安全风险评估、多

层防护、人机隔离、远程控制、监测报警、灾害预警、应急处置等方面，深化电子信息技术的综合集成应用。

（四）分类指导，推进各行业智能化

在医药行业，通过信息化把 GMP 规范要求固化到计算机系统中，自动对制药企业销售、采购、生产、质量，以及存储等环节根据 GMP 规范流程进行动态、及时、准确的监控、跟踪、反馈、提醒、报警等管理，保证药品质量。

推广 CAD/CAM/CAE 技术、模块化控制技术、M2M 技术、无模制造技术、CIMS 技术等，鼓励企业对 ERP 系统和 PLM 系统进行集成，提高产品质量，缩短产品设计和制造周期，减少原材料和能源消耗，满足产品高效、可靠、多品种、大批量的生产要求。

（五）开展智慧企业试点示范工作

智慧企业是指生产经营智能化水平较高的企业，具有学习和自适应能力，能够灵敏地感知到企业内外环境变化并快速做出反应。智慧企业是智慧工业的主体。只有一个工业的大部分企业发展到智慧企业阶段，这个工业才可以算作智慧工业。智慧企业发展的初级阶段主要表现在研发设计、生产制造、经营管理、市场营销等各个关键环节单项应用的智能化程度较高，智慧企业发展的高级阶段则表现在信息化综合集成应用的智能化程度较高，企业拥有"数字神经系统"，能够快速感知市场变化，并做出有效反应。

（六）建设智慧工业支撑服务体系

发展"智慧物流"，推进制造业和物流业联动发展。鼓励工业企业与第三方物流企业进行信息系统对接，提高供应链物流协作效率。建设面向工业集群、专业市场的智能物流信息系统，整合物流资源，提高对中小企业的物流服务水平。加快推进物流园区的信息化、智能化建设，为入驻企业提供良好的信息化服务。

建立以政府投入为引导、企业投入为主体、社会投入为重要来源的多元化投融资体系。加强对智慧工业的财政资金投入，支持重点项目建设、人才培训等工作。通过直接投入、补贴、贷款贴息、奖励等多种方式，支持智慧工业核心、关键、共性技术研发及工业化。积极稳妥地引入风险投资机制，完善智慧工业技术创新和工业化的投融资环境。对财务核算制度健全的企业，智能产品和智能装备的研发费用，政府给予一定的资金补贴。由企业和信息化服务商合作开发的、对智慧工业发展有较大促进作用的项目，政府应予以优先资助。

第三节　工业互联网和工业物联网

一、工业互联网

工业互联网作为新一代信息技术与制造业深度融合的产物，日益成为新工业革命的关键支撑和深化"互联网＋先进制造业"的重要基石，对未来工业发展产生全方位、深层次、革命性影响。

美国通用电气（GE）公司提出了"工业互联网"（Industrial Internet）的概念。"工业互联网"是指具有互联的传感器和软件的复杂物理机器。工业互联网综合集成了机器学习、大数据、物联网和机器之间（M2M）通信等技术，可以消化来自机器的数据，分析这些数据（往往是实时数据），并以此改进操作。

通用电气全球董事长兼首席执行官杰夫·伊梅尔特（Jeffrey R. Immelt））将"工业互联网"定义为：智慧的机器加上分析的功能和移动性。工业互联网能带来两个直接好处：一是降低设备的故障率和时间；二是实现资产管理优化，让设备能够在能耗最低、性能最佳的状态中工作。通用电气认为，通过智能机器间的连接并最终将人机连接，结合软件和大数据分析，工业互联网最终将重构全球工业。

工业互联网是智能制造的核心领域之一。发展工业互联网，有利于提高工业生产效率，促进制造业服务化，推动传统制造业向服务型制造业转型发展。

工业互联网是通用电气这样的全球领先企业提出的，有其深厚的时代发展背景和企业发展背景。我们理解"工业互联网"、发展"工业互联网"，要结合中国的国情，不要盲目照搬，不要局限于通用电气对"工业互联网"的解释。

工业互联网包括三个层面，即生产层面的工业互联网、产品层面的工业互联网和商务层面的工业互联网。其中通用电气指的主要就是生产层面的工业互联网。总体而言，我国产品仍然以中低端为主，产品附加值低，导致出现"国人去日本买马桶盖"现象。另外，越来越多的工业企业通过电子商务销售产品，认同"互联网思维"。

工业互联网主要包括生产、产品和商务三个层面，需要结合我国工业发展实际情况，有针对性、有重点地发展工业互联网。

第一，夯实工业互联网的基础。俗话说，"基础不牢，地动山摇"。要发展好工业互联网，必须下大力气打好基础。工业互联网的基础包括工业传感器、工业数据实时分析软件和以工业机器人为代表的智能制造装备等。要进一步提高工业传感器的精确性、稳定性和可靠性，发展实时数据库以及相应的大数据分析软件，推进传统机械装备、数控机床等向智能化的工业机器人转型，发展具有 3C（计算机、控制和通信）功能的智能制造装备。东南沿海地区面临招工难、招工贵的情况，正是推行"机器换人"的大好时机。

第二，发展生产层面的工业互联网，构建"智慧工厂"。引导有条件的工业企业利用物联网技术对各类生产设备进行联网，对设备运行情况进行在线监控，建设"智慧工厂"。按生产工序把焊接机器人、冲压机器人、搬运机器人等类型的工业机器人联网，发展群体工业机器人。利用大数据分析技术对生产数据进行实时处理，以改进工艺流程。

第三，发展产品层面的工业互联网，打造"智慧产品"。提高产品智能化水平，可以提高产品附加值，推进产品高端化。推进传统工业产品数字化、网络化和智能化，使产品远程可测、可控。重点发展具有互联网接入和数据通信功能的智能汽车、智能家电、智能机械、智能可穿戴设备等产品。

第四，发展商务层面的工业互联网。组织针对工业企业负责人的培训活动，让他们树立"互联网思维"，促进工业企业的商业模式创新。发展电子商务订单驱动型制造业，实现前台网络接单和后台生产系统的有机结合。

二、工业物联网

物联网是通过射频识别、红外感应器、全球定位系统、激光扫描器等信息传感设备，按约定的协议，把任何物品与互联网连接起来，进行信息交换和通信，以实现智能化识别、定位、跟踪、监控和管理的一种网络。

目前，物联网技术在产品信息化、生产制造、经营管理、节能减排、安全生产等领域得到应用。

（一）产品信息化

产品信息化是指将信息技术物化到产品中，以提高产品中的信息技术含量的过程。推进产品信息化的目的是增强产品的性能和功能，提高产品的附加值，促进产品升级换代。目前，汽车、家电、工程机械、船舶等行业通过应用物联网技术，提高了产品的智能化水平。

在汽车行业，物联网汽车、车联网、智慧汽车等逐渐兴起，为汽车工业发展注入新动力。通用汽车推出了电动联网概念车 EN-V，通过整合 GPS 导航技术、Car-2-Car 通信技术、无线通信及远程感应技术，实现了自动驾驶。车主可以通过物联网对汽车进行远程控制。例如在夏季，车主可以在进入停车场前通过手机启动汽车空调。在车辆停放后，车载监控设备可以实时记录车辆周边的情况，如发现偷窃行为，系统会自动通过短信或拨打手机向车主报警。汽车芯片感应防盗系统可以正确识别车主，在车主接近或远离车辆时自动打开或关闭车锁。售后服务商可以监测车辆运行状况，对故障进行远程诊断。Car-2-Car 通信技术可以使车辆之间保持一定的安全距离，避免对撞或追尾事故。

在工程机械行业，徐工集团、三一重工等都已在工程机械产品中应用物联网技术。通过工程机械运行参数实时监控及智能分析平台，客服中心可以通过电话、短信等纠正客户的不规范操作，提醒进行必要的养护，预防故障的发生。客服中心工程师可以通过安装在工程机械上的智能终端传回油温、转速、油压、起重臂幅、伸缩控制阀状态、油缸伸缩状态、回转泵状态等信息，对客户设备进行远程诊断，远程指导客户如何排除故障。

在家电行业，物联网家电的概念已经出现，物联网技术的发展将促进智能家电的发展。美的集团在上海世博会上展示了物联网家电解决方案。海尔集团推出了物联网冰箱和物联网洗衣机，小天鹅物联网滚筒洗衣机已进入美国市场。小天鹅物联网滚筒洗衣机专门针对美国新一代智能电网进行设计，能识别智能电网运行状态及分时电价等信息，自动调整洗衣机的运行状态以节约能耗。

（二）生产制造

物联网技术应用于生产线过程检测、实时参数采集、生产设备与产品监控管理、材料消耗监测等，可以大幅度提高生产智能化水平。在钢铁行业，利用物联网技术，企业可以在生产过程中实时监控加工产品的宽度、厚度、温度等参数，提高产品质量，优化生产流程。在家电行业，海尔集团在数字化生产线中应用了 RHD 技术，提高了生产效率，每年可节省 1 200 万元。

（三）经营管理

在企业管理方面，物联网技术主要应用于供应链管理、生产管理等领域。

在供应链管理方面，物联网技术主要应用于运输、仓储等物流管理领域。将物联网技术应用于车辆监控、立体仓库等，可以显著提高工业物流效率，降低库存成本。海尔集团通过采用 RFID 提高了库存管理水平和货物周转效率，减少了配送不准确或不及时的情况，每年减少经济损失达 900 万元。鹤山雅图仕印刷有限公司的 RFID 应用项目实施三年来，成品处理效率提高了 50%，差错率减少了 5%，人力资源成本减少了 2 700 万元。在纺织、食品饮料、化工等流程型行业，物联网技术已在生产车间、生产设备管理领域得到应用。

（四）节能减排

物联网技术已在钢铁、有色金属、电力、化工、纺织、造纸等"高能耗、高污染"行业得到应用，有效地促进了这些行业的节能减排。智能电网的发展将促进电力行业的节能。江西电网公司对分布在全省范围内的 2 万台配电变压器安装传感装置，对运行状态进行实时监测，实现用电检查、电能质量监测、负荷管理、线损管理、需求侧管理等高效一体化管理，一年来降低电损 1.2 亿千瓦时。

建立污染源自动监控系统，就像在排污企业安装了一双"电子眼"，对有效提高排污监管效能有着"多、快、好、省"的显著作用：污染源监测频次多了，所有在线企业监测数据每分钟自动上传，可以更方便、准确地反映企业排污变化情况，也使监测数据更加客观公正；污染源监测数据传输快了，通过互联网，确保了监测数据的及时性；环境管理模式好了，变普查为带着问题查，杜绝了企业不正常使用设施的情况，也对企业侥幸不达标排污起到了一定的威慑作用；环境监管人员省了，足不出户即可随时掌握企业排污状况，一定程度上缓解了环境监察人员不足的压力。

（五）安全生产

物联网已成为煤炭、钢铁、有色等行业保障安全生产的重要技术手段。通过建立基于物联网技术的矿山井下人、机、环监控及调度指挥综合信息系统，可以对采掘、提升、运输、通风、排水、供电等关键生产设备进行状态监测和故障诊断，可以监测温度、湿度、瓦斯浓度等。一旦传感器监测到瓦斯浓度超标，就会自动拉响警报，提醒相关人员尽快采取有效措施，避免发生瓦斯爆炸和透水事故。通过井下人员定位系统，可以对井下作业人员进行定位和跟踪，并识别他们的身份，以便在矿难发生时及时营救。

三、发展工业物联网

（一）消除工业物联网发展的制约因素

做好 IPv6 地址资源申请工作，合理分配 IPv6 地址资源。组织各方力量开展工业物联网标准研究和制订工作，做好工业物联网标准宣贯和实施工作。开展工业物联网信息安全风险评估，及时发现并消除安全隐患。

（二）以推广应用带动工业物联网发展

一是推进物联网技术在产品信息化中的应用。鼓励企业将物联网技术嵌入工业产品，提高产品网络化、智能化程度。二是推进物联网技术在生产和管理领域的应用。三是推进物联网技术在节能减排和安全生产领域的应用。利用物联网技术对工矿企业作业设备、作业环境、作业人员进行实时监测，对温度、压力、瓦斯浓度等数据进行分析，当数据超标时自动报警，以便有关人员及时采取措施；或者自动停机、切断电源、加大排风功率等，以避免重大安全生产事故发生。

（三）加强工业物联网政策引导和人才培养

发展工业物联网要与智慧城市建设、工业转型升级等工作相结合。目前，我国许多城市都在开展智慧城市建设工作。工业转型升级资金应对预期效益好、带动面广的工业物联网项目进行重点支持。

加快工业物联网人才培养。与工业物联网有关的专业包括计算机科学、电子工程、自动化、通信工程、机电工程、管理科学与工程、企业管理等。

第四节　产品信息化与工业大数据

一、推进产品信息化

（一）产品信息化的内涵

产品信息化包括两个方面。

1. 将电子信息技术物化到产品中

（1）智能手表

苹果公司的智能手表 iWatch 在 2010 年 5 月上市，具有中文输入、通话记录、短信、彩信、免提通话、情景模式、日历、闹钟、计算器、单位换算、音乐播放、游戏等功能。

（2）智能眼镜

谷歌公司的智能眼镜采用了增强虚拟现实技术，拥有智能手机的所有功能，镜片上装有一个微型显示屏，用户无须动手便可上网，可以用自己的声音控制拍照、摄像、电话、搜索、定位。谷歌眼镜为盲人出行带来了福音，通过提示周边的路况，使盲人在一定程度上可以"看见"周围的世界。

（3）智能鞋

该产品是谷歌"艺术、复制和代码"项目的研发成果之一。鞋子内部装配了加速器、陀螺仪等装置，通过蓝牙与智能手机进行连接，可以监测鞋子使用情况。鞋子还配有一个扬声器，可以把传感器收到的鞋子信息以俏皮的语音评论方式播放出来。如果在传统鞋中嵌入定位芯片，老人和小孩穿上这种鞋后如果走失，家人就可以快速找到他们。温州、晋江等地，大力发展智能衣服、智能鞋，是实现传统鞋帽行业转型升级的重要途径。

2. 产品从设计到使用整个过程都采用信息化手段

在产品制造阶段，采用数控机床、制造执行系统、工业机器人等手段。在产品管理方面，采用产品数据管理系统、产品生命周期管理系统、产品质量管理系统等。在产品使用阶段，利用物联网技术对产品运行情况进行远程监测，对故障进行远程诊断，并将产品缺陷信息反馈到设计和制造部门，以不断改进产品质量和性能。例如，对于如食用油、化妆品等无法嵌入电子信息技术的产品，采用产品数据管理系统、产品全生命周期管理系统等信息化手段对产品本身进行信息表达和管理。

（二）推进产品信息化的必要性

产品技术含量低是中国制造业发展的短板，也是造成我国资源环境问题的原因之一。例如，出口 8 亿件衬衫才能换回一架波音飞机。创造同一数量的社会财富，如果产品技术含量低，就要消耗更多的资源，同时造成的污染也更大。因此，提升产品的信息化和智能化水平，加快产品升级换代，使产品从中、低端市场走向高端市场，是中国制造业转型升级的重要途径。

（三）产品信息化推进策略

推进产品信息化，政府部门应加强政策引导。制定针对产品信息化的财政投入、税收优惠、信贷支持、政府采购等方面的激励政策，编制《产品信息化指导目录》，开展信息化产品认证，引导企业加大新产品研发投入，积极采用新技术、新工艺、新设备、新材料。鼓励企业研制嵌入产品的传感器、控制器、电子显示屏等电子元器件和硬件设备，鼓励企业研制嵌入产品的微型操作系统、嵌入式软件。鼓励企业研制产品信息化整体解决方案，开展针对产品信息化的专业服务。鼓励企业利用信息化手段建立产品全生命周期管理体系，记录产品设计、加工、检验、销售、使用、维修保养、报废等方面的信息，实现产品的可溯源性。

二、发展工业大数据

党的十九大提出加快建设制造强国，加快发展先进制造业。对于工业企业来说，大数据可以应用于研发设计、生产制造、经营管理、市场营销、节能减排、安全生产等领域。大数据是工业 4.0 的核心。发展工业大数据，是发展智能制造、推进工业供给侧结构性改革的重要举措。

推动大数据在工业研发设计、生产制造、经营管理、市场营销、售后服务等产品全生命周期、产业链全流程各环节的应用，分析感知用户需求，提升产品附加价值，打造智能工厂。建立面向不同行业、不同环节的工业大数据资源聚合和分析应用平台。

（一）夯实工业大数据发展基础

第一，加强工业大数据基础设施建设规划与布局，推动大数据在产品全生命周期和全产业链的应用，推进工业大数据与自动控制和感知硬件、工业核心软件、工业互联网、工业云和智能服务平台融合发展，形成数据驱动的工业发展新模式，探索建立工业大数据中心。第二，加快工业大数据基础设施建设。加快建设面向智能制造单元、智能工厂及物联网应用的低延时、高可靠、广覆盖的工业互联网，提升工业网络基础设施服务能力。加快工业传感器、射频识别、光通信器件等数据采集设备的部署和应用，促进工业物联网标准体系建设，推动工业控制系统的升级改造，汇聚传感、控制、管理、运营等多源数据，提升产品、装备、企业的网络化、数字化和智能化水平。

（二）推进工业大数据全流程应用

支持建设工业大数据平台，推动大数据在重点工业领域各环节的应用，提升信息化和工业化深度融合发展水平，助推工业转型升级。加强研发设计大数据应用能力，利用大数据精准感知用户需求，促进基于数据和知识的创新设计，提升研发效率，加快生产制造大数据应用，通过大数据监控优化流水线作业，强化故障预测与健康管理，优化产品质量，降低能源消耗。提升经营管理大数据应用水平，提高人力、财务、生产制造、采购等关键经营环节业务集成水平，提升管理效率和决策水平，实现经营活动的智能化。推动客户服务大数据深度应用，促进大数据在售前、售中、售后服务中的创新应用。促进数据资源整合，打通各个环节数据链条，形成全流程的数据闭环。

（三）培育数据驱动的制造业新模式

深化制造业与互联网融合发展，坚持创新驱动，加快工业大数据与物联网、云计算、信息物理系统等新兴技术在制造业领域的深度集成与应用，构建制造业企业大数据"双创"平台，培育新技术、新业态和新模式。利用大数据，推动"专精特新"中小企业参与产业链，与中国制造2025、军民融合项目对接，促进协同设计和协同制造。大力发展基于大数据的个性化定制，推动发展顾客对工厂（C2M）等制造模式，提升制造过程智能化和柔性化程度。利用大数据加快发展制造即服务模式，促进生产型制造向服务型制造转变。以大数据推动智能制造、网络化协同制造、大规模定制、服务型制造、平台型制造、社会化制造、软件定义制造等新一代制造业发展。

（四）实施工业大数据创新发展工程

加强工业大数据关键技术研发及应用。加快大数据获取、存储、分析、挖掘、应用等关键技术在工业领域的应用，重点研究可编程逻辑控制器、高通量计算引擎、数据采集与监控等工控系统，开发新型工业大数据分析建模工具，开展工业大数据优秀产品、服务及应用案例的征集与宣传推广。

建设工业大数据公共服务平台，提升中小企业大数据运用能力。支持面向典型行业中小企业的工业大数据服务平台建设，实现行业数据资源的共享交换以及对产品、市场和经济运行的动态监控、预测预警，提升对中小企业的服务能力。

重点领域大数据平台建设及应用示范。支持面向航空航天装备、海洋工程装备及高技术船舶、先进轨道交通装备、节能与新能源汽车等离散制造企业，以及石油、化工、电力等流程制造企业集团的工业大数据平台开发和应用示范，整合集团数据资源，提升集团企业协同研发能力和集中管控水平。

探索工业大数据创新模式。支持建设一批工业大数据创新中心，推进企业、高校和科研院所共同探索工业大数据创新的新模式和新机制，推进工业大数据核心技术突破、产业标准建立、应用示范推广和专业人才培养引进，促进研究成果转化。

第五节　农业农村与服务业数字化转型

一、推进农业农村数字化转型

"农业农村农民"问题是关系国计民生的根本性问题，必须始终把解决好"三农"问题作为全党工作重中之重。党的十九大报告提出实施乡村振兴战略。推进农业农村数字化转型，是实施乡村振兴战略的重要内容。

（一）农业农村大数据

在农业领域，大数据可以应用于农产品产量预测、农业病虫害预警、农产品价格走势分析等领域，有利于精准农业和智慧农业的发展，促进农业组织化、规范化、品牌化。

我国已进入传统农业向现代农业加快转变的关键阶段。我国农业农村数据历史长、数量大、类型多，但长期存在底数不清、核心数据缺失、数据质量不高、共享开放不足、开发利用不够等问题，无法满足农业农村发展需要。随着农村网络基础设施建设的加快和网民人数的快速增长，农业农村数据载体和应用市场的优势逐步显现，特别是"互联网＋农业"、农业物联网的快速发展，各种类型的海量数据快速形成，发展农业农村大数据具备良好基础和现实条件，为解决我国农业农村大数据发展面临的困难和问题提供了有效途径。

（二）农村电子商务

农村电子商务是指农产品、农业生产资料、农民消费品和服务的网上交易活动。农村电子商务是转变农业发展方式、促进农业现代化的重要手段，是精准扶贫的重要载体。发展农村电子商务发展，可以推动农民创业就业、开拓农村消费市场、带动农村扶贫开发，有利于推动农业升级、农村发展、农民增收，破解"三农"问题。

1. 建立和完善县、乡、村三级电商服务体系，以"互联网＋"整合农村电商资源

在发展电子商务方面，与城市相比，农村有许多特殊之处。例如，农村缺乏电子商务人才。许多农民不会使用电脑，不会上网。许多农民家庭没有电脑，没有接入互联网。许多农民对商品价格比较敏感。目前，在农村电商领域活跃着多股力量，如阿里巴巴、京东等大型电子商务平台运营商，赶街网、乐村淘等专业农村电商企业，供销社、邮政等传统力量。不少地方虽然建立了县级电商运营中心、乡镇电商服务中心和村级电商服务站，但没有形成合力。需要建立县、乡、村三级电商服务信息平台，整合农村电商资源，以信息流带动订单流、物流、资金流、人才流等。

2. 要着力解决"痛点"问题，保障农民权益，方便农民生活

目前，由于农民收入低、辨别能力低，一些不法商贩谋求暴利，而政府缺乏有效的监管手段，许多农村成为"三无"产品的倾销地，假化肥、假农药、假种子等坑害农民利益。农村电商发展要解决好网上假货问题。

传统农户分散经营，无法形成规模效应。对于有特色农产品或产业集群的地方，可以打造区域品牌，发展产业互联网。采用 B2B 的农产品批发模式，比农民自己网上零售能更快、更多地把农产品销售出去，解决农产品滞销问题。

3. 与相关工作相结合，拓展农村电商内涵

发展农村电商要与当前乡村振兴战略、创新创业、全域旅游、"一带一路"倡议等工作结合起来。我国贫困地区主要集中在农村，特别是偏远地区的农村。开展电商扶贫，实现贫困村农产品上行，可以促进农民增收，脱贫致富。有的地方优先卖贫困户的农产品，让贫困户从事与电商配套的包装、装卸等工作，增加他们的收入，这种做法很好。对于返乡农民和大学生来说，从事农村电商门槛低、工作时间灵活。现在，越来越多的城里人在周末和节假日到乡村旅游，国家旅游局也在积极发展全域旅游。把农村电商和"互联网＋旅游"相结合，可以带动农产品的线上和线下销售。把农村

电商和"互联网＋农业"相结合，可以实现农产品产供销一体化，发展订单农业。农村电商的发展，需要有物流配送、电子支付、人才培训、品牌营销、标准认证、质量安全、包装、信用等相关服务的配套支撑。建设电商产业园，并不是简单地盖一栋楼或几栋楼，而是要通过良好的配套、优质的服务等吸引电商企业以及提供电商配套服务的企业入驻。要完善当地农村电商产业链、生态圈，培育和发展农村电商服务业。鼓励有条件的农村结合"一带一路"倡议，发展跨境电商。

加快乡村信息基础设施建设，发展农村数字经济，强化农业农村科技创新供给，建设智慧绿色乡村，繁荣发展乡村网络文化，推进乡村治理能力现代化，深化信息惠民服务，激发乡村振兴内生动力，推动网络扶贫向纵深发展，统筹推动城乡信息化融合发展。其中在发展农村数字经济方面的主要任务如下：

（1）夯实数字农业基础

完善自然资源遥感监测"一张图"和综合监管平台，对永久基本农田实行动态监测。建设农业农村遥感卫星等天基设施，大力推进北斗卫星导航系统、高分辨率对地观测系统在农业生产中的应用。推进农业农村大数据中心和重要农产品全产业链大数据建设，推动农业农村基础数据整合共享。

（2）创新农村流通服务体系

实施"互联网＋"农产品出村进城工程，加强农产品加工、包装、冷链、仓储等设施建设。深化乡村邮政和快递网点普及，加快建成一批智慧物流配送中心。深化电子商务进农村综合示范，培育农村电商产品品牌。建设绿色供应链，推广绿色物流。

（3）积极发展乡村新业态

推动互联网与特色农业深度融合，发展创意农业、认养农业、观光农业、都市农业等新业态，促进游憩休闲、健康养生、创意民宿等新产业发展，规范有序地发展乡村共享经济。

二、推进服务业数字化转型

（一）电子商务和新零售

电子商务是指通过互联网等信息网络销售商品或者提供服务的经营活动。电子商务不仅是实物的网上交易，还包括服务的网上交易。新零售是零售行业的数字化、网络化、智能化、可视化，有利于促进消费升级，推进生产、流通、消费一体化。

（二）文化旅游业数字化转型

在旅游行业，运用大数据可以开展游客客源分析、游客行为分析，对景点景区人群踩踏进行预警，对旅游市场进行精确监管，科学、合理地开展旅游景区规划和评价。对于旅游主管部门，要开展旅游大数据试点示范工作。运用大数据提高旅游市场监管水平，推进旅游市场治理现代化。开放旅游行业的公共数据资源，发展全域旅游大数据。对于旅游景区管理部门，要积极运用物联网、云计算、移动互联网、大数据等新一代信息技术，构建智慧景区。运用大数据开展旅游目的地精准营销，优化景区规划建设，提高景区管理水平，提升游客服务水平。

第八章　数字经济下数字化企业的创新型战略

第一节　数字化企业的商业模式创新

一、数字经济中的 O2O 模式

（一）O2O 商业模式概述

1.O2O 商业模式的含义

电商时代出现了很多经典的商业模式，这其中有一个模式是不得不提的，这就是马云口中所说的"如果电商不做这一模式必将失败，这一模式日后定会横扫天下"的 O2O 模式。所谓 O2O 电商模式，是指当前市场商务机遇的线下与线上结合，将移动互联网市场指引到实体市场的一种电商模式。也许有人会感觉到奇怪，为何主打线上模式的马云会说日后 O2O 模式会横扫天下。直到今日，阿里巴巴的主体市场仍旧是在线上，难道马云决定将阿里巴巴转型为实体企业吗？

当然不是，马云所说的只是一种未来市场的形式，而并非针对单独企业的预测。阿里巴巴的成功是依靠 B2B 模式获得，但是随着移动互联网时代的发展、阿里巴巴各大产业的全面扩展，一个不得不承认的事实出现了，这就是实体市场永远是我们不能放弃的市场，虽然这些年电商发展迅速，但这并不代表电商将来可以完全取代实体市场。电商是当代发展必不可少的，而实体市场也是未来发展非常重要的。我们现在所做的一切都是在将传统实体市场拉上线，在线上获得更大的利润，但是未来的发展方向不是线上取代线下，而是线上线下的深度结合。而 O2O 模式恰恰是符合这一市场特点的商业模式。

O2O 模式中移动互联网成了一个单纯的交易平台，或者说是单纯的连接平台，将线上的顾客引导至线下消费，如此这般的优势在哪里呢？实体化的服务，虽然线上发展迅速，但是线上服务一直无法具象化。换而言之，无论线上叫得多亲热，无论我们称呼多少个"亲"，也无法与实体市场中的到位服务相提并论。而 O2O 模式可以进行线上交易，线下服务，这种模式就等于在传统电商模式之上大大增加了实体服务。也正是因为实体服务的增加，线上的O2O模式更容易吸引线下的客户。

2.O2O电商模式的潜力

O2O电商模式是一种刚刚兴起的模式，虽然它的出现不算早，但是紧抓了当前移动互联网市场的各种前沿动态。现在移动互联网市场中出现了大批的O2O电商企业，如阿里巴巴的一淘网、腾讯的微信等，这些都是当代著名的O2O代表。

首先，利用O2O模式的企业运营成本相比其他企业都要低，原因很简单，企业运营在线上，企业运作还是在线下，这种模式下企业最快速、最有效地进行运营，从而扩大了销售范围，也使得运营效率更高。

其次，O2O模式相比其他电商模式更具吸引力。由于运作主体在线下，成本相对较低，带来的价格优惠也比其他电商模式要多。就国内市场而言，大部分选择线上交易的移动互联网用户很多正是因为线上带来的优惠。因此，O2O模式单凭价格这一方面就比其他模式更具吸引力。从最早O2O模式团购网中我们就可以看出这一点，只不过当时的团购网大部分是随机性，而且要等待商家的临时性促销才能进行，因此当时的O2O模式虽然出现但是并没有兴起。

最后，O2O模式还具备一定的市场指引性。有人说O2O模式将引领移动互联网市场的未来，这一观点还是有一定道理的。就现在的O2O模式看来，移动互联网市场在O2O的促进下已经有多元化的转变。虽然是相同的线上交易，但是O2O模式产生了太多的线下体验，市场就随之产生了多元化的转变。以一淘网为例，我们可以在一淘网上购买各种便宜的商品，但是我们选择一淘网的主要因素绝不是价格，因为一淘网上的价格本身就相对较低，那么我们在选择什么？选择线下服务和用户体验。

所以说，O2O模式还是具备一定特点的，至少在当前市场中它具备了一定的市场主导性。

3.O2O模式的盈利能力

除了O2O模式的市场案例之外，O2O模式也是当代电子商务中较为典型的商业模式。O2O与B2C（C2C）模式相结合，同样产生巨大的能量。双十一的巨额交易数字中，也有很大一部分来源于O2O模式。借助团购和优惠的方式，B2C（C2C）店铺能够获取大量的交易量，从而不断降低线下服务的边际成本，促进B2C（C2C）店铺能够提供优质服务。

另外，O2O盈利模式还从市场中各个移动终端进行体现。例如，各种导航软件，微博、微信的公众账号，大量的粉丝和用户成了商家的线下客户，也是主要的线下服务对象。尤其是现在各大移动互联网企业开通了移动支付后，完全实现了O2O模式的终端化和移动化。APP移动互联网特色也正是因此形成的。

总结得知，O2O 模式的盈利能力主要取决于两大方面：第一，优惠模式与营销方式，包揽了大量客户的 O2O 模式虽然也是针对零售市场的，但是它针对的是零售市场的群体。第二，紧抓移动用户的零散消费。与其他电商模式不同，O2O 盈利更加附带黏性，无论是团购还是秒杀，这些方式主要针对市场中的零散用户，也正是因为此，O2O 模式的获利能力比其他模式都强劲。

O2O 电商模式将成为未来移动互联网的主要模式。移动互联网时代不仅仅是从线下走到线上的时代，同样也是从线上走向线下的发展。O2O 电商模式就像移动互联网时代的一个闭环商业模式，不仅具备了经典的线下到线上的提升，同时也完成了线上到线下的回归与结合，从这一点我们就可以看出，O2O 模式在移动互联网的未来发展中具备非常广阔的前景。

（二）O2O 模式的种类

未来的移动互联网市场中 O2O 模式必然是主要电商趋势。现在一个新的问题出现了，O2O 电商模式为移动互联网市场拓展了空间，这就代表未来的 O2O 模式也将随着市场发生变化，那么在未来的移动互联网市场中，怎样的 O2O 模式才能算得上成功呢？才能满足市场需求呢？

O2O 不再是一个单纯的电商模式，这一特点正好与当前的时代特色相符，只要能创建出经典的模式，任何元素都是可以结合的。

1.O2O 与 LBS 的结合

当前移动互联网市场中与 O2O 模式结合最密切的模式应该是 LBS 了。相信大家对 LBS 都不陌生，导航、地图等移动终端软件都是基于 LBS 模式开发的。那么这种利用移动互联网产生的位置性服务是如何和 O2O 模式融合的呢？我们在上面提到的 O2O 模式盈利方式中有一点是紧抓用户的零散消费，这一特点就是利用 LBS 体现的。

目前智能手机已经覆盖到绝大部分用户，很多 APP 乃至微信小程序都已开通或要求开通相应的定位权限。抛开隐私问题，对消费者位置信息的跟踪催发了各种新的商业模式如"签到"（LBS+ 生活娱乐）、"分享"（LBS+ 生活服务、在线旅游以及在线游戏）模式。通过 O2O+LBS，最先直接催生了基于地址信息追踪的业务。如滴滴打车借助于位置信息的跟踪，能够快速匹配打车服务的供给和需求，从而推动了出租车行业与"互联网 +"的深度结合。这类模式其他的典型应用还有在线地图业务（如高德地图、百度地图等）以及在线停车业务。但是这类业务如何开发其盈利模式还有待探讨。除了广告之外，普遍讨论比较多的方式是借助这类服务实现消费引导，比如根据消费者位置，实时提供在线 O2O 服务推荐。

2.O2O 模式的个性类型

除去O2O与其他模式的结合之外，O2O模式自身也具备几种特色，这些特色都是当前移动互联网市场比较高端的模式，虽然统称为O2O模式，但是发挥着不同的作用。

（1）随时随地性

随时随地性的特色也是目前移动互联网市场比较火爆的一个模式。以万达为例，万达定位的就是O2O模式，王健林的目标非常明确，未来的电商市场O2O模式必然是主导，至于哪种O2O就要看企业的发展了。即便是相同的电商模式，也会产生不同的效果，而万达主打的就是线上连接线下。例如万达的实体市场具备相当雄厚的实力，即便日后成了电商，这一原有的优势当然也不能放弃，而且要在电商中发挥最强劲的实力。

随时随地性的O2O模式如何构建，想必是所有人的疑问。构建随时随地性的O2O模式只需要遵循以下几个原则：

原则一，具备雄厚的实体市场。这是随时随地性O2O模式构建的基础，如果想要把线上的用户随时引导至线下，我们就必须具有雄厚的线下市场。线上用户是在追求方便、快捷的基础之上寻求更优质的服务的。线下市场不足则会延缓交易流程，从而违背线上快捷的原则，也就失去了O2O模式的最大特点。因此，雄厚的实体市场是O2O模式构建的基础。

原则二，APP终端的覆盖范围扩展。O2O模式想要把线上商务转移到线下，就需要定位与连接，这也是为何LBS+O2O模式会如此成功的原因。那么如何扩展APP覆盖范围则成为O2O电商模式的难题。首先我们无法具备腾讯、阿里等企业的雄厚实力，我们也打不出易信、微信如此高端大气的平台，优化自己的APP终端。相信这一方式也是最直接最有效的方式。以麦当劳、肯德基等APP终端为例，现在这些快餐行业正是在主打小范围定位的移动终端。有着定位措施，连接与消费就不再是问题了。

原则三，O2O营销模式的发展。O2O模式之所以如此受欢迎还因为其有另外一大特点，这就是O2O营销模式。这与我们提到的O2O电商模式、O2O盈利模式都不同，O2O营销模式在当今市场中应用非常广泛。

由于O2O平台的开放性，所以在用户体验以及用户推荐方面O2O模式更具真实性。我们前面也曾提到，电商模式注重用户体验，那么营销模式注重什么？当然是口碑。口碑与用户体验不同，口碑是针对整个O2O平台的，而不是单纯针对某种商品，我们经常听到某某平台是一个购物的好地方，但是有谁听到过某某平台的某某商家是个购物的好地方呢？因此，O2O营销模式对构建随时随地性O2O电商模式起着重要的作用，一个好的口碑就是一个良好的开始。

（2）双线模式

双线模式就是指O2O线下线上同时销售的模式。现在很多企业都在做这种电商模式，线上有自己的销售渠道，线下也有自己的品牌代理。这种将实体店与网店有机结合的方式被称为当代的双线O2O模式。

当今O2O双线模式做得最好的应该是苏宁电器了。可以说，很多苏宁客户都是在线上获得了优惠或者团购之后，才到苏宁商场取货的。虽然都是在零售行业中进行的交易，但是可以起到批发的效果，这就是双线模式的精髓之处，也是未来移动互联网市场中不可缺少的模式。

（3）团购优惠模式

这是一种相对老套的O2O模式，也是O2O的鼻祖模式，但是我们可以发现自从这种模式出现之后就一直独树一帜，而且实力越发雄厚。这就代表O2O团购优惠模式是一大特色，而且必将发挥无穷的潜力。

这是针对消费者心理推出的一种模式，这种模式在未来的移动互联网市场必将持续很久的时间，直到中国大众的消费价值观产生变化。因此这种O2O模式也是未来移动互联网时代的主要电商模式。

以上就是电商市场中不可缺少的O2O模式，这些模式未必是最经典的，但是这些模式产生的重要性是不可忽略的。一直在探讨未来移动互联网的电商模式，我们也深入了解了O2O模式的优势。在不久后的将来，移动通信即将进入5G时代，实时通信更加迅速，"物与物""物与人"之间的通信将取代"人与人"成为未来的主要通信模式。世界更加智能，商业模式亦会演变，而O2O作为连接线上线下资源的一种模式，必将占据一席之地。

二、数字经济中的免费模式

（一）企业巨大利润之上的"免费模式"

多年来，"商业"一词一直和"利益"紧密相连，但是随着时代的发展，现在越来越多的企业开始走上了"免费模式"的道路，这些企业并非大发善心，义务向市场提供资源，恰恰相反，这些企业的最终目的是为了获取更多、更大的利益。

自从互联网开始盛行免费商业模式以来，这一商业模式就开始被很多人重视，当我们走进了移动互联网时代之后，更多人开始发现免费模式已经成为当代企业发展必不可少的商业元素，并且想尽一切办法打造自己的免费战略，隐藏自己的收费本质，并期望获得事半功倍的效果。

信息时代的到来，使得很多产品与服务具有"零边际成本"的特点。借助这一特点，很多行业纷纷采用了免费模式。其中以杀毒软件市场和手机通信市场比较典型。

在杀毒软件行业，其主要成本在于开发一款基本产品，在此之后的产品生产基本没有成本，因此在国内"360杀毒软件"率先突破传统的收费模式转变为免费模式，免费让互联网用户使用360杀毒软件，而针对附属产品——广告位收取广告费用，并以此为主要盈利点。

在手机市场，曾经国内三大电信运营商都在举行"0"元购机活动，无论多么高端的手机只要选择了相应的套餐就可以免费得到。虽然都是免费模式，但是和360杀毒软件的差异在于，国内三大电信运营商提供免费附属产品——边际生产成本很高的手机，而针对边际成本基本为0的通信服务进行收费。

这个世界上当然没有免费的午餐，只不过在数字经济时代，"0边际成本"产品或服务出现，使得企业可以利用产品之间的关联性（或溢出性）巧妙地构建商业模式，实现企业和消费者收益的帕累托提升。就当前的市场形势而言，构建免费服务下的获利策略，需要企业按照一定的顺序、融合一定的精髓才能打造成功的。

（二）免费模式的缔造条件

企业想要打造高端的免费模式就需要清楚自己的商业本质，并且制定合理的免费战略规划。有资金、有实力的企业离不开免费模式，但并不是所有强势企业都可以通过免费模式获得成功，也有可能玩火自焚。经过对当前移动互联网市场免费模式的分析，我们总结出了三点构建免费模式的要素。

1. 需要具备多结构的产业主体

简单地说，企业提供免费模式往往只针对产业主体的一部分，正如最好时期的吉列模式中，吉列公司廉价提供刀架、高价出售刀片一样，虽然是一个整体但是可多结构出售。只有这样，才能够完成免费模式的第一步。在这里我们需要清楚多结构模式是指产业主体可以自由分割而不是硬性切除的。好比卖鞋子，如果免费送给消费者一只，再高价出售另一只必定会招来各种谩骂；而如果免费提供了五颜六色的鞋带，再提高相应鞋子的价格，则会是另外一种局面。

2. 需要具备可延伸、可发展的产品空间

以APP市场模式为例，手机制造商销售了手机后又向用户免费提供了APP市场，用户从中可以免费下载很多软件，但是其中不乏收费软件。这种利用免费模式获利的方式更持久、更具企业黏性。从中我们可以看出，企业想要利用免费模式获利必须同时思考如何延伸、如何拓展产品发展空间，以便日后持久获利。

3. 需要根据企业自身因素，制定免费与获利比例分配

当代免费模式最成功的企业必然是奇虎360公司，这家被称为中国互联网时代免

费模式鼻祖的企业也有过自己的艰苦时期。其实，在 360 公司发展初期就曾面临巨大的压力，这就是数亿用户的增长为企业带来的运作压力。当时 360 公司打着"永久免费"的旗号迅速占领了互联网杀毒软件市场，短时间内用户就突破了 3 亿人，这个数字给 360 公司内部运行增加了负担也带来了损失，直到 360 公司靠着深厚的客户资源占据了中国互联网广告市场很大的份额之后才有所好转。从中我们可以看出，企业制定免费模式也是有风险的。很多企业把免费模式当作一种招揽客户的方式，盲目地认为只要利用免费模式抓住了客户就代表产生了利润，其实在现实运作中一切并没有那么流畅，中间的缓冲期、风险期都是需要企业独自面对的。这说明，企业必须了解自身规模，并且将免费模式与收益模式分配得当，预测出风险期，提前做好风险预防工作，才能够构建免费商业模式。

当代越来越多的企业正在向免费模式转型，这一做法不仅仅是为了遵循市场主流发展方向，更是为了获取更多的市场利益。如今"免费"已经成了一种企业旗号，在这一旗号下构建出的商业模式比传统模式更具利益获取能力。

（三）移动互联网时代的全新免费模式种类

从经济学的角度来看，商业模式的打造程度等同于利益获取的程度，只不过商业模式的衡量方式并不能单纯依靠企业面向市场的范围，而是商业模式内部的结构。换而言之，谁能将商业模式打造得越完整、越精致，谁才能获得更多利润。

1. 端口免费、深入获取模式

端口免费、深入获取模式是当今时代中最常见的免费模式。就以上一节提到的电信运营商为例，现在国内的三大电信运营商都在采用这种模式——"免费购机，套餐获利"，这种方式最大的特点就是长时间硬性链接客户，从而达到持续获利的效果。有人认为这种免费模式很像是分期付款的购物方式，其实不然，这种模式要比分期付款硬性得多。至少分期付款买到的东西没有局限性，但是无论中国电信、中国联通还是中国移动出售的合约机都是定制的，消费者购买后只能使用相应的手机卡，默默接受被长期获利的现实，这是无法改变的。因此我们说，这种免费模式具备一定的硬性概念。

也有人会问，这种免费模式虽然常见，但是毕竟只适合于三大电信运营商，其他企业很少采用，所以这种免费模式并不重要。其实不然，这种硬性模式随处可见。现在各大商家、企业都在主打老客户的会员模式，并且推出各种优惠活动。充值会员卡满 1000 送 500，看似非常合算，其实还是硬性链接。无论多么优惠的活动，主要目的不是为了让顾客得到利益，而是为了在同一顾客身上长期持续盈利。

2. 免费吸引用户，广告获利模式

除了上面的端口免费模式外，还有一种模式也是在移动互联网上常见的，这就是免费吸引用户，不断增加广告收益的模式。这种从互联网时代兴起的模式非常老套，但非常实用。在互联网时代刚刚到来之时，很多企业采用这种模式，向用户提供免费的信息、免费的高清电影甚至是免费的电影票，为的就是增加注册用户的数量。当用户数量增加到一定程度之后，收益就来了。

在中国，大部分网站均采用"免费吸引用户＋广告获利"这一方式，如早期的四大门户网站新浪、搜狐、网易、腾讯，以及如今的 BATJ（百度、阿里、腾讯和京东）旗下的大部分产品也均对用户免费。其中，互联网产品的"0 边际成本"是很大的原因。

因此，要想打造移动互联网时代的免费模式，这种广告获利的模式不失为一种良好的途径。

3. 众包模式

所谓众包模式，其实就是把传统上由企业内部员工承担的工作，通过互联网以自由自愿的形式转交给企业外部的大众群体来完成的一种组织模式。在这一过程中，企业只需要向贡献者支付少量报酬，而有时这种贡献甚至完全免费。在互联网行业，维基百科是这一模式的典型应用。维基百科的内容基本由用户自己生成，而非像传统的信息门户网站其新闻内容主要由其员工制作产生。用户的数量相比于企业员工要高很多，而用户能力也相比企业员工更加多元化，因此如果将用户的能力组织起来形成合力，制造同样内容所需要付出的成本以及质量都比员工自己制造要好。而众包这一模式能够充分利用用户的能力，尤其在数字经济时代，企业能够借助数字技术，减少合作沟通成本。

这种免费模式适用于大企业的后期完善与发展，有效利用免费客户就是一种非常聪明的免费模式。

（四）免费商业模式的未来之路

移动互联网时代到来后，一切都在发生着飞快的变化，无论是用户需求，还是企业运营乃至市场局面都在不断地进行转变。在这种形势之下，企业自重正在减小，我们生产什么、我们拥有什么、我们具备什么样的服务都不再重要，重要的是用户能否注意到我们，我们与用户之间能否产生链接，我们才能获得利益。

移动互联网时代是一个无所不能的时代，所有商业模式都应该不断革新，而免费模式既可以确保企业固守现有市场，也可以帮助企业统摄未来局势。对于当前这样一个经济化的社会，免费商业模式已经成为一种主流模式。

在当代移动互联网市场中，免费数字产品已经数不胜数，而且这种数字化免费模式已经成为一种经济趋势。数字产品不同于传统的市场商品，虽然其表现出的形式多样、精彩，但是它的成本却只有一个，这就是研发。

企业在数字化产品发展过程只需要投入前期研发和后期维护的资金，就可以保证长久获利了。这也是为何未来移动互联网市场中免费模式会走数字化道路的主要原因。就当前的形势而言，市场中大多高端企业都在走数字化道路，而且都具备了自己的免费模式。以腾讯为例，腾讯是目前国内最大的免费模式使用企业，而且在腾讯的商业模式中包含了我们上面提到的各种免费模式，无论是信息获取还是持续获利，腾讯的免费模式一应俱全。而且腾讯是数字化发展方向最明确的企业。可以看到腾讯的各款产品都在主打免费的品牌。

这就是未来免费模式数字发展的一种趋向。尽管研发或者代理一款数字产品可能需要不小的成本，但是腾讯公司具备了商业主体和良好的连接渠道。至于盈利模式的选择，则根据产品特点和实际情况进行选择。未来的移动互联网市场中这种数字化发展必将得到扩展。

无论是腾讯还是阿里巴巴或者是百度，未来商业模式的发展都必定会遵循数字化方向，那么我们可以从这些商业前沿人物身上分析出未来免费模式发展的特点。

1. 数字化免费模式前期付出，后期收获

腾讯内部游戏产品开发组多采用竞争方式，众多游戏开发组同时研发多款不同产品。仅上文所说的《王者荣耀》其研发团队就多达100人，再加上其他产品的研发团队，可以推测腾讯每年在游戏研发上会投入不菲的费用。而随着我国经济社会的进一步发展，人们日益需要高质量的产品，巨大的前期投入（研发费用）也会成为其他行业的常态。巨大的研发投入从长远看也会产生更优质的产品，这给企业对迅速吸引消费者带来了极大的优势。而根据双边市场理论，用户数量能否达到阈值对于免费模式能否获利有着决定性的影响。

这也表现出了未来市场免费模式的一大特点。未来的移动互联网市场中，企业免费模式的前期投入必然会增大，当然后期收入也会随之增长，这也符合大数据时代的特点。所以，我们必须做好这方面的准备工作，深入思考如何利用现在的财富去包揽更多的未来市场。

2. 数字化免费模式需要借助"网络效应"

未来是移动互联网时代，那么未来的商业模式必然要结合一定的"网络效应"。无论什么行业，在未来都会上线运营，而且互联网经济将转化为主体经济，这就代表移动互联网之上产生的"网络效应"将远远大于传统市场。

未来的网络效应并不是指单纯的用户体验，而是指移动互联网市场中产品价值与用户数量的增长程度。这其中包含了市场需求、用户体验以及企业实力等多方面的因素。我们提到的借助"网络效应"是指学习和借鉴。也许我们无法及时产生良好的"网络效应",但是我们可以借鉴他人的优点。

3. 数字化免费模式需要紧抓移动互联网市场的关注点

可以说,未来市场中任何一个移动互联网热点都是免费商业模式所需的元素。今日的市场就已经表现出了这种态势,尤其是从信息搜索网站中,我们可以看到所有商业活动之中都有各种网络热点的噱头。这与媒体界的炒作很像,但是炒作需要爆自己的料,而免费的商业模式中吸引用户眼球的就是爆他人的料。

第二节　数字化企业的技术自主创新

一、数字化企业的自主创新与自主研发

自主创新研究源自发展中国家或者新兴工业化国家对技术创新道路的选择。在"自主创新"的概念明确提出之前,相关的概念主要有"本土创新"和"发展自主知识产权"等。有学者认为,"自主创新"其实等同于"技术创新"或者"创新"的概念。近年来,我国特别强调"自主创新",是针对以前过多模仿引进而缺少自主知识产权和核心技术而言的。对于自主创新的内涵,尽管近年来已经有多种论述,但是仍然众说纷纭,存在一些争论。

（一）狭义的自主创新

早期,自主创新的内涵多从狭义角度出发,集中在微观层面上,如将自主创新界定为企业主要通过自身努力,攻破技术难关,形成有价值的研发成果,在此基础上依靠自身能力推动创新的后续环节,完成技术成果商品化,获取商业利润的创新活动,其主要面向技术吸收与改进后的技术发展阶段,强调一种技术学习。后来,自主创新的含义演化为企业积累和提高技术能力的过程或行为,自主创新与模仿创新、合作创新共同作为技术创新的构成要素。

自主创新是企业通过自身的努力或联合攻关探索技术的突破,并在此基础上推动创新的后续环节,完成技术的商品化、获得商业利润,以达到预期目标的一种创新活动。后来一些学者认为自主创新不一定是核心技术的突破,不一定是技术领先,也不一定完全依靠自己,只要能够有自主知识产权,并能提高竞争力即可。

（二）广义的自主创新

随着认识的深入，自主创新不一定是技术方面的创新和突破。自主创新是在自主掌控下，利用一切可利用资源，形成体制、机制、产品以及技术上的竞争力，并形成持续创新能力。自主创新也不是鼓励从头做起，集成创新和引进技术的消化、吸收、改进也是自主创新的组成部分。提倡"自主创新"主要是指应尽量争取避免完全受制于人，减少路径依赖。

综上，可以认为，自主创新是指在创新中不单纯依赖技术引进和模仿，而是在以创造市场价值为导向的创新中掌握自主权，并能掌握全部或部分核心技术和知识产权，打造自主品牌、赢得持续竞争优势为目标。自主创新不一定是单纯技术（新产品、工艺等）层面的，管理、制度、战略、市场、文化乃至商业模式等非技术方面都是自主创新的有机组成部分。

（三）自主创新的内涵与构成

自主创新主要包括三个方面的含义：一是加强原始性创新，努力获得更多的科学发现和技术发明；二是加强集成创新，使各种相关技术有机融合，形成具有市场竞争力的产品和产业；三是在引进国外先进技术的基础上，积极促进消化吸收和再创新。

二、数字化企业的自主创新能力

（一）自主创新能力构成

关于自主创新能力，需要明确几个关键性问题：

第一，关于自主创新主体的问题。国家与区域等层面，自主创新的主体是我国公民或创新的相关法人组织机构，它们是自主创新的核心利益攸关者。

第二，关于如何开展自主创新的问题。这里包含两个维度：首先是开展自主创新活动的个人或组织主导推进创新活动，最终通过利益攸关主体的参与，将创意转换成为创新果实，实现创新价值输出与回报的过程；其次是自主创新的主体通过投资其他利益攸关主体，并在一定的法律与规范框架内实现创新商业化，并获取价值输出与回报的过程。

第三，关于自主创新程度的问题。自主创新的程度反映在国家与地区创新主体实施创新活动时，对自身及国外创新资源与能力的依赖程度。自主创新并非完全依赖自身的实力实现创新成果的输出。网络化与开放式创新的背景下，技术引进、全球产业链价值链分工与合作、全球资源整合、跨国合作与并购等使自主创新对外部资源的依赖成为必然。

（二）自主创新能力的提升途径

自主创新能力是指企业依赖嵌入在自主创新过程中的核心技术知识，是企业研发（独立研发或合作研发）/使用核心技术的能力。

从企业创新主体与创新流程角度来看，其包含两个个体层面和四个组织层面的关键要素：研发人员个体的自主创新能力，领导在面向创新活动涉及的研发、生产活动中的个人能力，企业对自主创新活动的投入强度，企业面向自主创新活动中各类资源的联结与协调程度，企业信息获取与识别能力，以及企业通过自主创新转换创新成果的能力等。

伴随我国改革开放与经济结构转型的基本趋势，创新型国家建设与全球竞争优势的提升对自主创新能力的提升提出了重要的要求，也为自主创新能力的培育提供了机会与挑战。

1. 我国企业自主创新能力提升的可行性

（1）国内市场扩张和大规模制造能力基础形成

以我国制造业规模扩展为基础，钢铁、手机、集装箱、空调、电冰箱等100多种制造业产品位居全球产量前列；制造业规模化为中国企业及其国家层面的核心技术突破积累了规模经济的成本优势与竞争优势。

（2）国内企业的集成能力不断增强

集成能力是在研发能力等基础上整合企业内外部资源的能力，是市场竞争长期积累的能力基础。经过我国改革开放与经济全球化的多年积累，国内主要优势企业正由被动地整合全球产业链与价值链转为主动"走出去"，并通过兼并收购等方式主动整合集成全球资源。

（3）对市场需求的适应能力增强

我国制造业企业大量研习"贸—工—技"的发展路线，开始由原先的制造加工与进出口贸易转向销售渠道、品牌等方面的打造。同时，随着我国国内市场的需求进一步被挖掘，企业市场能力提升，生产制造规模扩大，更有利于其对核心技术的提升与创新，以及获得正向反馈。

（4）配套产业水平进一步提升

传统制造业，尤其是复杂技术的突破需要上下游等相关配套产业的协同发展。在我国创新能力整体提升的背景下，产业集群、科技园等创新生态系统逐步构建与完善，支撑核心技术突破与自主创新所需的相关配套产业不断发展，有助于进一步提升产业共性技术的开发与应用，并依赖产业创新生态系统的平台优势实现自主创新能力的提升。

三、数字化企业的自主创新模式与政策

自主创新不仅仅是简单的技术创新与技术研发，更是创新资源、创新模式、创新动力、创新价值的复杂整合，并最终在国家与区域层面实现经济与技术的良性互动。因此，自主创新是一项复杂的系统工程。

（一）自主创新的模式

中国本土企业由于在核心技术能力、设计能力以及研发资金等方面存在缺陷，在国际竞争中处于相对劣势，实现自主创新，需要充分利用国内外资源，并可利用自主开发、合作创新、跨国兼并三种自主创新模式完成从本土市场向国际市场的跨越。

自主开发模式是在创新风险可承担条件下，使研发人员与工程师参与到新思想、研究与开发、设计与制造等一系列创新活动与问题解决的过程之中，通过显性知识与隐性知识的互动提升研发人员与工程师的学习能力与知识水平，从而掌握核心技术原理。合作创新是整合内外部创新利益相关主体，通过风险与收益分摊的方式实现创新成果的溢出与价值的获取。跨国兼并模式有利于中国企业快速整合全球资源，快速获取国际创新互补性资产，提升本土企业的自主创新能力与全球竞争优势。

我国企业自主创新应当遵循"确立自主创新目标—自主创新设计—存量技术扫描—创新—获得自主知识产权—必要的知识产权引进—自主实施"模式。该模式将核心技术与知识产权置于自主创新的关键位置，强调专有技术获取性、自主创新要素（原始创新、集成创新、消化吸收再创新）、创新模式（合作创新与独立创新）之间的匹配，并通过技术知识产权的获取最终实现自主创新能力提升。

我国企业自主创新模式的关键在于推动企业自主创新决策转型，从短期、应急盲目的自主创新决策变革为平衡、规划的自主创新决策。

同时，面向我国制造业企业，整合市场结构、行业特征和自主创新决策之间的关系，即以中兴通讯为典型的高市场集中度的科技型自主创新模式，以海尔、宝钢、中集为典型的高市场集中度的制造型自主创新模式，以吉利汽车为典型的低市场集中度的制造型自主创新模式，以正大青春宝药业为典型的低市场集中度的科技型自主创新模式。

（二）自主创新的政策

我国提出，自主创新的本质是在国家工业化与信息化及经济结构与社会转型过程中，国家科技创新面向其他国家实施技术追赶的一种策略的解释。这要求企业、政府、大学与科研机构等利益攸关主体实施协同互动，通过自主创新的政策驱动，以及多利益攸关主体的资源整合，在自主创新模式的引导下，实现知识溢出与创新价值，更好

地依赖科技、经济、社会的多元互动，提升国家创新能力与国际竞争力。

然而，我国科技创新的系统化建设起步相对较晚，国家尚处于社会主义发展初级阶段，国家层面科技投入占 GDP 的比重长期低于国际水平，企业技术创新能力、产业竞争力以及国家创新制度环境等方面较芬兰、美国等主要创新型国家有很大差距。在此背景下，我国政府在国家创新体系与自主创新能力建设的过程中一直扮演着重要的角色，承担了创新规则制定者与创新活动推动者等重要角色。创新政策也成为我国实施自主创新战略，建设创新型国家，真正意义上实现创新驱动发展的重要手段。

在政策层面，我国政府面向自主创新政策体系搭建与创新型国家建设，制定和实施了一系列自主创新政策，主要可分为重构科技体制、建立研发投入机制、促进科技成果转化，以及全面构建国家创新体系四个阶段。创新政策也实现了四个转变，包括：从不协调的、零散的政策制定方式向协调的、具有系统性的政策制定方式转变；从单一化的政策执行主体向多元化的政策执行主体转变；从内部评估的政策评估方式向外部评估的政策评估方式转变；从失范的政策终结行为向规范化的政策终结行为转变。

尽管国家自主创新政策的演进与自主创新政策体系逐步完善，当前我国创新能力提升与国际竞争优势获取仍然面临创新环境不完善、创新产出投入比重较低、企业与产业创新能力较弱、创新人才能力较低等问题。结合当前我国经济机构转型与深化改革的大背景，我们从自主创新的企业层面与国家层面提出了我国自主创新发展的政策建议。

企业层面，结合拉丁美洲、东欧、亚洲等国家与地区的工业化技术追赶成功经验，尤其是韩国、日本、新加坡等地的自主创新与技术追赶战略实践经验，提出了四个方面的企业自主创新政策建议：一是制定自主创新决策，设置自主创新短期、中期以及长期的技术和市场发展目标，解决企业自主创新的结构性和方向性问题。二是制订自主创新能力发展规划，培育自主创新阶段转型的能力基础。三是积极培育自主品牌，解决自主知识产权的载体缺位问题，推动价值竞争。四是建立开放性的技术创新体系，解决自主创新的资源不足问题，以国家公共创新平台为基础，建立包括产学研、价值链、跨职能的技术创新体系。

国家层面，研究学者结合我国发展的现实问题与创新型国家建设的目标导向，以及政府政策在国家创新系统中的基本定位，提出了系统化的国家自主创新政策建议：一是加强国家及行业科技发展规划，解决企业自主创新的方向性信息失调问题。二是制定科学的产业支持政策，重点解决我国企业技术引进、技术合作、技术产业化的问题。三是制定公平有效的市场竞争政策，以知识产权、公平竞争为核心，规范本土企业与外资企业间的公平性竞争问题。四是积极推动公共创新平台建设，以创新过程服务、创新成果服务为中心，整合全国创新资源服务于我国本土企业自主创新。五是制定与实施国际科技创新中心战略。六是改变科技评价体系，提高科技创新的效率。七是普及创新创业教育，改善我国创新创业环境。

第三节　数字化企业的跨界创新与开放式创新

一、开放式创新产生的背景

传统的创新观念认为，创新是企业的灵魂，只能由企业自己单独进行，从而保证技术保密和独享，进而在技术上保持领先地位。内部研发被认为是企业有价值的战略资产，是企业提升核心竞争力和维持竞争优势的关键，甚至是竞争对手进入市场的巨大阻碍。

技术和资金实力雄厚的大公司，如杜邦、IBM 和 AT&T 等，雇佣着世界上最具创造性的科技人才，给予他们优厚的待遇和完备的研发设施，投入充分的研发经费，进行大量的基础和应用研究。科技人员产生许多突破性思想和研究成果，企业内部独立开发这些研究成果，通过设计制造形成新产品，通过自己的营销渠道进入市场使之商业化，获得巨额利润。接着，企业再投资于更多的内部研发，又取得进一步技术突破，形成创新的良性循环。

这种长期以来一直发挥着重要作用的模式被称为封闭式创新，其主要观点是成功的创新需要强有力的控制。公司必须有自己的创意，然后进一步开发、研制新产品，推向市场，自己分销，提供服务和技术支持。技术垄断可以造成很高的行业进入壁垒，从而能够形成垄断地位。如果想要使强手让位，竞争对手们就必须拿出足够的资源来建立它们自己的实验室。

但随着环境的快速变化，上述情况在 20 世纪末期逐渐出现了转变。一方面，尽管有发展前途的创意在不断地涌现，但是行业内部研究的效率较低，行业领先者的创新能力在不断下降。即使全球闻名的行业领导型企业，如 AT&T、西门子等也发现研究与发展投资的回报率越来越低；技术成果转移困难，一些辉煌的研究成果不适合现有的业务，大部分技术被搁置起来；突破性成果极少，更多的是渐进性创新。

然而，封闭式创新模式受到了越来越多的挑战，多种因素共同瓦解了封闭式创新的基础。随着知识创造和扩散速度的加快、高级人才的广泛流动及风险资本的盛行，公司越来越难以控制其专有的创意和专业技能，迫使企业加快新产品开发及商业化的速度。否则研究人员可能会利用风险资本创业，自行开发他们的研究成果，使之商业化，而不再像以前那样，在企业内部等待开发人员把他们的研究成果开发设计成新产品。

如此一来，企业内部的知识和技术免费流动到企业外部，企业巨大的研发投入将不能产生任何价值，原有良性循环被打破。

在知识经济条件下，以前盛行的使许多企业获得竞争优势的封闭式创新范式已不再适用，而前述新创企业所采用的完全不同于封闭式创新的模式越来越受关注。

二、数字化企业开放式创新的概念及其特点

开放式创新模式是指企业在技术创新过程中，同时利用内部和外部相互补充的创新资源实现创新，企业内部技术的商业化路径可以从内部进行，也可以通过外部途径实现，在创新链的各个阶段与多种合作伙伴多角度的动态合作的一类创新模式。开放式创新模式把外部创意和外部市场化渠道的作用上升到和内部创意以及内部市场化渠道同样重要的地位。在开放式创新范式下，企业边界是可渗透的。创新思想主要来源于企业内部的研发部门或其他部门，但也可能来源于企业外部。企业内部的创新思想可能在研发的任何阶段通过知识流动、人员流动或专利权转让扩散到企业外部。有些不适合企业当前经营业务的研究项目可能会在新的市场显示出巨大价值，也可能通过外部途径使之商业化。公司不再锁住其知识财产，而是通过许可协议、短期合伙和其他安排，设法让其他公司利用这一技术，而自己从中获利。

开放式创新要求企业在开发以及项目控制的过程中，同步观察市场与技术的瞬时变化，创新发展成为一种全局性、并行性甚至是灵机一动的有趣活动。

开放式创新是一种新兴创新模式，改变了研发即创新的错误观点，改变了内部研发的封闭模式，提升了用户、供应商、风险资本家、知识产权工作者的地位，充分利用外部丰富的创新资源，构建创新的生态体系，实现开放状态下的自主创新。技术创新的实现基于多个利益相关者的协同努力，这对我国企业的创新资源配置具有重要的影响意义。

开放式创新的基本特点：通过合作，让企业内部和外部的所有聪明人都为我们工作；外部研发可以创造巨大价值，应当分享；并非靠自己的研究才能获利；建立一个能利用一切研究成果的模式比仅仅把自己的产品推向市场更重要；如果我们能充分利用企业内部和外部所有好的创意，就一定会取得更大的成果；我们可以从别人使用我们的知识产权中获利，同时只要有利，我们也可以购买别人的知识产权。

开放式创新模式改变了"非此地发明"的思维，企业必须充分利用外界丰富的知识技术资源，从外部寻找技术弥补内部创新资源的不足，将内部技术和外部技术整合起来，以创造新产品和新服务。开放式创新模式下，外部知识作为内部知识的补充，发挥着和内部知识同等重要的作用。同时，开放式创新克服了"非此处销售"的偏见，企业可以通过外部途径使内部技术商业化，使研发回报最大化，提供了创造和获取价

值的新途径。

封闭式创新和开放式创新的另一个重要差异是，公司如何甄别保护它们的创意。在任何一个研发过程中，研究人员及其管理者都必须将不好的建议和好建议分开，采纳后者使之商业化，同时抛弃前者。封闭式创新和开放式创新都善于清除"假肯定"，即初看有市场前景但实际无市场价值的创意；但开放式创新还能集中能力挽救"假否定"，即因不适合公司现有商业模式，初看无市场前景但实际有潜在市场价值的项目。过多关注内部的公司易错过许多机会，因为有些技术成果适于在公司现有业务模式之外发展，或需要与外部技术结合来释放其潜能。

三、数字化企业的合作创新

国内外的相关研究对合作创新内涵的界定有所不同。国际上主要采用研发合作这一概念，认为其本质是基于分工的一系列创新活动，在创新过程中某一阶段存在着其他创新行为主体的参与，就可认为是合作创新。由于研发在创新过程中处于战略性重要地位，因而西方学术研究也主要集中在研发合作方面。我国企业在技术创新各个阶段都存在合作的可能性、必要性，因此使用合作创新的概念更适合我国国情。

（一）企业间合作创新的类型

获取互补的技术资源是研发合作最主要的动机。当前，技术发展日益复杂，不同学科技术领域之间的交叉融合趋势日益明显，技术创新常常需要跨越多个科学技术领域才能完成，但很少有企业具有足够广博的知识。合作创新将使企业获得互补性的科学知识和技术，形成技术组合优势和协同效应。

拥有丰富技术资源的企业相互合作，共担研究开发成本和创新风险，以发挥创新资本的协同效应和研发规模效应，实现技术突破。这种情况在技术密集的行业领先企业之间出现得较多。

合作创新具有多种形式，但它们各有其适用条件和优缺点，没有绝对意义上的最佳形式。例如，飞利浦常采用合资方式、ABB常采用收购兼并方式，而我国企业多采用产学研合作形式，这是由于合作的成功取决于很多因素，这些因素主要包括市场结构新周期、技术轨道与技术范式、公司战略和文化等。公司必须根据自身特点与需要，在平等互利的原则基础上，考虑兼顾各方面的因素，因时、因地制宜，采用合适的形式，同合作伙伴在技术、产品、市场或能力上达到优势互补。

1. 合同

在运用合同的方式中，有几种被实践证明有效的方式，如麻省理工学院的艾瑞克·冯·希伯尔（Eric Von Hippel）教授发明的"领先用户法"。通过利用领先用户提供的新产品设想和原型设计，并将它纳入新品研发的一系列技术创新过程中，企业可以有效地提高新产品的开发速度和质量。美国 3M 公司等广泛应用此法，取得了良好的创新效果。还有日本的"供应者—用户"合作模式，它是日本制造商与供应商签订长期合作协议，供应商在制造商的支持下供应技术创新的器件，对制造商的产品创新提供了强有力的支持。

2. 技术许可证

技术许可证为企业运用他人的知识产权提供了机会，一般是根据产品的销售额提供一定比例的费用。购买技术许可证有以下好处，如降低开发费用、减少技术和市场风险、加速产品开发和缩短产品进入市场的时间。当然，使用许可证也不可避免地存在一些缺点，如受到许可证转让者的条款限制；可能造成操作上的失控，如价格、产量和质量以及在搜寻、谈判和采用许可证上的交易费用支出。实际上，运用技术许可证的费用与效益之比取决于技术与市场的性质、企业的战略和能力。根据对 200 家化学、工程和制药企业的调查表明，使用技术许可证的主要优点不在于降低费用而在于提高创新速度。

3. 联合研究（发展）

联合研究（发展）是若干组织在一个具体项目上进行共同研究（发展）。其优点是，企业可以互相利用稀缺资源和技能完成竞争前的研究和标准的设定，而且在研究开发过程中共同分担风险和费用。它有集中和分散两种形式。前者是指合作者在同一个工作环境中进行研究；后者是指合作者分散在各自单位进行研究工作，定期进行交流。美国企业大多数采用集中式，欧洲一般采用分散式，而日本则两者兼而有之。我国的产学研合作一般采用分散式，但一些国家和政府组织的攻关项目大多采用集中式。欧洲四国联合研制的空中客车、美国的微电子和计算机技术公司（MCC）都是成功的集中式合作创新的实例。

4. 战略联盟

战略联盟指两个以上的企业（组织）间采用结盟的形式在投资、科研、生产和开拓市场等方面进行密切合作，以应对快速变化的外部环境和其他竞争对手的一种长远战略。其典型形式是两个或两个以上的企业（组织）间采用合约形式进行产品或技术的合作开发。上述的联合研究（开发）形式着重于基础性研究（上游），而战略联盟着重于接近市场（下游）的项目。但是，战略联盟也不同于较为正规的合资，战略联盟一般有特定的目的和时间进度表，而且在组织上也不单独设立公司。20 世纪 80 年代以来，由于科技的迅猛发展，产品的技术化程度越来越高，复杂化程度也越加突出，同时全球性资源短缺日益凸显，导致战略联盟由产品联盟转向知识联盟。前者目的在于降低投资费用和风险，而后者以技术输出和成果共享为特征，从战略上保持、更新或创建新的核心能力。例如，谷歌公司与特斯拉公司联合研发无人驾驶汽车，而无人驾驶汽车的使用必将对传统的汽车产业形成巨大的冲击，改变汽车产业的既有格局。

按联盟对象划分，合作联盟可分为两种：一是与竞争者的联盟为水平联盟；二是与顾客或供应商的联盟为垂直联盟。按合作的具体形式划分，合作联盟可分为三类：一是松散的合作关系，包括网络组织、机会性联盟等；二是（非股权的）契约关系，包括分包经营、许可证经营和特许权经营等；三是（股权的）正式的所有关系，如联营、合资企业等。

5. 合资

合资有两种基本形式：一是由两个不同的组织出资建立一个新的公司，根据出资额的大小进行控股经营；二是运用契约形式进行合作，这种方式比较简单。它们的主要区别在于有无股权安排和是否形成法人实体。

6. 创新网络

创新网络是一种很常见的合作形式，本质上是一个虚拟组织，是一种从科层结构向市场过渡的形式。创新网络由许多节点组成，这些节点代表了企业、业务单位、大学、政府、客户及其他组织。节点之间相互连接、相互作用。企业在网络中所处的地位具有战略重要性，反映了它在网络中的力量和影响，这一力量的源泉包括技术、专长、信誉、经济实力和合法性，节点之间的连接或相互作用的数量、强度和形式决定了这个网络是紧密的或是松散的。随着时间的推移，网络节点间的知识和社会联系逐步发展增强，从而增加信任和降低交易费用，进而驱使公司在网络成员中购买或出售技术。例如，瑞士的钟表业建立了小企业间的长期网络，从而在机械精密加工方面具有优势，但是这种联系反过来使它们对日本电子表业的反应变得迟钝。网络的依赖关系可以是技术上的、知识的、社会的或后勤的。网络对其成员的作用是各不相同的，可根据需要对网络进行调整。一个网络不可能永远是最优的。随着条件的变化，往往要采用不形式的网络，不同形式的网络提供了不同的学习机会。

总而言之，合作创新的优势在于：一是可弥补自身在进入新行业时的资源和能力不足；二是可获得"相乘"效果和可持续性竞争优势。合作创新的问题在于：一是联盟各方的动机并不相同，追求利益不完全一致，可能会产生冲突；二是文化和观念不同，缺乏信任；三是有可能培育出比自己强大的竞争对手。

（二）产学研合作

1. 产学研合作创新的主要特征

在知识经济时代，作为利润主体的企业在寻求自身的进一步发展的同时，不可避免地通过自身的开放以求得外界资源，在获得发展动力的同时，尽可能降低风险。

以学术研究为主要任务的大学和研究机构理所当然地成为企业获得知识资源的合作伙伴。从社会资本的视角来看，企业开展产学研合作的实质是将企业的社会资本内化为企业的智力资本。

我国对于产学研合作的研究开始于20世纪90年代。产学研中的"产"指的是产业；"学"指的是学校，主要是大学或学院；"研"指的是研究机构或研究所。产学研合作创新是指企业与大学或科研机构利用各自的要素占有优势，分工协作共同完成一项技术创新的行为。大学和企业为了实现共同利益，以技术转移合约为纽带，在共同投入、资源共享、优势互补风险共担的条件下，将高技术成果转化为现实生产力。

企业与大学是完全不同的系统组织，行为特性和目标亦不相同，产学研合作创新过程存在诸多特殊性。企业和大学拥有的创新资源具有很强的互补性或相互依赖性。大学投入的创新资源主要是专业人才、科研仪器设备、知识及其产权、技术信息、研究方法和经验；企业的创新投入则主要是创新资金、生产试验设备和场所、需求信息及市场营销经验等。大学知识扩散的需要与企业技术创新知识源的需要，构成了合作创新的供需市场。在各类合作创新中，产学研合作最能体现要素的互补优势、规模优势、重组优势。

大学和科研机构注重科技知识的前沿性，与市场终端有很大的距离，它们不会向企业提供现成的新产品技术。大学提供的前沿科技知识主要适用于开发全新产品的创新活动的早期阶段，具有高度的技术不确定性和市场不确定性。因此，产学研合作具有高不确定性、合作双方信息的高度不对称性、合作的高交易成本性等特征。

2. 产学研合作的动机

产学研合作的动机主要来源于企业、大学之间的能力"异质性"、节省交易费用、独占知识技术等三方面。通过产学研合作，企业获得研究专家的技术支持，了解技术发展趋势。大学为企业提供接近共性技术和新兴技术的窗口。企业把公共的科学技术知识作为快速获取新知识、增强工程师对科学发展理解力的一种重要的外部源。大学不是企业在产品市场上的直接竞争者，企业与大学的合作就不存在对新技术产品的利益独占性的问题，所以产学研合作是企业获取前沿科技知识的有效途径。

3. 产学研合作的影响因素

公司规模和研发强度与产学研合作存在正相关，即大公司更有可能与大学和研究机构合作，公司内部研发投入能显著地促进产学研合作。中小企业比大型企业更容易与大学发生合作创新关系。但产生矛盾的真正根源是企业的吸收能力，吸收能力才是根本性的影响因素，大企业往往具有较强的技术能力积累，具有在创新活动中利用大学科技知识所需的吸收能力。

4.产学研合作的主要类型

按照合作的紧密程度，产学研合作方式可分为四类，分别适用不同的合作阶段：技术转让型、委托研究型、联合开发型和共建实体型。产学研合作的历史和现实表明，这四种类型既反映了产学研各方合作关系的紧密程度（技术转让型→委托研究型→联合开发型→共建实体型），又体现了技术创新的实现程度（从合作初期以技术转让为主到后期谋求共建实体全程介入共同发展）。

四、数字化企业的跨组织创新

网络组织是基于信息技术，由专业化联合的资产、共享的过程控制和共同集体目的等要素构成，通过活性结点的网络联结，能够获得某种长期竞争优势的有机组织系统。网络创新模式与前述几种创新模式相比有着本质上的区别，它是完全开放式的，没有一个明确的边界。这种创新模式的代表是软件领域的开放源代码软件或自由软件（Open Source Software，OSS）的开发模式，如 Linux 和 Java 软件平台的开发。

1991 年，芬兰赫尔辛基大学毕业生 Linus Torvalds 将自己编写的第一套 Linux 程序发布到了互联网上，揭开了开放源代码软件的发展序幕。Linux 开放其技术标准，使得全球对 Linux 技术感兴趣的研发人员都可以在前人研究成果的基础上参与软件的开发、修改和创新过程，形成了一个全球 Linux 技术开发网络，在互联网上汇集数百万人才的力量。这种方式有效地促进了 Linux 的发展，造就了足以与微软抗衡的软件巨人。

Raymond 最早运用了"集市"（Bazaar）这一词汇来描述开放源代码软件的组织特征。他认为，开放源代码软件组织是分散的、以民主方式发展的组织结构，更像是"一个巨大的、有各种不同议程和方法的乱哄哄的集市"。网络组织边界是相当松散的，没有高度的严格性，缺乏稳定性和可靠性，但具有很强的生命力。借助于全球化的信息网络，企业组织可以利用不同地域的资源，整个企业组织在运作过程中随时可能根据需要组成新的团队或解散某些团队，也会与外部企业组成联盟。

目前网络组织模式的应用主要还集中于软件开发领域，其商业模式还不十分明朗。但已有证据显示，这种模式已经对其他一些传统行业产生影响，如电影等娱乐业和报纸等媒体。

第四节　数字化创新能力培养

一、数字化创新能力的构成

创新能力是组织在技术和组织方面的知识的总和，它体现在组织的人力资源、技术系统（主要是硬件设备）、信息系统和组织管理体系中。技术创新是组织专有技术知识的最重要来源，因此必须改进技术创新过程中尤其是研发过程中的知识管理。

（一）技术能力的内涵

技术能力是企业创新的基础，企业获得骄人创新业绩并创造财富，需要强大的技术能力作为支撑。提高技术能力是一个具有长远性的战略举措，是一些长寿公司不断创新的源泉。

技术能力是附着在企业员工、技术设备系统、技术信息和组织管理等诸要素上，并体现为各要素所有内生知识存量的总和。它是一个描述企业内在技术潜能的概念，是企业提高产品质量、提高劳动生产率、降低产品成本和实现技术创新的技术基础，也是企业全面提高经济效益、增强企业竞争能力的基础。

实际调研中发现，企业技术能力不足会造成一些显著的负面影响：一是技术引进（包括购买硬件、许可证和专利等）过程中不能很好地消化吸收；二是技术合作（包括合资、合作研发等）中得不到合作方重视，吸引不了优秀合作伙伴；三是自主创新在较低水平上重复进行，技术创新能力缺乏基础和后劲，影响企业的产品和工艺创新。这些影响最终使企业难以形成技术核心能力，技术战略缺乏支撑，不能支持企业实现战略意图，影响企业的竞争优势。

（二）技术能力的分类

根据企业技术创新活动的五种最主要的形式来划分，一般的技术能力可按发展的层次与难度分为五种。

1. 技术监测能力

技术监测的意义在于它既是企业的一项经常性的信息工作，又是企业在获取技术前重要的先行工作。即使在研究与开发力量很薄弱的小企业，也需要设置专人从事技术监测，获取企业进行战略研究所需的技术信息。

首先，企业的技术监测能力取决于监测人员的数量与能力，没有足够的人员就无法进行多方面、多渠道的跟踪与探寻。监测人员的能力反映在其教育背景和职业经历上，既要有关于企业核心技术和辅助技术等方面的专业技术基础，又要有广博的科学技术知识，同时还应十分清楚企业的战略目标和发现方向。

其次，外部信息和知识网络是必需的，这包括外部联系和内外部界面两方面内容。与顾客、供应商、政府部门、大学、研究部门、行业协会、竞争者等的外部联系对形成一个广泛而有效的信息和知识交流网络是非常重要的，同时还要形成内外部信息知识网络的交互界面，使外部知识能够顺畅地进入企业。企业拥有优秀的"技术桥梁人物"（Technological Gatekeeper）将有助于建立这种界面。

最后，先进的信息设备是建立技术监测能力和提高效率的重要物质条件。技术监测人员在进行信息搜索、分析和处理时，离不开先进信息工具的帮助，特别是在国际信息网络（包括互联网）日趋发达的条件下，企业必须在这方面进行投资，不断完善其信息基础设施。

2. 技术引进能力

技术引进是一个广泛使用的概念，是将外部技术知识经过选择、评价和谈判引入企业内部的能力。具体途径有很多，如购买成套设备、购买专利、购买许可证、购买设计技术、委托研发等。总的来说，技术引进可分为两类：购买硬件（如成套设备）和购买软件（专利、许可证、设计技术、委托研发）等。

提高技术引进能力，取决于以下做法：首先要加强技术监测能力，了解技术的进展情况，防止盲目引进落后过时的技术；其次要增强技术选择能力，能通过对不同备选方案的分析、比较和技术经济评价，最终选择出适合企业条件但又不拘泥于自身落后状态的先进适用技术；最后要加强技术谈判能力，即能够与技术供应商进行迅速有效的谈判，获得所需的技术。

因此，从根本上说，技术引进中必须拥有精干的技术经济分析人员、谈判人员和项目管理人员。除此之外，建立与技术供应商如大学、研究所、国外企业等的良好外部关系也非常重要。

另外，一个企业的技术引进工作不可避免地受到其资金供应能力的限制，如果没有强大的资金投入，往往无法进行一些大型设备和先进技术的购买。在有限的资金供应条件下，如何进行最有效的引进，则取决于技术评价和选择的能力。

3. 技术吸收能力

技术吸收能力是识别新的外部知识的价值，进行吸收，并将这些知识应用于商业目的的能力。它能将引入的外部技术知识经过应用整合到企业内部知识体系中，转化为企业自身能熟练应用的知识。理论和实践表明，技术吸收能力首先取决于先前已有的相关知识基础。这种相关知识基础不仅使企业有能力去识别新知识、新信息的价值

（技术评价），也使企业有能力应用新知识并将新知识整合进自身知识体系（技术吸收）中。

为了培植有效的技术吸收能力，特别是解决问题的能力，必须通过大量的实践，去解决各种各样的实际问题，即组织的吸收能力不能停留在获得和消化新信息，而是要加以运用。因此，企业要做好知识与信息在各部门之间的流动，建立起信息流转系统：加强与外界的联系，加强部门间的信息联系和组织内的信息联系。由于存在着部门间的隔阂和同外界的隔阂，因而技术桥梁人物非常重要，他们能打破组织界限，促使信息流动。企业的吸收能力在很大程度上取决于这批技术桥梁人物。

加强组织吸收能力的另一个方面是完善跨功能吸收能力。企业的吸收能力建立在企业各功能部门协调一致进行工作的基础上，需要企业的中央研究发展部门与各下属经营单位的研究发展部门协同工作，也需要研究发展部门同设计、制造、工艺、营销、财务、供应等各部门协调一致。这就需要做好界面管理，需要一批能从事界面管理的人才和协调机制。从事界面管理的人员需要具有技术、经济、管理等多方面知识及丰富的实践经验。

增强组织吸收能力的第三个重要条件是研究与开发的投入，这是吸收能力得以形成和发展的基础。凡是从事研究与开发活动多的企业，其吸收能力就强，就能更好地运用外部的信息。我国企业的经验也证明，生产制造经验丰富的企业，才能更好地吸收国外先进制造技术；那些重视职工培训与教育的企业，一般吸收能力也较强。

从组织资本的角度来看，必须把个人吸收能力转化为组织吸收能力。必须看到一个组织的吸收能力取决于组织中的个体吸收能力。因而，组织必须大力投资发展其成员的吸收能力。

4.技术创新能力

技术创新能力是企业（组织）产生新思想（新概念），并运用研究与开发、营销和工程化能力实现新思想，以促进支持创新战略的综合能力。从知识角度来看，技术创新能力就是将企业内外部知识激活，进行整合与创造并实现其价值的能力。

研发设计能力是技术创新能力中最重要的部分，发挥着实现知识激活、整合与创造的作用。营销能力和工程化能力也是实现技术知识价值所必不可少的能力。技术创新能力具有独创性、商品化和系统性三个特征。独创性是创新能力区别于仿制和模仿能力的主要标志，越是重大的技术创新其独创性越明显。商品化是技术创新能力的重要特征，意味着企业必须赋予其创新产品一定的市场价值，技术创新必须符合用户的需要。商品化能力主要体现在市场研究能力和营销能力上。系统性是技术创新能力的第三个主要特征。

技术创新能力是需要多种功能相互配合的能力，其核心部分包括研发设计能力、营销能力、工程化能力（包括设计、工艺、工装、生产等能力）。支撑部分包括创新资金筹措和运用的能力、关键人才的吸纳和凝聚能力、企业家精神和战略管理能力、以界面管理为重点的组织与协调能力。

5. 技术核心能力

技术核心能力是长期创新过程中形成的独特的、更为系统的、令竞争者难以模仿的技术能力。

（三）核心能力

一个公司的核心能力被普遍认为是那些在战略上构成差异性的东西。核心能力绝不仅仅只是核心技术。核心能力是企业几个不同的主要专业知识能力的整合。核心能力通常包括不同方面的能力，如市场界面管理（如广告宣传管理和分销管理）、基础工作建立和管理能力（包括信息系统、物流管理）、技术能力（如应用科学、工艺设计）。多种能力的整合使得核心能力难以被模仿，如索尼在微型发展方向的核心能力就是多种技术（如液晶技术、半导体技术）的综合，并被应用到多个市场（如电视机、收音机、个人数字助理等）。

一个企业的核心能力也依赖于不同职能、不同业务部门之间的密切联系。Prahalad 和 Hamel 将核心能力比作根，依托它会长出许多核心产品，如主要零部件。在核心产品的基础上产生了业务部门，它的最后成果就是公司的各种最终产品。

核心能力是组织中的群体学习，特别是如何协调各种不同的生产技能和整合不同的技术流。作为一种整合能力，企业核心能力分为内部整合和外部整合两个方面，而内部整合又可以分为企业经营整合和技术整合。核心能力存在于企业能力、技术创新能力、技术能力之中，正是三者核心能力的整合。因此，它贯穿于环境、企业经营、技术三个层次中，与企业能力、技术创新能力、技术能力都相关。

企业能力、技术创新能力、技术能力中的能力成分要想成为核心能力，至少要满足以下三个条件：第一，能提供进入各种各样市场的潜力；第二，能为用户从最终产品感知到的价值做出重大贡献；第三，竞争对手难以模仿。

核心能力还是一组技能集合，可以用一个技能网络来表示核心能力。建立了公司的技能、产品数据库后，可以利用信息技术，使技能到核心能力的过程实现计算机化，使核心能力的管理实现可视化。这为公司信息网络的应用开辟了一个新领域。

（四）核心能力的鉴别标准与特征

鉴别核心能力的三个标准：一是能提供范围广泛的潜在市场。二是能使顾客在使用最终产品时得益。三是使竞争者难以模仿。

核心能力的三个核心特征：一是独特性。这种能力是公司所特有的，是"独一无二"

的。二是增值性。这种能力能使公司为用户（顾客）提供更多的价值，使用户在使用过程中获益更多。三是延伸性。这种能力可以给企业衍生出一系列的新产品或新服务。

除了以上三个核心特征，核心能力还具有以下特点：一是动态性。核心能力并非一成不变，随着时间推移、环境演变、市场需求以及相应的战略变化，核心能力必须予以重建和发展。二是综合性。核心能力不是一种单一的能力，而是多种能力和技巧的综合。从知识角度看，它不是一种学科知识的积累，而是多学科知识在长期交叉作用中积累起来的。三是不可模仿性。它是用来识别核心能力和非核心能力的一个重要判别标准，也是规划建立企业核心能力时的一项重要原则。

（五）核心能力和战略的互动关系

首先，核心能力是战略管理的基石。其次，战略必须促进和培育核心能力。再次，企业战略必须着眼于及早形成自己独有的核心能力，以此为依据增强在市场上的竞争力，使企业不仅具有当前的竞争力，而且拥有未来的竞争力。最后，核心能力注重长期培育。

二、技术能力积累的内部途径

企业必须根据自身特点，采用经济适用的技术创新能力积累途径，一般来说分为内部途径和外部途径两类。

技术能力积累的内部途径主要是指内部研发设计。其作用如下：一是以重大或渐进创新不断完善现有技术体系，提高技术能力。二是以重大创新成为新技术体系的开创者，提高技术能力。三是在创新中有时会产生技术"副产品"，不属于现有的产品和生产技术体系，可独立成一个新的领域。四是对引进技术进行模仿或改进性的研究开发，促进引进技术的消化吸收。

内部研发设计对技术能力提升具有不可替代的作用，因为技术知识具有环境依赖性，企业放弃研发设计活动，就意味着失去了新知识产生的环境，将严重损坏企业的创新能力，内部研发设计还提供潜能去保护现有能力并且发展新的能力。因此，通过技术创新尤其是内部研发设计来优化和扩展企业的技术知识存量，是提升技术能力的重要途径。

内部研发设计要求企业具有较多的资源和较强的能力，并且通常是一个较为漫长的过程，因此，适用于产品推向市场的时间并不是特别重要的情况。但是，内部研发设计具有易于控制和熟悉的优势，能够很好地控制时间和进行判断，具有先发优势，并能够将技术和管理诀窍留在企业内部。不同企业的情况不同。例如，先发企业大多数是从内部研发设计开始的，因为该企业是某领域内的技术领先者，只能依靠自身资源和能力来发展。但对于多数企业来说，内部研发设计一般担负着完善现有技术体系的任务。

内部研发设计能有效提高企业的研发能力。因此，许多落后企业为加深企业对先进技术原理的理解和积累自身研发能力，不惜投入大量人力、物力，对成功者的先进技术进行重复性开发。同样，对失败创新项目的评价同样也必须考虑其对于技术能力提高的潜在效应。

从战略意义上说，内部研发设计可以使获得的新能力融合于企业原有能力体系中，短期内难以模仿。因此，内部研发设计是最具有战略重要性的根本的能力积累途径。

三、知识学习与创新

（一）知识学习的方式

知识学习包括多种形式，主要有"干中学""用中学""研究开发中学"和"组织间学习"等四种方式。

1."干中学"和"用中学"

"干中学"和"用中学"主要体现在生产过程中重复操作效率的提高，是操作知识的积累。它们是程序化学习的两个著名特例。这两种学习构成技术能力积累的基础。与世界先进技术企业相比，我国企业尚处于技术能力积累的初始阶段，企业的研发能力普遍较弱。在此阶段，"干中学""用中学"是学习的主导模式，对技术能力提高具有特别重要的意义。

2."研究开发中学"

"研究开发中学"则是在研究开发的创造性过程中进行知识吸收的学习过程。对"研究开发中学"的过程模型的研究认为，研究开发可分为四个阶段：发散、吸收、收敛、实施。其中，发散阶段产生创新思想，经过吸收和收敛阶段产生解决方案，实施阶段执行解决方案。与此对应，"研究开发中学"可分为连续循环的四个阶段：具体的体验、沉思的观察、抽象的概念化、积极的实验。该模型在研究开发活动和学习过程之间搭起了理解的桥梁，正是在此基础上，可以认为研究开发是一个学习系统，进行循环往复的持续性学习。

研究开发不仅是一个知识整合与创造的过程（发散阶段），也是一个对整合与创造后的知识不断再学习的过程。而且，研究开发所产生的新知识有许多是企业特有的隐性知识，是竞争对手难以模仿的，这些知识的吸收和学习不仅使技术能力获得量的积累，也得到质的提高。所以，"研究开发中学"属于能力学习层次，对企业技术能力的提高比"干中学"和"用中学"更为重要。

3. "组织间学习"

与前三种学习方式相比，"组织间学习"具有更多的战略性，一般是在战略性合作的过程中，组织向合作伙伴进行知识的吸收，提高自身技术能力。"组织间学习"涉及的知识不仅包括显性技术知识，还包括许多隐性的技术知识，因此能有效提高企业的技术能力。尤其是在战略性合作中，合作双方的吸收过程就是一个"组织间学习"过程。

"组织间学习"的有效性取决于两个组织在以下几方面的相似性：一是知识基础；二是组织结构和补偿政策；三是主导逻辑（文化）。合作者在基础知识、低管理正规性、研究集中、研究共同体等方面的相似性有助于"组织间学习"的进行。

对于发展中国家而言，国外技术的引进被认为是改善自主技术能力、调整产业技术结构和发展经济的有效方式。因此，发展中国家的技术发展呈现出从技术引进和吸收，到技术改进，再到自主技术创新的发展道路。在这三个阶段中的学习主导模式呈现从"干中学"，到"用中学"，再到"研究开发中学"的动态转换特征。

事实上，无论西方国家还是发展中国家，许多企业在其技术能力从弱到强的发展过程中，都要从外部技术知识引进开始；经过消化吸收，再经过自主创新，使技术能力的发展得到提升。从战略的角度来看，为获取竞争优势，企业技术能力发展过程的最终目标是拥有难以模仿、具有独特性和战略价值的技术核心能力。

（二）探索性学习与利用性学习

自从 March 于 1991 年提出探索性学习（Explorative Learning）和利用性学习（Exploitative Learning）的概念后，这两种现象很快就成为研究的热点。

探索性学习是指那些可以用探索、变化、承担风险、试验、尝试、应变、发现、创新等术语来描述的学习行为，其本质是对新选择方案的试验。而利用性学习是指那些可以用提炼、筛选、生产、效率、选择、实施、执行等术语来描述的学习行为，其本质是对现有能力、技术、范式的提高和拓展。这两种学习对组织都具有重要的意义。

探索性学习和利用性学习越来越成为技术创新、组织学习、组织设计、团队建设、战略联盟、能力开发、竞争优势构建和组织生存研究的主要分析对象。探索性学习有可能导致组织偏离其现有的技术基础，而涉足全新的隐性知识；相反，利用性学习的不确定性比较小，因为组织已经积累相关经验和知识。因此，探索性学习的回报在时间、空间上比利用性学习更为遥远且不确定。

探索性学习和利用性学习的特点使得组织倾向于选择对现有方案进行利用性学习，而放弃对未知世界的探索性学习。只进行利用性学习的组织会产生技术惰性，过去的成功会导致组织在时间和空间上的短视，从而妨碍组织学习新思想，最终导致僵化，陷入"次优的稳定平衡状态"。而只进行探索性学习的组织需要承担大量的实验成本，它们往往拥有大量未得到开发的新创意，但没有能力开发全部的创意；或者由于缺乏足够的经验，无法成功开发这些创意，因此也就没有能力从新知识中获得回报。

因此，在知识获取过程中，组织不应该实施单一的探索性学习或利用性学习。组织能力的动态发展同时依赖于挖掘利用现有技术和资源来确保效率得到改善，以及通过探索性创新来创造变异能力，探索性学习和利用性学习的平衡是系统生存和繁荣的关键。

因此，组织所面临的一个基本问题就是必须既要进行充分的利用性学习，深化和提升现有技术，又要投入足够的资源进行探索性学习以确保未来发展。

第九章 数字经济下数字化企业的创新型资源

第一节 数字化企业的创新型资源投入

一、数字化企业的创新型资源

传统观念认为，技术创新过程是一个线性的过程，是按照研究、开发、生产、销售的模式进行的。根据这一模式，技术创新的业绩取决于其投入水平，即研发的投入强度和参与研发的科研人员数量。因此，很长一段时间内，企业仅仅把研发投入水平和研发人员数量作为衡量技术水平的重要指标。在数字化企业的开放式创新体系下，技术创新不再是一个简单的线性过程，而是个复杂的、多部门、多主体密切协作的综合的系统，开放创新体系将吸纳更多的创新要素。

在开放式创新模式下，仅用研发投入来衡量企业的技术创新水平是不完整的，企业技术创新的任务不能仅仅依靠研发部门来实现，在企业内部的每一个成员都有提出创新思想的权利和责任。成功的创新活动需要研发部门、生产制造部门和营销部门所有成员加强沟通和联系，共同为用户解决问题。因此，在企业内部用于提高企业技术创新水平的投入，除了研发投入外，还应包括非研发投入，具体包括新产品的生产性准备投入、新产品试销费和员工的技术学习费用等。

二、创新型资源的构成

数字化企业的开放式创新体系下，企业不能仅仅依靠内部有限资源成功地实现创新，获取外部知识的能力也变得越来越重要。用户尤其是领先用户直接参与创新，将加快技术创新的速度和提高技术创新的成功率，同样，供应商也是主要的创新者。基于以上角度，企业资金研发投入、企业知识投入、非资金研发人员投入三部分构成企业内部全面创新资源投入。以企业创新投入来衡量企业技术创新水平，以创新投入占企业销售收入的比重替代研发投入占销售收入的比重来反映技术投入的强度将更为合理和完整，研发投入依然是企业创新投入的重要组成部分，增大创新投入，对企业的发展有无比重要的作用。

第二节　创新的资金管理

一、创新投入资金管理

（一）投入测算体系

企业研究与开发支出是指在企业科技活动经费内部支出中用于基础研究、应用研究和试验发展三类项目以及这三类项目的管理和服务费用的支出。

企业科技活动经费支出是指企业实际支出的全部科技活动费用，包括列入技术开发的经费支出以及技改资金中实际用于科技活动的支出，不包括生产性支出和归还贷款支出。科技活动经费支出总额分为内部支出和外部支出。科技活动经费内部支出是指企业用于内部开展科技活动实际支出的费用，包括加工费，不包括委托研制或合作研制而支付外单位的经费。科技活动经费内部支出按用途分为科技活动人员劳务费、原材料费、购买自制设备支出、其他支出。科技活动经费外部支出是指企业委托其他单位或与其他单位合作开展科技活动而支付给其他单位的经费，不包括外协加工费。技术开发经费是指企业研究开发新产品、新技术、新工艺所发生的各项费用，包括：新产品设计费；工艺规程制定费；设备调整费；原材料和半成品的试验费；技术图书资料费；未纳国家计划的中间试验费；研究机构人员的工资；研究设备的折旧；与新产品的试制、技术研究有关的其他经费；委托其他单位进行科研试制的费用。

为避免重复研发，或者弥补本企业技术方面的不足，数字化开放企业可以通过购买外部技术或技术购并有效而经济地获取先进技术和关键技术，加快技术创新的速度。因此，在企业外部用于提高企业技术创新水平的投入，我们称为外部知识投入，具体包括用户参与创新费用、供应商参与费用、种子资金和风险资金发生额、知识产权的支付经费、技术购并经费等。

（二）资金分配

研究与发展的资金分配，首先要服从于企业的经营战略。不同的企业战略，要求研究与发展资源有不同的投入比例

1. 企业不同发展阶段的比例关系

在企业不同的发展阶段，其研究与发展资源的投入结构比例也不相同。在企业发展早期，资源匮乏，只能进行一些试验发展项目；而当企业跨入超常规发展期，相对

资源较多，就可将较多份额的资源用于大规模科学技术和系统的基础研究与应用研究。

2. 近期、中期、远期项目间的比例关系

研究与发展资金在近期、中期和远期项目间的分配，是企业研究与发展管理的重要战略问题。研究与发展资金过多地集中于近期项目，虽能满足企业现时竞争的需要，但从长期发展来看，企业发展后劲乏力；而过多地集中于中期和远期项目，企业则很难保持现时的竞争优势，对于竞争实力并不很强大的企业来说更是如此。因而，必须保持研究与发展资金在近期、中期和远期项目间的平衡。在西门子公司的研究与发展资金分配中，公司为现在和近期项目分配近一半的研究与发展资金，使公司保持在现时激烈竞争中的强大竞争力，同时公司又将另一半研究与发展资金分配给中期和远期项目，以保持公司的未来竞争力。

在很多研发单位里，存在着一种把资源集中于短期研究与发展项目的倾向，原因有两点：一是这种短期项目可凭借已有科技理论与知识来解决问题，技术风险小；二是短期项目容易出成果，能够迅速得到回报。这种倾向在企业经济状况欠佳时尤为显著。这种做法的最大危险在于：研究与发展工作脱离企业的战略目标，影响企业长远发展与成长。为了保证长短期项目的全面安排，企业在有条件时可以采用两套班子的做法。除了保证足够的科技力量从事集中、短期的研究与发展任务外，还应保持一定的科技力量用于长远的基础性科研项目。

3. 公司总部与分公司之间的比例关系

研究与发展资金在公司总部和分公司间的分配同公司的发展战略、技术创新体系密切相关。一般说来，公司总部的技术中心主要开展一些同公司业务相关的核心技术、共性技术难题和基础领域方面的研究工作，一般周期较长；而各分公司的技术中心则更多地从事同当前项目及业务有关的产品和工艺开发，周期相对较短。

不同分公司的技术中心所从事的开发项目可能有很大的差异性，它们都应用公司总部技术中心所提供的研究成果。由此看来，在保证公司总部技术中心有足够的研究与发展资金后应将更多的研究与发展资金分配到各分公司的技术中心，以促进公司总部技术中心研究成果的产业化，保持公司在市场上的竞争力。例如，在拜耳公司的研究与发展资金分配中，10% 的资金应用于公司总部的技术中心，而 90% 的资金分配给各分公司的技术中心；西门子公司更是将 95% 的资金用于各分公司的技术中心，这样既能保证公司拥有长远竞争力，又能满足当前市场的竞争需要。

4. 三类研究与发展活动之间的比例关系

研究与发展资金在三类研究与发展活动间的分配比例是动态发展的，取决于外部环境（如政治、经济、政策、环保要求等）与企业战略的变化。基础研究作为长期投资，往往要 10 ~ 20 年后才能对生产力的突变产生影响；实验发展是短期投资，12 年可能见效；应用研究作为中期投资，一般在 3 ~ 5 年，多则 10 年内对社会生产力产生重大影响。

为保证企业在今后 5 ~ 10 年中持续发展，必须在应用研究中有足够的投入，根据企业的中、远期战略基础结构，形成企业的技术核心能力，这是近年来世界著名企业成功的关键。

5. 进攻型与防卫型项目间的比例

防卫型的研究与发展项目用来抵御来自竞争面的压力，以保持企业的现有市场；进攻型的研究与发展是为了提高企业的市场地位或开拓新市场。如果缺乏长远规划和明确的战略目标，任其自流，那么企业的研究项目中将充斥大量"救火型"的防卫型项目。防卫型项目需要有一定的数量，但决不能占主导地位，否则企业就没有活力和生气，也没有发展前途。两种类型的研究项目的比例同企业所采用的技术战略是分不开的。当企业采用"技术领先"战略（第一个进入市场）时，就应有更多进攻型研究与发展项目；而当采用"紧随领先者"战略时，企业要有一支强有力的研究与发展队伍，能从事快速的防卫型研究与发展。

6. 产品研究与工艺研究间的比例关系

由于新产品关系到企业的生存与发展，人们习惯于把绝大部分研究与发展力量投放到产品的研究与开发方面，而忽略了对于工艺的研究与发展。根据对美国某些机械行业的调查发现，它们把 45% 的研究与发展力量放在新产品上，把 41% 的研究力量投放在改进现有产品方面，而投入工艺方面的研究与发展力量只占 3%。

在产品研究与工艺研究上力量分配不当，不利于保证和提高新产品的质量和企业水平。德国的一些公司具有这方面的良好经验。它们在进行新产品研究与发展的同时，也进行新工艺的研究与发展，保证能以低成本把新产品经济地制造出来。它们放在新工艺与生产方法上的研究费用占其全部研发费用的 8% ~ 9%，投入新产品研究的费用占 5% ~ 6%，其余 80% 以上均用于工程型开发以及发展工作。它们不仅有强大的产品研究和发展部门，还有强大的工艺研究所与生产工程（包括工业管理工程）研究所。

7. 不同行业企业研究与发展资金投入的差异性

由于不同产业的技术复杂性、技术进步难易度和技术信息来源的差异性，不同产业在研究与发展资金投入方面存在巨大差异，如纺织行业需要大量的设计投入，而像制药等技术密集型行业则需要投资于新产品研究与发展。

不同行业研究与发展资金投入的差异性表现为多元化经营的企业在不同经营领域上的研究与发展资金投入差异。例如，拜耳公司的经营范围包括聚合物、有机产品、工业产品、医药、农业和影视产品六大行业，公司研究与发展资金总额必须在这六大产业中进行分配。基于不同产业的技术复杂性及对企业经营战略的重要性，拜耳公司在这六大产业中分配的研究与发展资金有显著差异。由于医药业为技术密集型行业，是拜耳公司的核心业务，也是拜耳公司最具有竞争力的产业，因此拜耳公司为医药业分配的研究与发展资金最多，占全部研究与发展资金投入的46.5%；而有机产品领域为传统成熟行业，拜耳公司仅为其分配了6.6%的研究与发展资金。

二、创新投入与企业绩效

至今，可以认为创新起到了积极的作用：公司想要更多的创新，需要通过员工激励手段鼓励员工努力创造，搜索想法进行创新，因为创新会带来价值创造，但是创新也有黑暗的一面，即创新也能破坏价值。

被目标和激励驱动的创新会增值而且创造增长。然而，不受约束和不平衡的创新也有它的黑暗面，会使一个公司处于危险之中。

当创新影响的是短期结果时，对整个公司的影响也很小，绩效容易被测评，而且预期绩效是可描述的，那么基于现金激励系统评价创新绩效是最好的，因为它有公式化的规范的测评方法。当公司创新有大量的激进式创新，激励系统应该基于长期激励（基于股票的激励系统）和主观评价。

对于激进式创新来说，确认体系能够发挥更大的作用。特别是对于参与到这些项目中的管理者来说，即使项目不成功，他们也需要感受到风险承担的奖励。相反，如果项目成功了，他们必须收获这个项目产生的公平的价值分享。因为只有当项目结束，所有的努力、产生的价值才能得到公平的判断，为此，激励系统对类似情况是有缺陷的，而奖励制度更适合激进式创新。激励对行为的改变是一个重要的动力。如果没有测评方法和激励，组织抗体就会抵制创新并阻碍组织变革。激励也会适当地加强有益行为，为创新奠定坚实的基础。

三、创新投入绩效评价

（一）绩效管理

创新过程中的测量是必要的。我们都曾经听过这样的形象表达："创新还是死亡"，这意味着创新是一项需要长期进行的活动。然而，创新不仅需要责任甚至努力，还需要一个管理创新的系统性方法。这就需要高层管理者坚持持续地测量、检测和提升。测量是行动的关键动力，它使人们注意力和精力集中于价值提升，并且是否创新通常被认为是能够促进竞争最有效的途径之一。这使监测和测量创新之间更加密切相关。因为测量的重要性，所以假定组织一般而言都擅长测量，并且能有效地运用其来促进创新。

该调查发现，绩效衡量并没有作为一个综合实践而被广泛采用，也没有贯穿整个流程。另外，绩效衡量的价值和影响是显著的，并且可以将优秀的企业同其他企业区分开来。尽管绩效衡量十分重要，这个调查显示了关于创新和变革方面的衡量比财务状况、生产力和顾客满意度等方面的衡量情况要糟糕。该调查亦显示，创新的衡量通常并不包含在管理评估和会议里面，没有被广泛用来促进组织变革，也没有和员工的奖金联系到一起。这个调查总结到，在创新领域缺乏衡量工作约束的首要原因在于公司只拥有模糊的目标，没有产生认同和承诺的清晰说明。很多公司都依赖于非正式的、主观的反馈信息，没有衡量管理的公司经常很晚才意识到，这个占用了资源的明显问题只是一个小问题。但是那些更为重要的问题却没有被人们注意：忽视了绩效衡量与在面对有问题的工作时减轻担忧并激发积极行为之间有着密切关系的事实。他们仅仅延续那种古老的根深蒂固的衡量系统，并且被困在注重衡量活动而不是结果的衡量模式中。这就是所谓的"活动陷阱"。

每个组织都运用了某种类型的衡量系统，无论是简单的还是复杂的。没有衡量系统，公司不会知道其是否完成了目标。通过衡量，公司能够控制、评价和提升工艺流程。衡量本身就是一个流程，包括确定衡量的对象、衡量的指标以及衡量后采取的行动。衡量是提升理解的一种方法。领先的公司已经根据这些智慧行动起来了，它们建立了衡量指标和衡量系统来帮助其完成绩效目标。很多公司都开发了许多创新项目，在过了一段时间后都开始思考大量的资金和时间投入是否值得。那些没有创新跟踪系统的公司漫无目的地运营着，并无法来回答这样的问题。有些公司则不再对创新抱有幻想，因为它们不能理解投资和努力所带来的价值。只有拥有并运行衡量系统的公司能够跟踪它们的项目，能采取正确的行动以保证公司能通过随后的创新战略实现其战略目标和短期目标，这凸显了衡量的重要性。衡量之所以十分重要是因为以下几点：一是它关注了那些需要提升的领域。二是它突出了那些高绩效的领域。三是它允许与历史进行比较，也可同竞争对手进行比较。四是它显示了战略实施大概的成本。五是它突出了目标与现实所达到的成就之间的差距。

没有衡量，管理会变成黑暗中的游戏。没有人能真正知道他们在干什么、他们做得怎么样，以及事实上他们所做的事是否真的很重要。

（二）绩效评价

为了保证绩效的有效性，衡量的指标应该允许进行对比。然而，在实践中，定义和指标会存在很大程度的不一致。举个例子，生产力可以被定义为一个质量指标、一个财务效益指标，甚至被定义为其他的分类。这种明显的不一致使得衡量成了一个棘手的问题，在发展恰当的测量系统过程中，需要系统地、细心地处理这样的问题。绩效衡量需要压缩商业决策的各个方面以使组织朝期望的方向发展。这需要通过规则和系统的方法来建立正确的指标，并不断地对它们进行跟踪。一个好的绩效衡量应该拥有以下五个特点，以使其具有有效性。一是清晰的目的：提供达成目标所必需的正确的信息。二是正确和精确：提供"优质的"信息。三是及时：在正确的时间为正确的人提供正确的信息。四是反映过程的可见性：能够捕捉工作是怎么进行的，提供流程持续改进的反馈。五是反映发展的可见性：能够捕捉好的工作是怎么进行的。

这里的指标应该能产生顾客集中的结果，关注核心的增值活动：只对产生绩效的相关活动进行测量和衡量。确保只有那些关键指标被选择并实施是很重要的，并进行集中改进、测量，应该能形成有助于达到公司目标的反馈。

1. 绩效衡量阶段

绩效测量经过了三个明显不同的发展阶段。绩效衡量的第一种系统的方法出现在20世纪80年代早期。在这个阶段，衡量的重点是在财务指标上，如利润、净资产收益率（ROE）和生产力。在这个时期，根据管理会计的传统逻辑来设计衡量系统。不幸的是，这一观点具有很多的局限性。简要地说，它们是：传统的会计指标是与日常改善决策关联较少的滞后的指标。建立在传统的会计系统上的指标被用来追溯成本，而不是帮助决策。传统的措施只在财务方面量化绩效，但没能担负起推动改进措施（如顾客满意度、交货时间、依附性等）的责任，而且在事件发生后才对财务信息进行收集，只能得到对一个已经发生事件的历史性描述。因此，它并不与控制正在发生的事件高度相关。传统的绩效衡量难以为公司战略的实施提供促进相应的活动的相关实践。传统的指标强调制定并遵循严格的标准，导致组织关注的集中和不灵活性的产生。传统的指标不仅很难收集且成本高，并且专注面狭窄，形式固定。他们通常会在所有部门和部分业务部门设置狭义的绩效财务指标。通常与一个部门有关的指标却和其他部门不相关，从而使信息在许多情况下变得多余。设立绩效指标可能会阻碍持续改进的理念，因为它可能会为产出和行为的标准设置上限或下限。举个例子，当工作人员认为将来一段时间的标准将根据当前的结果进行上调时，他们会对提升绩效产生犹豫。另外，中层管理人员所使用的传统类型的财务报告并没能反映组织的灵活性，而恰是这种组织灵活性让组织能在新市场环境和责任的变化中迅速对客户需求的变化做出反应。

这些问题将导致一些非财务指标的采用。重点的转移反映在发展的第二个阶段。在第二个阶段，重点转移到了非财务指标的开发上，因此它们促进了管理者和工人的决策的制定。更加贴近操作流程的新指标允许通过"在线"的行动来控制和改进流程，而不是监视过去的表现。这些指标十分灵活，它们可以通过微小的改变以反映来自动态市场的新兴需求。

第三个阶段通过开发、集成财务和非财务指标的系统来驱动组织的绩效，它建立在第二个阶段的基础上。这个集成系统的基本目的是允许从多个角度考察绩效，以实现从公开探讨到最后决定过程的平衡。很多这样的系统已经被开发，其中最著名的是平衡计分卡、战略测度和报告方法、量子绩效测量模型、战略衡量系统。这些集成的框架有时候被叫作绩效衡量系统。

2. 绩效衡量系统

绩效衡量系统是在各个层次（组织、流程和人）平衡各个指标（成本、质量和时间）的工具，以实现系统地监测和控制组织转换过程。实施绩效衡量系统的逻辑建立在一个简单的原则上：最终实现测量的是什么。本质上，这个系统依于开发一套规则和程序来为组织的评估和改进收集特定的信息。

一个有效的绩效评估系统应该为运营的效率和效果提供及时准确的反馈。必须确保绩效评估系统所提供的数据是能准确反映核心业务流程和关键活动的相关的真实性，这一点十分重要。拥有精确和准确的信息是良好的业务决策的基础，是繁荣和死亡之间的关键差异。良好的绩效衡量系统应该是：一是互相支持，与企业的经营目标、目的和项目以及关键成功因素相一致。二是通过尽可能少和尽可能简单的指标来传达信息。三是揭示顾客的需求和期望被满足的效率。四是指标应该集中在顾客希望的和能看到的关键因素上。五是为每个组织的组成部分提供一套指标，这样它们能够向组织所有成员展示他们的决策和活动是如何影响整个业务的。

3. 支持组织学习和持续性改进

从历史上看，绩效衡量系统曾经寻求通过提供该公司在上一财年运营的概述，满足利益相关群体和高级管理人员的需求。这些指标，在提供一致性测量的同时，在驱动整个组织上的作用是有限的，因为它们是一个回顾性整理。为了在组织层面上变得更有用，这些指标必须能够帮助管理者进行决策和采取行动。在绩效衡量系统中采取错误的指标不仅是一种浪费，而且会严重损害员工的士气及工作积极性。事实上，很多绩效衡量系统都失败，正是因为它们包含了太多的指标（测量）或者指标太模糊，与理想的结果相矛盾。通常，这样的系统忙于衡量管理者感兴趣的活动而不是公司关键的活动。

为了促进组织的发展，绩效衡量系统必须能够广泛而深入地了解决决定业务绩效的因素的状况。仅仅关注财务底线是没有用的，除了财务底线，还有必要去辨别和跟踪封顶线绩效指标。什么是增加价值的关键流程，怎么去提升人员的行为（生产力），战略实施的程度等，都是衡量系统需要回答的问题，还有就是关注投资的财务回报。这些问题可以捕获巩固财务绩效的驱动因素，并且需要定义和跟踪能实时识别正在取得进展的非财务指标、在哪里采取纠正行动。战略、行动和指标之间的联系是必要的，除非公司采用了这些指标和衡量系统来促进这个联系，否则衡量系统将不能带来期望的效果。

绩效衡量系统经常被看成仅仅是指标的框架。然而，这不仅仅是一个指标的系统衡量。系统是一个包括将组织的愿望和任务转换成特定目的和目标的流程。正是这些目的和目标决定了即将实施和监控组织绩效的指标的属性。该流程不会在数据收集的时候结束，紧随其后的是对所达到的绩效的评估，以确定为了获得成功将来所要采用的适当行动。这些决策必须得到适当的培训、奖励和驱动，以促进其实施。

很多公司都会致力于持续性提升，但很多人意识到，他们部署的绩效衡量措施可能是有害的并与改进计划不兼容。绩效指标能够促进和鼓励正确的行为，即那些帮助组织达成目标的行为。衡量系统和指标应该不具有威胁性，却具有激励性，能在一个持续改进的周期里推动参与者和所有者。

在开发衡量系统时，那些软行为的方面一般都会被低估或忽视，因为很难对它们进行测量。然而，通常情况下，对软指标的良好管理会自然而然地导致高绩效。因此，倾向于关注有形硬指标的同时，系统还必须辅之以软指标。

传统的绩效指标关注产出，然而，有必要去关注导致结果产生的驱动因素。驱动因素可以是多方面的，包括领导、人员、系统战略、交流等。这一区别定义了两个基础类型的指标：流程指标和产出（结果）指标。可以说，流程指标与流程密切相关。它们与一个特定的过程相关，被人们用来控制、管理和改进他们的工作流程。它们是在线的指标，因为它们提供了快速反馈以在工作现场指导行动。相反，产出指标与广泛的业务目标和目的相关，并经常被管理者用作衡量一个组织如何运营的宽泛的标准。通常，在工作场所收集的数据需要经过分析才能展示给组织的高层管理人员。因此，该信息是对绩效的一个回顾性评估，而且通常是按每周、每月或每年进行收集的。产出指标能捕捉整个组织的状况，因此，它们对于计划目标是有用的，而在指导日常运营时却具有较低的价值。

显然，衡量的目标应该是帮助监控各种倡议（对我们而言是创新）的价值，通过给组织活动寻找关键的绩效指标来提升绩效。不幸的是，现实并不总是这样的情况，因为目标是非常复杂和多变的。如果绩效衡量的结果被用于追究其产生的原因，那么它们会违背组织内捕获、共享和学习的原则。本质上，我们需要回答两个基本的问题：衡量的目的是什么？结果是为了什么？

在当今的竞争环境中，业务竞争一般聚集在竞争机会识别、学习速度、创新、循环周期、质量、灵活性、可靠性和响应能力上。财务导向系统在业务环境中已经过时，在业务环境中，竞争的成功依赖于利用人员的知识资本，成功来自管理层和工作人员如何考虑他们的业务以及如何投入时间和资源，这样的环境需要有效的衡量系统。有效的衡量系统是平衡的、集成的，被用来强调公司的关键输入、产出和流程变量。

四、风险投资与新业务

风险投资（Venture Capital，VC）简称风投，又称创业投资，主要是指向初创企业提供资金支持并取得该公司股份的一种融资方式。风险投资是私人股权投资的一种形式。风险投资公司为专业的投资公司，是由一群具有科技及财务相关知识与经验的人组合而成的，经由直接投资被投资公司股权的方式，提供资金给需要资金者（被投资公司）。风投公司的资金大多用于投资新创事业或是未上市企业（虽然现今法规上已大幅放宽资金用途），并不以经营被投资公司为目的，仅是提供资金及专业上的知识与经验，以协助被投资公司获取更大的利润为目的，所以是一种追求长期利润的高风险高报酬事业。

风险投资的运作过程包括融资、投资、管理和退出四个阶段。

融资阶段是解决"钱从哪里来"的问题。通常，提供风险资本来源的包括养老基金、保险公司、商业银行、投资银行、大公司、大学捐赠基金、富有的个人及家族等。在融资阶段，最重要的问题是如何解决投资者和管理人的权利义务及利益分配关系安排。

对于投资阶段而言，风投关注的焦点在于解决"钱往哪儿去"的问题。专业的风险投资机构通过项目初步筛选、调查、估值、谈判、条款设计、投资结构安排等一系列程序，把风险资本投向那些具有巨大增长潜力的创业企业。

管理阶段主要解决"价值增值"的问题。风险投资机构主要通过监管和服务实现价值增值。"监管"主要包括参与被投资企业董事会、在被投资企业业绩达不到预期目标时更换管理团队成员等手段，"服务"主要包括帮助被投资企业完善商业计划、公司治理结构以及帮助被投资企业获得后续融资等手段。价值增值型的管理是风险投资区别于其他投资的重要方面。

退出阶段解决"收益如何实现"的问题。特别是当初创企业发展到一定阶段之后，其盈利能力基本保持稳定，很难满足风险投资的需求。此时，风险投资往往希望抽出投资，然后投入其他具有高增长潜力的初创企业中。

风险投资机构主要通过公开上市、股权转让和破产清算三种方式退出所投资的创业企业，实现投资收益。

第三节　创新的信息与知识管理

一、创新信息与知识

（一）信息

1. 信息的概念

信息，指音讯、消息，是一个抽象概念，很难用统一的文字对其进行定义，这是由其具体表现形式的多样性造成的。信息普遍存在于自然界和人类社会活动中，它的表现形式远远比物质和能量复杂。信息是一个发展中的动态范畴，它随人类社会的演变而相应地扩大或收缩。总的来看，信息所涵盖的范围是不断扩大的，可以断定随人类社会的发展，信息的范畴将进一步扩大。作为一个概念，信息的定义呈现出多定义而又无定义的局面。一般来说，与信息这一概念密切相关的词语包括约束、沟通、控制、数据、形式、指令、知识、含义、精神刺激、模式、感知以及表达。信息是人们在适应外部世界并使这种适应反作用于外部世界的过程中，同外部世界进行互相交换的内容和名称。

2. 技术创新的信息来源

与任何科学技术活动一样，技术创新活动是个源源不断产生知识并加以不断发展的"流"，这个"知识流"也是一个"信息流"。只有在及时获得有用信息的基础上才能使技术创新活动有效地进行，取得更好的绩效。产品创新始于构思形成，即系统化地搜寻新产品创意。统计表明，100 个新产品构思中，有 39 个能开始产品开发程序，17 个能通过开发程序，8 个能真正进入市场，只有 1 个能最终实现商业目标。

对新产品构思的搜寻必须系统地进行，许多创新构思来自企业内部。企业可通过正规的调研活动找到新构思，还可撷取科学家、工程师和制造人员的智慧。此外，企业的高级管理人员也会突发灵感，想出一些新产品构思。企业销售人员也是一个好来源，因为他们每天都与顾客接触。丰田公司声称它的职员每年提出 200 万项构思，每个职员大约提出 35 条建议，并且其中 85% 的建议得到了贯彻执行。好的新产品构思还来自对顾客的观察和聆听。企业可通过调查或集中座谈的方式了解顾客的需要和欲望。企业可通过分析顾客提问和投诉开发能更好地解决消费者问题的新产品。企业工程师或销售人员可以与顾客见面听取建议。通用电器公司电视产品部门的设计工程师就是通过与最终消费者会谈的方式来得到新的家用电器产品构思的。企业可以从观察和聆听顾客的过程中学到许多东西。美国外科公司（United States Surgical Corporation）的绝大多数外科手术器械是在与外科医生的密切合作中研制出来的。

消费者经常制造新产品来自用，企业如果能找到这些产品并投放到市场中，便能获得利益。顾客也是构思已有产品新用途的一个好来源，这些新用途能够扩展市场和延长产品生命周期。

竞争者是新产品构思的又一个好的来源。企业可以通过观察竞争者的广告以及其他信息，从而获取新产品的线索。它们通过购买竞争者的新产品，可以观察产品运作，分析产品销售，最后决定企业是否应该研制出一种自己的新产品。销售商和供应商也会有许多好的新产品构思。转售商接近市场，能够传递有关需要处理的消费者问题以及新产品可能性的信息。供应商能够告诉企业可用来开发新产品的新概念技术和物资。其他构思来源包括贸易杂志、展览和研讨会、政府代理机构、新产品顾问、广告代理机构、市场营销调查公司、大学和商业实验室等。

综上，根据美国麻省理工学院冯·希伯尔（Von Hippie）等人的研究，不同的行业和创新种类，创新源有着极其显著的差异。除了企业内部的研发机构外，用户、制造商、供应商、竞争对手等都可能是重要的创新源。

（二）知识

1. 知识的内涵

知识是符合文明方向的，人类对物质世界以及精神世界探索的结果的总和。知识也是人类在实践中认识客观世界（包括人类自身）的成果，包括事实、信息的描述或在教育和实践中获得的技能。它可以是关于理论的，也可以是关于实践的。在哲学中，关于知识的研究叫作认识论，知识的获取涉及许多复杂的过程：感觉、交流、推理。知识也可以看成构成人类智慧的最根本的因素，知识具有一致性、公允性，判断真伪要以逻辑，而非立场。

2. 作为竞争力的知识

竞争优势理论建立在简单的公理之上：一个公司的资源必须比竞争对手利用得更好。诸如人力资源、机器设备等属于某一特定组织的内部资源，是公司的资产。这些资产在履行职责时需比竞争对手更有效率，产生竞争性利润。

资源基础观（The Resource-Based View，RBV）认为资产的形式有两种：战略性资产和非战略性资产。非战略性资产是普遍可获得的，而战略性资产则是独特的，并且只为少部分人所拥有。战略性资产支撑着组织的长期性成功。作为战略性资产的知识满足以下四个特点：

（1）有价值的

新的组织知识有利于产品、服务、工序、技术和员工竞争力的提升。组织在创造新机会或面对挑战时所获取的新知识能够帮助组织获得并保持战略竞争优势。

（2）稀少的

组织知识不仅依赖于员工对实践经验的总结，还依赖于组织特定的文化、历史，甚至以往员工的经验。这就是为什么它是稀少的。

（3）难以模仿的

组织知识不仅依赖于个人对信息的理解，还依赖于组织文化、历史和组织所积累的经验。集体理解和知识的同化依赖于集体内所有成员的协同作用。因此，不同的团体或组织会以不同的方式考虑问题。

（4）不可替代的

既然集体或组织的独特优势是组织成功的关键，那么成功背后的知识应是不可替代的。

因此，为了建立并保持竞争性优势，核心竞争力必须是难以效仿、不可替代、具有持续性并且非透明化的。组织能力定义为能使得公司持续提高效益或效率的动态性常规，它存在于公司如何接受或回应变化的隐性知识中。在发展核心竞争力的科学中，组织学习和知识管理被紧密地联系起来。为使资源产生竞争性优势，公司必须以独特的方式对其进行运用，或者掌握一些关于其功能的独特知识。从这个方面来看，管理知识和学习的组织能力是一项核心竞争力。

（三）知识和学习

知识和学习是相互联系的概念。正如我们在讨论中看到的，新知识是学习的结果，当新知识被运用时，它进入到产生更高层次的洞察和学习的过程中。

学习是一个运用现有洞察力或知识来产生新洞察力或知识的过程。学习具体表达为一种行动的状态，即它是一种行为。另外，知识是一种基于数据和信息的解释而得出的意识和理解。它是一种理解的状态：显性和隐性的，它帮助指引行为的形成和塑造。知识通过对个人或组织的解释性关注而被塑造，因此它建立在用于处理数据和信息的经验和精神模式上。所以，知识是拥有或存在的一种状态。

因此，学习和知识在循环中相互强化。学习行为产生了知识和理解，反过来它们又孕育了更深层次的学习。而且，公司是建立在惯例之上且历史依赖的系统。换言之，它们是经验化的学习型系统。一个公司的过去影响着它未来的发展能力。事实上，所有的组织都在进行学习，但只有学习型组织是在有意识地学习，协调地进行工作，两者创造出的知识学习就会实现螺旋式上升。简单来说，在总体层次上，组织接收数据和信息的来源不同。组织根据其标准、认知结构、背景和文化对信息进行概念化。这种概念化是学习过程的一部分，能够产生有助于决策制定的知识。这导致了组成组织行为的行动或行动组的产生。这种在过程中的反馈为产生新信息、新知识和新的学习过程创造了机会。

二、创新信息与知识管理战略

研究者和学者对知识管理有着不同的看法，包括从技术解决方案到实践社团和最佳实践运用等。现有的关于组织知识管理系统构成的观点主要有三种。

第一种是技术视角。技术观点强调通过应用高级软件、硬件和基础设施来支持知识获取和组织学习。这个视角的基础是利用技术工具增加信息和知识的可理解性。技术知识管理系统运用不同的技术，如电子信息、网络浏览、电子任务管理、文件管理、分享数据库、电视会议和可视化工具、群体讨论工具、数据库和其他的新兴工具等，来发掘、储存、创造和运用知识。然而，尽管运用这些工具是很重要的，但由于它们的普遍性，它们本身并不是战略性资产。

第二种学派认为，知识管理不仅是一个人力资源的议题，还涉及组织文化和团队工作。一个强劲且积极的组织文化是促进学习，开发和分享技能、资源和知识的关键。

第三种学派认为，在特定的组织文化中，技术与个体的相互作用才能形成组织的战略资产。根据这个观点，知识管理是一个关于隐性和显性商业政策和实践的社会性技术系统，这个系统要求策略集合同技术基础、商业程序、人类智慧能力和组织文化的有机组合。

三、创新信息与知识管理方式

管理知识创造要求个人和团队分享信息、经验和见解。新技术能够促进这个过程的进行。在知识创造过程中，公司必须进行两项关键的活动：收集和连接。连接维度包括将需要知道信息的人和知道此信息的人连接起来，从而开发培育知识的新能力。连接是必要的，因为知识是体现在个人与组织的关系当中的。在进行收集和连接时组织必须注意两者之间的平衡。

对于许多公司来讲，降低通信交流的成本和使用计算机网络能够促进知识的分享。良好的信息环境可以使人们更容易在一起工作，而不用考虑时间和距离的限制，这是通过对组织知识库提供即时性访问进而为使用者创造价值来实现的。例如，电子网络使得访问世界范围内的专家成为可能，团队也可以远距离合作。服务台和咨询服务在与人联系和快速回应问题方面是非常有效的，它们提升了循环周期，为顾客提供了价值组织黄页，让雇员得以与正确的人联系并提升他们的技能。然而，一个仅仅聚焦于联系而不注重收集的组织是非常无效的。这样的组织无法充分利用所分享的知识，只是浪费时间在"无用功"上。

收集维度涉及技能的获取和传播。信息交流技术促进了对内容的整理、储存和检索。通过内容搜集所获得的知识对未来的使用者是非常有用且易获得的。然而，即便能够全面地收集资料，要想对其有效地应用则要求对其进行智慧性和专业性的解释并结合具体的情况以产生有效的结果。这是通过员工进行的。因此，完全聚焦于收集且不对人员进行交流能力培养的组织往往只能获得静态的文件库。知识管理项目必须以获取整合管理知识的方法为目标。这个目标可以通过平衡交流过程和收集过程达到。例如，如果收集的文件与作者相连接，并包括其他互动的可能性，则这些文件将变得更加动态、更加有用。

为了检验知识项目的知识性结果，研究人员定义了四种主要的知识管理策略：反应性策略、机械性策略、有机性策略和适应性策略。反应性知识管理策略，如其名字所示，描述了对环境变化的简单反应和被大众所接受的策略。机械性知识管理策略中，知识管理项目的实施受制于 IT 技术的实施和应用，即技术驱动策略。有机性知识管理策略强调了从组织的人员和文化方面建立和实施知识管理项目，即文化—人员驱动策略。适应性知识管理策略是一种新兴的形式，它平衡了组织的人员方面和技术方面以获取学习和组织灵活性的最优化，即社会性技术驱动策略。适应性策略形式的长期发展使得公司在知识管理的实践日益成熟，但也出现了显著的分歧。适应性策略优于有机性策略，有机性策略优于机械性策略，而机械性策略优于反应性策略。这些策略可以投射到两个方面：交流和收集。这个映射强调了组织可以从多个路径来实现知识管理。多年来的发展表明，知识管理策略有向适应性策略发展的趋势，这是平衡社会和技术以持续性地获得知识的方法。

第四节　创新的人力资源管理

一、数字化企业的人才特征

（一）创造性

相对于一般员工来说，创新型人才更喜欢做前沿性、挑战性的研究，他们的求知欲很强，从事的不是简单重复性工作，而是在易变和不完全确定的系统中充分发挥个人的资质和灵感，应对各种可能发生的情况，推动着技术的进步，不断使产品和服务得以更新。创造是他们体现自我价值的方式，创新是他们的生活方式。

（二）自主独立性

真正富有创造力的人一般都具有独立的思想，只有这样，他们才能忍受孤独，才能忍受人们不时投向对新思想的嘲讽。相应地，他们不喜欢管理者把要做的每一件事的计划与措施都已安排得非常明确，他们更倾向于拥有一个自主的工作环境，不仅不愿意受制于物，更无法忍受高层管理者的遥控指挥，强调工作中的自我引导。

（三）很强的学习能力

创新型人才追逐专业知识前沿，不断学习，与最新知识保持同步的需要和强烈愿望。技术人员的工作能力依赖于知识而非其他外在工具，知识是创新型人才赖以生存的技能。随着行业技术的日新月异，员工必须不断学习，与专业知识前沿同步，才能使自己的观念技能、行为习惯适应技术革新的要求。因此，创新型人才跟踪新技术、学习新技术的愿望很强烈。

（四）成就意识强

与一般员工相比，创新型人才更在意实现自身价值，并强烈期望得到社会承认与尊重，不满足于被动地完成一般性事务，而是尽力追求完美。因此，这种员工更热衷于具有挑战性的工作，渴望辉煌的成就，参与重大项目把攻克难关看作乐趣，感受由此而来的刺激。

（五）蔑视权威

专业技术的发展和信息传输渠道的多样化改变了组织的权力结构，也改变了高新技术企业（或科研院所）的组织结构。技能的特殊化和重要性往往使创新型人才对其上司、同事和下属产生影响，从而决定了创新型人才在企业（或科研院所）中的影响力。自己在某一方面的特长和知识本身的不完善使得创新型人才并不崇尚任何权威，即使有的话，也是他自己。

（六）需求个性化尤其明显

由于创新型人才在受教育程度、工作性质、工作方法和环境等方面与众不同，他们形成了独特的思维方式、情感表达和心理需求。特别是随着社会的不断进步，知识员工的需求正向着个性化、多元化发展，需求层次正变得日益无序。与一般员工不同的是，企业（或科研院所）技术人员主要从工作中获得满足，获得个人成长。

（七）流动意愿强

信息经济对传统的雇佣关系提出了新的挑战，"资本雇佣劳动"这个定律开始受到质疑。因为在信息经济时代，资本不再是稀缺要素，知识取代了它的位置，员工的忠诚度更多的是针对自己的专业而不是雇主，他们有自己的福利最大化函数，出于对自己职业感觉和发展前景的强烈追求，人才流动更加频繁，长期保持雇佣关系的可能性降低了。

（八）具有开拓精神

创新型人才不墨守成规，喜欢做挑战性的工作，敢于冒险。有事业心的创新型人才应该勇于突破在借鉴前人优秀成果的同时，又不拘泥于它们的条条框框。这种挑战性的工作具有风险，创新型人才可能做了几年甚至更长时间的研究，换来的却是失败。这就需要创新型人才有足够的勇气。只有凭着这种勇气，爱迪生才能发明电灯。

（九）有好奇心，能够拼搏

心理学研究表明，好奇心具有强大的推动力，并且使人发挥出超常的创造力。创新型人才的性格特征中应该有强烈的好奇心，这样才能引起对未知事物的好奇，研究出优秀的科技成果。此外，同时具有独创精神和团队合作精神，也是创新型人才非常重要的素质。

二、创新人才激励

（一）企业研发人员分类

研发人员，简单来说主要是指从事新产品或技术的开发，以及现有产品或技术改进的相关人员。在分类上，可以有两种方式：一是按照专业划分，如产品开发、硬件研发、软件研发、工艺研发等；二是按照级别划分，如初级研发人员、中级研发人员、高级研发人员、研发专家等。在具体应用上，两种分类方式往往需要结合起来。首先可以根据企业的实际业务，对研发人员按照专业类别划分岗位序列；其次可以设计研发人员的岗位发展通道。

（二）不同层次研发人员的需求

企业应分析不同层级研发人员的需求，有针对性地设计相应的激励方案：

1. 基础层

高科技企业中，处于基础层的研发人才，一般工作经验尚浅，其需求的重点首先是"填饱肚子"，所以对于基本薪酬、短期奖金、基本福利会更加重视；同时，他们还追求职业发展，因为他们都希望自己有一个光明的前途，因而会渴望接受更多的知识，期盼更多学习"本领"的机会，即参与各种研发项目。除此之外，由于工作的特点，他们更多时候是独立或团队工作，而研发工作本身决定了他们需要更多的"灵感"。所以，在工作时间上他们更希望"弹性工作制"，从而利用自身最佳工作状态进行研发。

2. 骨干层

骨干层研究人员是企业的中坚力量、研发工作的重要执行者。他们的需求在薪酬方面，往往更注重"内外部对比"，要想吸引和保留他们，就需要有较强市场竞争力的薪酬设定。此外，由于他们开始重视与企业的长期发展，因而适当的长期激励往往也成为他们看重的要素之一。在福利方面，他们希望能体现与基础层的差异，如更高额度、更多类型的补贴、津贴。同时，由于他们正处于事业的上升期，对事业成功的追求欲望会更加强烈，所以更加渴望在企业内部有更大的能力施展空间，有更多机会参与重要项目。他们更愿意接受具有挑战性的工作。并且，他们更加重视上级对自身的认可，对于上级的领导风格也会更加敏感。此外，此时的他们，基本已经有了家庭，也开始考虑工作与生活之间的平衡问题，更加注重企业人性化管理制度。

3. 核心层

核心研发人员年龄往往已经步入中年甚至老年，工作经验、工作能力及各种社会资源的积累都已经进入高峰期。这个时候企业更依赖于他们的"能力释放"。对于核心研发人才而言，单一的高工资已经很难成为吸引、保留人才的关键。在薪酬方面，他们更加关注自身投入与企业收益的结合，因而他们更希望与企业共同分享研发成果所带来的直接收益，同时，长期激励也成为他们关注的焦点。在福利方面，他们对于健康与养老方面的福利会更加重视。在职业发展方面，由于事业本身已较为成功，所以，在个人荣誉方面会更加重视。他们对于自身在企业当中的地位，以及被企业的重视程度会非常看重。企业在某些方面的做法稍有不慎，都很容易引起他们的反感。此外，能否参与到企业战略决策的过程也成为他们关注的重点，尤其是对于企业今后的研发方向和产品发展战略，他们更希望起到决定性作用。

三、数字化企业创新人才管理

（一）人才管理

在全球数字经济进入加速创新和深度融合的时代背景下，中国经济的数字化转型迈入了从需求端向供给端扩展的新阶段，数字经济的发展重心从消费领域向生产领域转移，大数据与人工智能领域人才缺口明显，"技术＋管理"人才一将难求。

数字技术的使用不仅能提升人力资源经理的运作效率，这种转型让人力资源从业者更能关注整个企业的目标和核心内容，而不是将所有的视线都关注在人力资源管理部门的工作上。

员工通用数字技术水平是否过关？翻过了招聘难、留人难的两座高山，企业并非就可以高枕无忧了。数字技术通识在企业中还是亟待解决的一个事项，一些人力资源经理不清楚何谓数字技术通识，甚至会质疑数字技术是每个员工都应该拥有的通用技能，还是在特定的岗位上才有需要的能力？

纵观数字技术能力成熟的企业，它们所有的部门一定都拥有数字技术能力，这要求每位员工都应该具有通用数字技能。而要想实现全体员工拥有数字技能的目标，企业首当其冲要做的事情是衡量员工的表现。许多企业已经注意到传统的评估方式需要被重新定义，并因此调整了评估的标准：

1. 以人为本

当技术充斥着整个反馈和评估过程的时候，企业要小心掉进"技术至上"的陷阱中，还是应该将员工放在最重要的位置。

2. 长期持续的反馈机制

绩效评估应该是持续、长期的，而非一年一次或是半年一次。并且，很多企业已经认识到这一点，将评估反馈的周期一缩再缩。例如，在 1 月员工因为 Uber 打车收据无法报销，希望得以解决，但是一直拖延到 12 月才能接受评估与反馈，这种滞后性会将企业带向深渊。因此，如果公司评估反馈缩短到一周一次，员工也无须感到奇怪。

3. 双向沟通机制

许多企业的评估还是自上而下式的命令对话形式，但是双向制的沟通方式才是更妥当的反馈形式。评估不仅针对员工，也针对管理者，让员工能够拥有发言权才能真正实现评估价值的最大化。

4. 掌握转型主动权的"最高权杖"

很多情况下，企业提升数字技术能力的议题都是由首席技术官、首席营销官或是开发总监提出的，什么时候人力资源部门才能掌握数字技术主动权？

5. 倡导企业文化

也许从表面上看，数字技术主导工作与人力资源管理部门的衔接度不高，但是数字技术改革的前提是企业文化改革。而人力资源管理部门作为企业文化的倡导者，当然肩负着重大的责任，让企业文化更符合数字化转型的要求是人力资源管理部门亟须解决的问题。

（二）人才队伍管理

1. 分散式架构

在企业开始重视数字技术的时候，技术能力的传播速度较慢。一般是从拥有数字技术的员工开始传播，这些员工都分散在不同的部门之中，只会在他们的部门和团队中有影响力。

2. 精益数据中心架构

当数字技术逐渐成熟，许多企业将这些技能人才汇聚到一起形成了精益中心，这种精益中心能够影响整个企业，将数字转型工作提上议程。

3. 辐射状架构

这一阶段的变革会形成辐射状架构，但仍然会有一个技术中心，并根据这一中心由内向外辐射，覆盖全公司。这是集中与分散能力跟技能相结合的方式，核心的功能仍然是集中的，但是局部的功能可以将他们自己的能力连接到核心部分。

4. 多中心辐射式架构

当不同的部门和组织开始掌握了一定的数字技术，这时会发展成多点辐射式架构。当组织度过这个阶段时，就会出现不同的部门，会有不同的受众，虽然有一个整体的辐射中心，但是每个部门又有单独的辐射中心。

5. 整合的蜂巢架构

最后一个阶段，当科技与数字技术已经完全融入企业的血液中，数据分析的重要性和价值开始凸显，这些数据来源包括外部客户与内部员工。资料显示，目前仅 37%的企业对这些数据进行了充分的分析，41%的企业对收集数据提供了良好的基础设施。

（三）创新团队建设

1. 员工与创新

组织文化靠人才能接纳、传承、改变与抛弃。他们是文化产生影响的载体，通过他们创新（和其他所有东西）才能发生。所以，组织的人力资源战略对于树立和保持创新至关重要。创新团队的管理中最重要的元素，包括首先招募合适的人加入团队，管理他们，使他们维持创新，并确保该组织的领导人履行促进创新的职责。

2. 招聘人员建立一个创新的组织

组织要培育创新，必须要吸引、招募具有创新精神的员工。可能看似只需要一些挖掘创新人才的技巧即可，但是事情并没有这么简单。确实有些人天生就具有创造性，但是人与所处的环境相互作用与影响，这才是决定创新程度的关键。

即使一个很有创新力的人，会发现在一个不鼓励创新的文化和环境下持续进行创新很困难，甚至是不可能的。组织文化可以扼杀一个人的创新能力，可能因为组织文化对他而言过于舒适，让人失去创新的动力；也可能因为组织文化太陌生和不鼓励创新，破坏了人的工作能力。

某软件公司擅长使用自上而下命令和管控的方法。每个员工每季度都有清晰的要实现的工作目标，而且这些目标彼此密切联系。其结果是这部组织机器运作良好，执行力很强，使该公司迅速占有强势的市场地位。公司的成功吸引了很多精英分子，公司似乎处于一个良性循环之中。然而，虽然吸引来的加入公司的人才具有很强的执行力，但是他们的创造力却丝毫没有用武之地，公司甚至会惩罚创新。这显然是创造力与获利能力失衡的经典案例。

3. 颠倒招聘战略

全世界人力资源管理的规范都是要找到"合适的人"放在"合适的岗位上"。但是，有些研究报告却建议，有时候雇佣"错误的人"是更有效的战略。这种人在面试时让其他人感到不舒服，或者似乎跟组织文化不太搭调。但这种招聘战略会找到愿意挑战现状的人，增加多元化和创造力，有助于为组织提升创新水平。

然而，如果所聘用的人员与组织对员工预期的要求不一致，将是很麻烦的一件事。企业必须谨慎处理由此带来的紧张关系。聘用"不合规格"的人员来激发创新，可以考虑以下事项：一是聘用你认为"不合适"的人，同时可能会造成紧张关系。二是聘用你不喜欢的人，但他们却具有显著的能力和知识。三是邀请其他公司的员工来访，请他们告诉你觉得公司创新需要改进的地方。四是寻找在某些方面缺少专业知识的人，但是他在其他方面的资历具有显著竞争力。五是聘用提问题的人，而不是照单接收的人。

雇佣"错误"人员需要您仔细地进行选拔。选拔和雇佣有能力的人员，他们拥有杰出的完成任务的能力，并引进了不同的视角。这样做的目的是建立一个具有创造力和能够应对挑战的团队。雇佣"错误"人员仍然要求所雇佣的人员成为团队成员，并拥有基本符合完成将来工作和任务的能力。老格言"人是最重要的资产"是错误的。正确的人才是最重要的资产。

参考文献

[1] 朱晓明 . 走向数字经济 [M]. 上海：上海交通大学出版社，2018.

[2] 易高峰 . 数字经济与创新管理实务 [M]. 北京：中国经济出版社，2018.

[3] 颜阳，王斌，邹均 . 区块链＋赋能数字经济 [M]. 北京：机械工业出版社，2018.

[4] 朱岩，黄裕辉 . 互联网＋建筑：数字经济下的智慧建筑行业变革 [M]. 北京：知识产权出版社，2018.

[5] 王云，郭海峰，李炎鸿 . 数字经济区块链的脱虚向实 [M]. 北京：中国物资出版社，2018.

[6] 刘文献，李利珍 . 共享数字新经济 [M]. 北京：中国商务出版社，2018.

[7] 姚前，陈华 . 数字货币经济分析 [M]. 北京：中国金融出版社，2018.

[8] 赵国栋 . 数字生态论数字重组产业生态融合经济 [M]. 杭州：浙江人民出版社，2018.

[9] 岳本勇，陈静，张媛 . 数字经济导论 [M]. 长春：吉林大学出版社，2018.

[10] 姚建华 . 数字经济中的劳工组织 [M]. 北京：商务印书馆，2019.

[11] 易高峰，常玉苗，李双玲 . 数字经济与创新创业管理实务 [M]. 北京：中国经济出版社，2019.

[12] 张彬 . 数字经济时代网络综合治理研究 [M]. 北京：北京邮电大学出版社，2019.

[13] 范周 . 中国文化产业研究丛书数字经济下的文化创意革命 [M]. 北京：商务印书馆，2019.

[14] 全颖，郑策 . 数字经济时代下金融科技信用风险防控研究 [M]. 长春：吉林人民出版社，2019.

[15] 王春云 . 数字化经济后资本测度研究 [M]. 北京：中国统计出版社，2019.

[16] 汤潇 . 数字经济 [M]. 杭州：浙江人民出版社，2019.

[17] 王建冬，陈建龙 . 迈向数字经济 [M]. 北京：社会科学文献出版社，2019.

[18] 刁生富，冯利茹 . 重塑大数据与数字经济 [M]. 北京：北京邮电大学出版社，2020.

[19] 龙白滔 . 数字货币从石板经济到数字经济的传承与创新 [M]. 北京：东方出版社，2020.

[20] 袁国宝 . 新基建数字经济重构经济增长新格局 [M]. 北京：中国经济出版社，2020.

[21] 吴晨 . 转型思维如何在数字经济时代快速应变 [M]. 杭州：浙江大学出版社，2020.

[22] 李宏兵 . 数字经济战略下中国企业"走出去"的劳动力市场效应研究 [M]. 北京：北京邮电大学出版社，2020.